흰 그늘의 길 1

김지하 회고록

흰 그늘의 길 1
ⓒ 김지하, 2003

지은이/김지하
펴낸이/우찬규
펴낸곳/도서출판 **학고재**

초판 1쇄 발행일/2003년 7월 10일
초판 2쇄 발행일/2003년 7월 20일

등록/1991년 3월 4일(제1-1179호)
주소/서울시 종로구 소격동 77
홈페이지/www.hakgojae.co.kr
전화/736-1713~4, 팩스/739-8592

주간/손철주
편집/김양이, 천현주, 문해순, 김은정
관리·영업/김정곤, 박영민, 이창후, 김미라

인쇄/독일P&P 제본/영신제책

값 13,000원
ISBN 89-5625-017-0 04810
ISBN 89-5625-016-2 (전3권)

김지하 회고록

흰 그늘의 길 1

학고재 2003

글머리에

오늘이 무슨 날인가?
오늘, 단기 4334년, 서기 2001년 6월 25일.
음력으론 신사년辛巳年 단옷날이다.
오늘, 인터넷 신문《프레시안》과 나의 회고록〈나의 회상, 모로 누운 돌부처〉를 오는 9월 하순 그 창간 때부터 게재하기로 합의한 날이다. 전3권으로 예정된 분량 중 제1권분을 먼저 게재하기로 한 것이다.
"십 년 전《동아일보》에 게재되었던 제1권 중 제1부 서두의 '앞글'이 들어가기 전에 새로운 머리글이 또 하나 있어야겠기에 우선 그것을 쓰고자 책상머리에 앉아 망연히 생각에 잠긴다"라고 적는다.
오늘, 오늘이 무슨 날인가?
신사년 단오. 만물이 새로이 바뀌는 큰 변화의 해 신사년 중에서도 새 양陽의 기운이 크게 움직이는 기운생동의 단오 명절이다. 그러니 하 수상한 날일 수밖에 없다.
그런데 그 수상쩍은 날, 단오가 또한 바로 6월 25일인 것이다. 평소의 6·25가 아니고 작년 6·15 이후에 뒤이어 오는 6·25이다. 남북 정상이 만나 분단을 청산하고 평화와 화해, 연합과 통일을 얘기함으로써 민족을 들뜨게 하고 세계를 놀라게 한 그 일 년이 지나 다시금 앞날을 예측할 수 없는 캄캄 칠흑의 정세로 반전되는 듯하여 민족이 발만 구르고 있는 그런 6·25, 바로 오늘이다.

　이 하 수상한 날에 나의 회고록 게재를 합의한 것 자체가 도무지 하 수상하다. 왜냐하면 6·25전쟁은 물론 대변화의 신사辛巳 그리고 기운생동하는 단오와의 깊은 연관 속에서 나의 회고와 회상이 전개될 것이 분명하기 때문이다.

　우선 글머리에서 간단히 세 가지 점을 말하고 싶다.

　나는 나의 과거를 회고하며 시간에 대한 나의 생각을 반영할 것이다. 내가 생각하는 시간은 선線적인 것도 아니고 기승전결과 같은 극적인 것도 아니다. 그것은 역사주의나 상승주의적인 알파와 오메가의 시간과는 거리가 먼 것이다.

　그것은 무수한 역류와 함께 움직이는 혼돈한 삶 자체이며, 지금 여기 나의 삶에서 부단히 과거와 미래로 확장되면서 동시에 다양한 차원 변화와 함께 과거와 미래를 지금 여기 나의 현재의 삶으로 이끌어들여 생동시키는, 그런 카오스적인 시간이다.

　그러나 앙드레 말로의 반反회고록적인 시간이나 카를 융의 확충적擴充的인 시간으로 나아갈 생각은 없다. 시간은 선적인 것이 아니다. 그렇지만 눈에 보이는 대로의 어떤 면에서는 선적이기도 하다.

　대충 선적인 사건의 순서를 따르되 되살아나는 기억 나름 나름의 의미망에 따라 탈중심적으로 분절·해체되고 현재와의 연관 속에서 진행하는 네트워크 방식을 취할 것이다. 아니, 취한다기보다 자연히 그렇게 기억되고 스스로 그렇게 의미가 주어진다고 말하는 편이 옳겠다.

또 하나는 오 년 전 돌아가신 내 아버님에 관한 것이다. 십 년 전 《동아일보》에 게재된 제1부에서는 엄밀히 말해서 가족사와 내 개인사의 진실은커녕 최소한도의 사실마저 정면에서 온전하게 부딪치지 못한 채 금기의 장벽과 타협하고 말았다. 그래서 6·25전쟁이 가까워지는 시점에 가서 나의 회상은 마침내 큰 장애에 부딪혀 중단되어버리고 만 것이다.

미당未堂은 일찍이 그의 〈자화상自畫像〉에서 "아비는 종이었다"라고 선언한 적이 있다. 나는 이 글에서 '아버지는 공산주의자였다'라고 분명히 말하고자 한다. 이 명백한 한마디가 없이는 나의 회상은 전체적으로 그 회상 자체가 불가능하기 때문이다.

마지막으로 나는 나의 회고록을 나 자신과 사실을 중심으로 고백하는 살벌한 자서전으로 쓰고 싶지 않다. 어떤 의미가 생성되는 문학적 탐색으로 밀고 가고자 한다. 그것만이 온갖 형태의 억압과 자기검열로 인해 봉인된 내 삶의 깊은 시간의 비밀이 변화 속에서 참으로 스스로 개봉될 것이기 때문이다.

우선 나는 십 년 전에 쓴 회고록 위에 가해진 나 자신의 검열을 해제할 것이다. 마치 어두컴컴한 정신병동에서 어느 날 아침 문득 일어서 터덜터덜 걸어나와 바깥 오뉴월의 눈부신 신록과 비온 뒤의 광풍光風을 흠뻑 들이마시듯이 그렇게.

오늘, 오늘은 내게 중요한 날이다. 십 년 전에 시도하다 중도반단된 회고록 《모로 누운 돌부처》를 다시 쓰기로 하고 억압 없이 내 과거를, 내 삶을 되돌아보기 시작한 날이다. 나와 가족과 이웃에 대한 최소한의 예절과 배려

외에는 안팎의 어떠한 검열이나 억압도 모두 해제하고 솔직담백하게 되돌아 봄으로써 나 스스로 스스로의 정신을 치유하고자 하는 날이다. 그래서 오늘은 내게 있어 다시 사는 날, 거듭나는 날이 되는 것이다.

 이 글은 철저히 '나', '김영일 현상'에 대한 회상이다. 모로 누운 돌부처는 그 현상, 그 운명의 상징이다. 그래서 제목을 '나의 회상, 모로 누운 돌부처'라고 붙였다.

 그러나 그 후 다시 생각해보니 지금의 내 삶에서 도리어 더 운명적이고 필연적인 것, 그리고 추구 과정 그 자체를 말한다면 '흰 그늘의 길'이 더 적절할 듯하다.

 '흰 그늘의 길.'
 내 삶을 이렇게 불러본다.

 신사년(2001년)
 단옷날 밤 11시
 일산에서
 김지하 모심

차례_ 흰 그늘의 길 1

글머리에 _ 3

1 앞글 _ 19
2 내력 _ 20
3 증조부 _ 24
4 주아실 _ 28
5 할아버지 _ 31
6 할아버지의 여인들 _ 35
7 할머니 _ 38
8 외가 _ 42
9 외할아버지 _ 44
10 외할머니 _ 49
11 아버지 _ 53
12 어머니 _ 57
13 나의 출생 _ 59

14 사쿠라마치 _ 63
15 고통 _ 66
16 해방 _ 70
17 연동 _ 72
18 문태 숙부 _ 75
19 정일담 _ 78
20 수돗거리 _ 82
21 검은 함석집 _ 87
22 로선생 _ 90
23 땅거미 _ 92
24 표랑 _ 93
25 흰 운동화 _ 98
26 여선생님 _ 102

27 불알친구들 _ 104

28 빛 _ 111

29 집 _ 113

30 물 _ 114

31 정치 _ 116

32 종교 _ 120

33 대지 _ 124

34 그림 _ 132

35 손 _ 136

36 큰집 _ 141

37 성性 _ 149

38 오줌싸개 _ 153

39 소감小龕 _ 156

40 기러기 훨훨 _ 158

41 빛나던 날들 _ 163

42 길 _ 167

43 우리집 _ 172

44 방송 _ 175

45 개 운동회 _ 176

46 불빛 _ 179

47 만세 _ 181

48 깃발 _ 182

49 유희 _ 186

50 학교 _ 188

51 소년단 _ 190

52 인민군 _ 192

53 영채 형 _ 195

54 뚜갱이 _ 197

55 서만열 _ 199

56 부춧머리 _ 203

57 뱀과 개구리 _ 206

58 휘파람 _ 209

59 상리 _ 211

60 대공습 _ 214

61 뒷방 _ 216

62 신호 _ 217

63 달밤 _ 218

64 입산 _ 220

65 해병 _ 222

66 체포 _ 225

67 병정놀이 _ 226

68 하산 _ 228

69 음독 _ 230	90 사투리 _ 270
70 나산 _ 233	91 치악산 _ 272
71 입대 _ 235	92 극장 _ 275
72 흉년 _ 236	93 귀신 _ 277
73 광인 _ 238	94 벗들 _ 278
74 전쟁 _ 240	95 포르노 _ 280
75 대구 _ 243	96 무실리 _ 282
76 연극 _ 245	97 도벽 _ 283
77 장미집 _ 246	98 미학 _ 284
78 유달산 _ 247	99 전봉홍 _ 286
79 채석장 _ 249	100 미군 _ 289
80 양비와 옥청 _ 250	101 서울 _ 291
81 쌀 _ 252	102 어쭈! _ 293
82 천승세 _ 254	103 늑막염 _ 295
83 대전 _ 258	104 삼청동 _ 297
84 여자들 _ 260	105 명동 _ 298
85 미술 _ 261	106 백일장 _ 301
86 문학 _ 263	107 문학의 밤 _ 303
87 연극열 _ 264	108 최초의 철학 _ 306
88 음악 _ 266	109 생활 _ 307
89 밤 _ 268	110 하숙집들 _ 309

111 빨치산 _ 313
112 박선생 _ 316
113 자상한 어른들 _ 318
114 최선생 _ 320
115 검은 텐트 _ 322
116 원주에서 _ 325
117 연애편지 _ 327
118 수음 _ 328
119 삼총사 _ 330
120 그레이엄 그린 _ 333
121 졸업 _ 334
122 시험날 _ 336
123 데생 _ 339
124 김윤수 현상 _ 342
125 주변 _ 345
126 조풍삼 _ 347
127 전곡 _ 349
128 암야의 집 _ 351
129 4·19 _ 353
130 혁명 _ 358
131 농성 _ 362

132 달빛 있는 생신 _ 365
133 인촌 김성수 _ 368
134 민통 _ 370
135 방랑 _ 372
136 판문점 _ 376
137 귀향 _ 379
138 땅끝 _ 383
139 가난 _ 388
140 거지 _ 393
141 술꾼들 _ 396
142 스승 _ 405
143 시화 _ 410
144 윤노빈 _ 416
145 조동일 _ 422
146 김현 _ 430
147 봉제 삼촌 _ 435
148 순애 고모 _ 438
149 황톳길 _ 440
150 광주공민학교 _ 445
151 미국 _ 450

* 회고록 발표 시기 : **1**~**43**은 1991년, **44**~**88**은 2001년,
　　　　　　　　　89~**229**는 2002년, 그 이후는 2003년

흰 그늘의 길 2

글머리에

152 그 겨울
153 성병
154 화형
155 최루탄 문학
156 민족적 민주주의 장례식
157 6·3으로 가는 길
158 계엄령
159 첫 미소
160 김기팔
161 박재일
162 사상
163 청맥
164 최한기
165 청강
166 전선
167 여장부들

168 선언문
169 답십리
170 남상
171 굽이
172 오윤
173 봄
174 첫여름
175 철학의 과정들
176 영화
177 모색
178 주선생
179 김신조
180 스테이션 러브
181 진달래 필 때까지
182 악어 형
183 마케팅
184 쓰레기 위에 시를!
185 현실동인선언

186	등단	210	결별
187	나폴레옹 꼬냑	211	그 사람
188	오적	212	정릉
189	오적 이후	213	야설본사
190	끝	214	회귀
191	불꽃	215	사랑
192	물 흐르는 곳	216	병실
193	새로운 시각	217	창녕 할배
194	한 영상	218	약혼
195	미치코	219	결혼
196	루시아 수녀	220	원주의 나날들
197	원주 시위	221	현장 다큐
198	가톨릭 문화운동과 민족문화운동	222	현해탄 저쪽
199	노동자 문제	223	포위
200	전학련	224	주석균 선생
201	윤배 형님	225	황성모 선생
202	비어	226	동생들
203	홍수	227	천관우 선생
204	지학순 주교	228	아내의 모습
205	김수환 추기경	229	파도
206	공소	230	조영래
207	가라 주로	231	김대중 씨
208	쓰루미 슌스케 선생	232	함석헌 선생
209	남북회담	233	이철 아우

234 테르툴리아누스
235 절두산
236 민청학련
237 박정희의 코
238 모래내
239 홍도
240 부두에서
241 제6국
242 슬라이딩 태클
243 인혁당
244 군사재판
245 통방
246 징역
247 석방
248 사제단
249 여론
250 기독교회관
251 원주에서 보낸 며칠
252 동교동
253 서울역
254 하동
255 민주회복국민회의
256 제7국
257 노란 책
258 양심선언
259 문세광의 방
260 안팎
261 소리들
262 성경
263 재판 소묘
264 공부 1
265 공부 2
266 벽면증壁面症
267 백 일
268 독재자의 죽음

흰 그늘의 길 3

글머리에

269 병사에서 1
270 병사에서 2
271 병사에서 3
272 병사에서 4
273 오월
274 출옥
275 감시
276 동학과 생명론
277 새벽
278 생명사상 세미나
279 번뇌
280 무릉계
281 난초
282 벗들, 아우들
283 담론들
284 대령들

285 허문도
286 원주 사변
287 외로움
288 애린
289 탑골
290 찬우물
291 바가본도
292 두 사람
293 민중문학의 형식문제
294 사상기행
295 외국의 벗들
296 나카가미 겐지
297 촛불
298 탈脫원주
299 문경새재
300 최동전
301 아내의 집
302 손님들

303 백방포
304 음유시인
305 무화과
306 향목
307 검은 산 하얀 방
308 현실 1
309 현실 2
310 제주
311 재발
312 기독병원
313 해창에서
314 되돌아간 그곳
315 광주
316 쉰
317 카를 융
318 척분
319 정신병동에서
320 줄탁
321 그물코
322 탑
323 일산
324 서거
325 변산의 밤
326 슬픈 사랑

327 안데스
328 치우
329 율려
330 흰 그늘
331 삼남민족 네트워크
332 일본
333 산에서
334 부용
335 등탑암
336 민족미학
337 동대문병원
338 아내에게
339 역易
340 순례
341 회갑
342 묵란전
343 지용
344 붉은 악마
345 만해
346 중심 없는 중심들

다시 회상을 마치며
김지하 연보

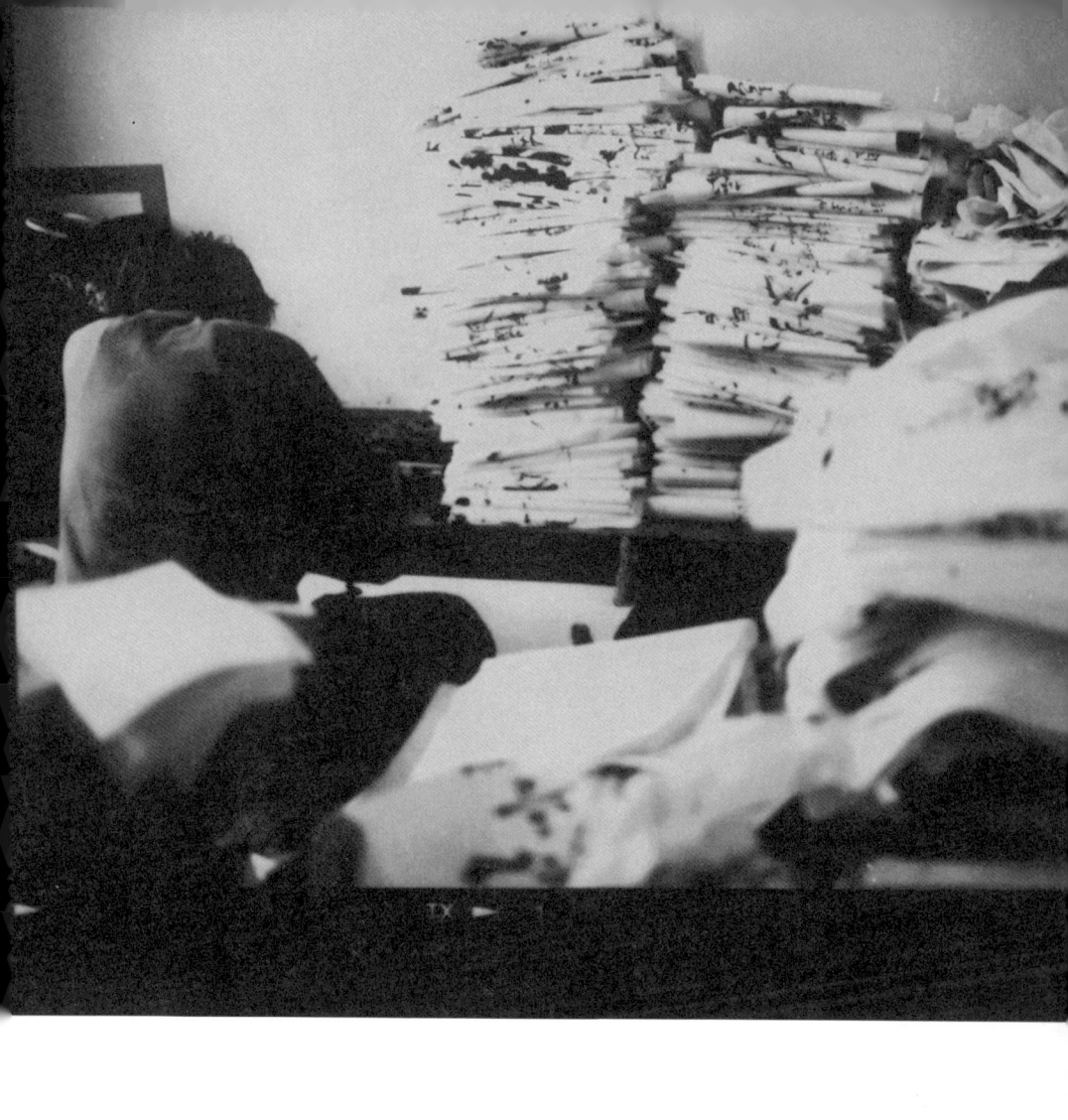

사진_ 이재용

1_ 앞글

노을 무렵인데 짙푸른 하늘 아래 파아란 초겨울 보리밭 가장귀에 버려진 채 모로 누운 돌부처.

옛 꿈이다. 스물두 살 땐가 처음 꾼 뒤로 여러 번 거듭 꾼, 이상한 꿈이다. 꿈에서만 아니라 생시 쓸쓸하고 괴로울 때도 가끔 떠오르는 환상이다. 고즈넉하고 황량하고, 무언가 불길하면서도 화안하니 편안하여 깊은 의미가 있는 듯한, 그러나 역시 서글픈 꿈이다. 동아일보와 이 글을 쓰기로 합의한 날 밤, 울적해 잠 못 이루며 지난날 돌이켜보던 내 마음에 또 그 꿈이 떠올랐다.

내 운명과 무슨 관계가 있는 걸까? 그 의미나 목적을 읽어낼 만한 능력이 내게는 없다. 허나 막연하지만 날카로운 어떤 느낌은 있다. 그 느낌을 길양식하여 이제 나의 긴 회상을 시작한다.

나의 번뇌, 그 깊고 깊은 뿌리를 찾아 명상여행을 떠난다. 눈 펄펄 내리는 거기 어느 골엔가 반가운 매화가 피어 있을지도 모른다. 나에게, 여러분에게, 또 많은 젊은이들에게, 그리고 나의 두 아들에게도 역시 반가운 매화가!

최근의 나의 테마인 매화의 이념과 흰 그늘의 길 역시 그것이다.

2_내력

나의 내력을 생각할 때마다 마음귀에 들려오는 황량한 물결 소리가 있다. 그리고 그 물결 소리 저편에 검은 섬 하나가 우뚝 선다. 안개 속에 우뚝 서서 움직이지 않는다. 무기미無氣味하다. 번뇌의 검은 점. 아마 나의 선조가 뭍에서 몸을 피해 건너던 바다 한복판에서 부딪친 광경을 지금 내가 보고 있을 것이다. 슬퍼진다. 그분의 그때 마음인가 보다.

저 검은 점 안에 나의 번뇌의 씨, 내 운명의 뿌리가 들어 있다. 검은 점은 점차 형상으로 확대되고 의미망으로 변한다. 마음의 빗장이 뽑혀나가며 기억이 떠오르기 시작한다. 스산하다. 허나 떠오르는 기억을 따라 인생의 큰 선배인 어느 분의 충고대로 단순하고 소탈한 웃음을 결코 잃지 않은 채 나의 회상을 시작하겠다.

전라남도 신안군 암태면 입금리.

그러니까 일제 때 소작쟁의로 유명한 그 암태도다. 이 섬이 바로 우리 집안의 태다. 지금도 선산이 있고 일제 때 되돌아 들어간 사촌 숙부네가 지키고 있다. 한 번도 가본 적이 없지만 산음山蔭 같은 건 별로 없는 듯하다. 하기야 우리네 같은 민초들 강산 정기가 당할 소린가. 허나 지금은 개벽이요, 지기至氣의 때라 진용眞龍이 사람에 있고 명당이 사람 마음에 있을 터이니 사람만 저 잘나면 그것이 천지음덕일 것이다.

무슨 공, 무슨 대부, 무슨 이조니 호조니 판서, 참판 따위 뭐 그런 시끌

벅적하고 너덜너덜한 품계나 직위 같은 것 잔뜩 박아놓은 그 뭍에서의 족보, 난 그건 별 관심 없다. 내 정신 속의 집안 내력은 단연 섬에서의 시작이다. 어릴 적부터 귀에 익은 그 입도조入島祖 어른, 그리고 그분 뒤로 이어져 내려 온, 저 검붉은 '우투리'의 핏줄을 나는 자랑스러운 나의 참 족보로 생각한다.

우리 집안은 우투리 집안이다. '우투리'란 전라남도 연안 섬지방 사투리로, 제주 사람들은 '오돌또기'라고 하는데, 키 작고 나부대대 옆으로 바라진 섬 토종들과는 달리 뭍에서 건너온 입도 종자들, 기골 장대하고 성정 억세고 머리 좋고 피 뜨겁고 일 잘하며 기운 세고 유사시 반항적인 그런 종자들.

평소에는 부지런히 일만 하고 우스갯소리에 눈물 많고 인정 많은 그런 양민이지만, 한번 사세 뒤틀리면 관헌이고 지주고 간에 모지락스럽게 두들겨 패고는 냅다 튀어 뭍이나 딴 섬으로 바람같이 사라져버리는 그런 종자들을 가리켜 '우투리' '우툴' 혹은 '오돌' '오돌또기'라 부른다. 아마도 그들에겐 뭍에서 반란에 가담했거나 법을 어기고 섬으로 몸을 숨긴 선조들의 거칠고 뜨거운 반역의 핏줄이 이어져 오지 않았나 싶다.

본관은 김해金海. 김해 김씨金海金氏 목경파牧卿派. 흔히 그냥 경파라고도 한다. 신안군 내 다도해 일대 모든 섬 김씨들은 몽땅 경파다. 하의도 김대중金大中 씨 집안도 경파.

헌데 이 경파가 뭍에서 무슨 일을 저질렀을까? 우리 입도조는 무슨 일로 뭍을 떠나 암태에 들어왔을까? 당쟁인가? 역모인가? 민란인가? 범금犯禁인가? 아니면 그저 가난인가?

뚜렷한 전설은 없다. 아마도 대대로 단단히 함구령이 내린 탓일 터이다. 다만 개황槪況으로 보아 붉은 바람, 누런 티끌 속 번뜩이는 그 칼빛 같은 운명을 막연히 짐작할 뿐이다. 그러나 그 운명에서 울려나오는 어둡고 장엄한, 해맑고 익살스런, 그런 모순에 가득 찬, 복잡한 시나위 가락 혹은 짙고 현란한 극채색 민화의 환열歡悅을 마치 내 운명의 서장처럼 나는 느낀다.

입도조는 섬에 들어온 뒤 부지런히 땅 갈고 배 저어 고기 많이 잡았던가 보다. 살림이 포실했다 한다. 인망 도탑고 자손은 번창, 논밭도 꽤 있었다 한다. 허나 우투리 집안의 내림, 그 비극적인 운명 때문일까? 몰락의 어두운 그림자가 차츰 집안에 내려 깔리기 시작했다.

몇 대조 때라던가, 어느 날 노을이 붉게 탈 무렵 어마어마하게 크고 시커먼 구렁이가 방으로 기어들어와 사람들이 그것을 마당으로 끌어내 놓고 불 밝혀 밤새도록 때려 죽였다고 한다.

그 뒤 얼마 안 있어 집안에 이상한 살인 사건이 났다. 이야기는 언제나 여기서 뚝 끊긴다. 어릴 적이지만 이 사건에 대해 더 이상은 말을 안 하려 굳게 입 다무는 어른들. 그 얼굴에 드리운 음침한 그늘에서 나는 무엇인가 컴컴한 물체 같은 것이 치렁치렁한 자락을 땅에 질질 끌며 느릿느릿 내게로 다가오는 것 같아 등골에 오스스 소름 끼치는 것을 느낀 적이 여러 번이다.

그때마다 나는 붉은 황토, 푸른 영산강, 저 눈부신 태양의 세계로부터 분리되어 다시는 돌아올 수 없는 어른들의 그 낯선 어둠과 몰락과 범죄의 세계에 꼼짝없이 붙들려 들어가는 것 같아 속이 메스껍고 멀미를 느끼곤 했다. 세계는 나로부터 멀리 떨어져 나가고, 나는 이해받을 수 없는 이상한 뜨내기가 된 것 같았다.

젊어서 내가 되풀이하여 꾸어온 한 꿈이 있는데, 희뿌연 날 외따로 떨어진 텅 빈 초가집 마루에 식칼이 하나 놓여 있는 꿈이다. 이 꿈이 떠오를 때면 늘 피투성이 구렁이와 이상한 살인 사건의 전설이 뒤따라 생각나고, 어디선가 먼 하늘에 날카로운 비명의 울림이 꼬리를 끌며 아득히 사라지고, 그러고 나서는 또 영원한 적막, 영원한 유배와 고립과 형벌, 영원히 끝나지 않을 그 외롭고 새하얀 소외의 이미지!

3_증조부

증조부를 생각할 땐 난 늘 상쾌하다. 맑은 시냇물이 소리쳐 달리고, 푸른 수풀 속에 벌거벗은 큰 사내들이 깃발처럼 흰 옷을 흔들며 펄쩍펄쩍 뛰어다니는 그런 쾌활한 영상이 보이곤 한다.

우리 증조부는 우뚝한 분이었다 한다. 성함은 영永 자 배培 자. 얼굴 잘생기고 영특하고 기운이 장사였다 한다. 말술에 담력 또한 대단했다 한다.

곰보 할매 왈,

"느그 증조부는 눈이 호랑이같이 이글이글 불방울 같고 얼굴빛 대추 같고 키 훨씬 크고 어깨 딱 벌어지고 목소리가 우렁우렁 종소리 같었느니라."

허나 큰고모는 왈,

"느그 증조부는 눈이 가을 샘물 같고 얼굴 하아야니 갸르스름하니 아담하니 똑 흰 학 같고 키는 보통 키에 목소리만 그저 시커먼 까마귀같이 수리성이었제."

어째서 이리 엇갈릴까? 사람은 한 사람인데 컸다 작았다, 붉었다 희었다, 호랑이다 학이다, 불방울에 가을 샘물, 대추에 까마귀에, 종소리에 수리성이라! 어째 이럴까? 어려서도 그게 몹시 궁금했다.

혹시 고조부와 증조부가 기억 속에서 겹쳐졌을까? 아니라고 한다. 틀림없는 증조부. 그렇다면 그 어른이 요술·분신술·둔갑술을 한 것일까? 허나 영靈으로 살았던 옛 사람들은 영의 움직임으로 사람의 인상을 기억한다. 전설이란 그런 것이다. 더구나 집안의 큰 자랑이요 신화와 같은 어른이었으니까.

문재철이란 사람이 있었다. 일제 때 암태도 대지주였고 목포 조선면화회사 사장이었고 문태중학교 교주였고 암태도 소작쟁의 때는 농민들의 원한의 표적이었던 친일파 악질지주 바로 그 장본인이다. 이 사람 아버지 문 아무개 씨가 바로 우리 집안의 말하자면 불구대천의 원수다.

증조부가 이 문씨와 골패를 한 모양이다. 땅문서, 집문서 몽땅 걸고 사생결단을 한 모양이다. 막판에 문씨가 속임수를 쓰고 증조부가 이걸 되잡아 윽박지르자 급기야 문씨는 관헌을 끌어들여 증조부를 잡아다 죽도록 곤장을 치게 한 모양이다.

풀려나 떠메나온 증조부. 재산 몽땅 빼앗기고 원한에 사무쳐 이를 갈며 복수를 맹세했다 한다. 어느 날 밤 문씨네 집에 빙 둘러 불 싸지르고 문씨 찾으나 튀고 없자 불길 속에서 뛰쳐나온 그 집 머슴들 하난지 둘인지 셋인지, 맨주먹으로 다 때려죽이고 나서, 이 대목은 아무래도 뻥튀기 같은데, 하여튼 그 길로 중선배에 식솔 태우고 밤새 바다를 달려 영광 법성포로, 법성포에서 전북 줄포로, 줄포에서 김제로, 김제 어딘가로 깊숙이 들어가 외진 데 눌러앉아 농사지으며 살았는데 바로 그럴 적에 동학에 입도했다 한다. 그러다 갑오혁명 때는 두목으로 몸을 세워 이름을 크게 떨쳤다 한다. 천도교 쪽 기록에 의하면 갑오 당시 금구 두목이 김인배金仁培 씨로 되어 있는데 증조부와는 무슨 관계일까? 이것이다.

올해 그러니까 단기 4334년, 서기 2001년 3월 12일 아침 나는 아내와 함께 전라북도 모악산 아래 금산사 주지 도영 스님 방에 앉아 있었다. 향토사학자인 최순식 선생이 함께했다.

최선생 왈,

"연전에 동아일보에 연재되던 '모로 누운 돌부처'라는 회상기에 김선생 증조부님 김영배 씨가 이곳 김제 쪽에서 동학을 하셨다고 돼 있는데, 내 생각엔 아무래도 저 유명한 김인배 두령의 집성촌 마을인 봉서鳳棲마을, 김제군 봉남면鳳南面 봉서동에서 사셨던 것 같소. 오늘 김제역으로 가는 길에 봉서마을에 한번 들러보실랍니까?"

이상한 느낌이 왔다.

이제까지는 그저 집안에 내려온 전설이라든가 천도교 쪽 자료에서 김인배 두령의 이름을 보고 그 연관성을 짐작만 했을 따름이었다. 그런데 얘기가 이렇게까지 돼가니 막상 나의 '뿌리'가 내 바로 앞에 드러나 흑인소설 《뿌리》의 저자였던 알렉스 헤일리처럼 내적인 흥분이 일어나는 것을 막을 수 없었다.

우리는 김제역 가는 길에 봉서마을, 봉서동에 잠깐 들렀다. 바로 길가에 있는 마을로 십여 호 될까 말까, 그 중앙에 김인배 두령의 고택이 있었다. 증조부가 그 마을에 사셨다는 이야기이다. 그리고 거기서 논밭을 사이에 두고 멀찍이 솔숲이 하나 있는데 거기가 녹두 전봉준 장군의 처가가 있던 곳이라 한다. 최선생에 의하면 김제 금구 원평포의 수장 김덕명金德明 두령은 해월海月 최시형崔時亨 선생이 익산 사자암에 숨어 계실 때 직접 교화를 받아

입도했다는데 김제 동학의 일반적인 강력한 교세 속에서 입도한 녹두는 처가살이를 접고 고부군 조소리鳥巢里로 포덕布德하러 옮겨간 것이라 한다.

아아, 혁명!

동학의 저 위대한 개벽적 혁명의 혈통이 지금 내 안에서, 단순한 전설이 아니라 한반도의 저 논밭과 들녘의 현실로 명백한 동학의 역사 안에서 확인되는 순간이었다.

차로 돌아와 가슴에 손을 얹고 침묵에 빠진 나에게 아내가 근심 어린 얼굴로 속삭였다.

"흥분을 가라앉혀요. 현실이니까 현실로 받아들이면 돼요."

현실이다.

집으로 돌아온 뒤 며칠 지나서 최선생에게서 전화가 걸려왔다.

"김인배 두령의 증손자를 만났는데 영배 씨가 봉서마을에 살았음이 분명히 확인된다고 하는구만요! 금산사에 다시 내려올 때는 한번 꼭 만나보자 하는군요."

갑오동학에서 급진과격파로 김개남과 함께 쌍벽이었던 김인배! 광양 등지에서의 피비린 전쟁과 함께 김인배의 혁혁한 이미지가 증조부의 전설적인 영상과 함께 우뚝우뚝 겹쳐 보였다. 김인배! 김영배!

가슴에 손을 얹고 겸손되이 회상해야 마땅할 일이지만 억제할 길 없는 흥분에 순간 몸을 떨었다. 내 삶이 이 반도의 산하에 깊이깊이 뿌리박힌 순수한 토박이의 삶이란 사실을 전율과 함께 확인하는 기이한 순간이었다.

4_ 주아실

  동학군이 관군과 왜군과 민포군民包軍에게 풍비박산이 나고 영광 법성포 주아실 주아머리에 피신한 증조부는 여러 해 거기 숨어 사시다 그 뒤 법성포에서 광주로 나가는 후미진 고갯마루에서 이상한 죽임을 당하셨다.
  이상한 죽음! 또 이상한 죽음이다! 목 졸려 살해당한 것인데 범인이 누군지 끝내 밝혀지지 않았다 한다. 강도였는가? 돈은 털리지 않았다 한다. 원한이었나? 원한 살 사람이 근동에는 없었단다. 동지들의 배신일까? 거기엔 어른들도 고개만 갸우뚱 대답이 없었다.
  이상한 죽음, 이상한 죽음! 어린 시절 이후 끝끝내 내 가슴 밑바닥에 먹점모냥 또렷이 찍혀 있는 삶과 세계에 대한 스산하고 어둡고 잔혹한 색채를 빚은 그 이상한 죽음의 이미지.
  곰보 할매 왈,
  "칠산바다가 한눈에 뵈는 주아실 큰 느티 밑에서 느그 증조부는 몇 년을 눈썹에 손을 얹고 살았느니라."
  눈썹에 손을 얹고 살다니! 무슨 뜻인지 전혀 알 수 없었다. 다만 왠지 섬뜩하기만 했다.
  1984년 초가을이었나 보다. 광주에 갔다가 술을 잔뜩 마시고 새벽녘 여관에서 눈을 떴을 때 벽 위의 바퀴벌레를 머얼건히 보고 있자니 문득 곰보 할매의 그 말이 내 머릿속에 파아란 불 켠 기호처럼 연이어 찍혔다.

주아실, 주아머리! 그게 어딜까? 거길 한번 찾아가보자!

전남대 송기숙 교수, 오수성 교수, 작가 황석영 씨와 원경 스님이 나와 동행했다. 법성포는 거의 폐항이었다. 한산한 부두, 우중충한 상가에서 이리 묻고 저리 물어도 주아실을 아는 사람은 없고 칠산바다가 보이는 곳이란 내 말로 대충 비슷한 방향만 주워듣고서 바다 쪽, 구법성 쪽으로 무작정 더듬어 갔다.

사람도 집도 더는 보이지 않는 쓸쓸한 갯가에 문득 깎아지른 바위가 우뚝 솟아 막아서고 길은 거기서 끝나버렸다. 막막했다.

근처에 그물 손질하는 어부가 있어 여기가 어디냐고 물었더니,

"좌우두요" 한다.

좌우두左右頭라? 황석영 씨는 빠른 사람이다.

"형님, 바로 여기요!"

좌우두는 주아머리의 한자 표기, 왜놈들 장난이라는 거다. 그렇다면 바로 여기가?

우리는, 머리란 바다로 돌출한 부분인데 실은 쑥 들어간 부분이니까 이 바위가 바로 주아머리고, 바위 뒤쪽 어딘가 쑥 들어간 곳에 주아실이 있으리라는 걸 유추해냈다. 그렇다면 길이 있을 것이다. 과연 절벽 옆구리에 실낱 같은 조로鳥路가 숨어 있었다.

절벽에 아슬아슬 몸을 붙이고 간신히 바위 뒤쪽으로 비잉 돌아나가 보니, 아! 탄성밖엔 나올 것이 없었다. 사방으로 시야가 확 트이면서 칠산바다, 그 광활하고 황량한 광경이 한눈에 들어왔다.

황석영 씨가 중얼거렸다.

"세상 끝에 온 것 같군."

높이 솟은 바위 등성이에서 오른쪽으로 나지막이 쑥 들어간 곳에 모래밭 짝띠가 있고, 그 너머, 산어덩에 과연 초가집 대여섯 채가 숨어 있는데 기가 막히는 은신처였다. 거기가 주아실이었다. 그리고 큰 느티가 보였다.

그런데 그때 그 느티 아랫집 마당에서 시커먼 무엇이 우리를 바라보고 있었다. 머리칼이 쭈뼛했다. 모래밭 쪽으로 한참 내려가서 다시 느티 쪽을 쳐다보니 머리 감던 웬 아낙인데 검은 머리를 산발한 채 계속 우리를 노려보고 있었다.

순간, 아하, 그렇구나! 증조부가 저 집에서 몇 해를 숨어 살며 주아머리 들어오는 낯선 사람을 관헌인가 아닌가 살피기 위해 눈썹 위에 손을 올리고 늘 바라봤다는 뜻이었구나!

슬픔인지 노여움인지, 아니면 저 황량한 칠산바다 물결 소리에 실려오는 우주의 탄식인지 생명의 한恨인지 뭔지 모를 커다란 그늘이 내 가슴에 깊이 스며들고 있었다.

우리 집안 최고의 우투리 증조부의 슬픈 날들! 그리고 할아버지와 아버지의 날들! 나의 날들! 선천先天에 반역하는 모든 삶, 모든 날을 지배하는 그 이상한 죽음의 이미지! 새하얀 소외의 이미지! 영원히 끝나지 않을 유배의 그 황막한, 황막한 이미지! 나의 세계, 나의 깊고 깊은 번뇌의 뿌리!

5_ 할아버지

함자는 옥삼玉三.

우리 할아버지는 무서운 분이다. 내게만 아니라 집안 모든 이들에게, 심지어 이웃에게까지도. 장대한 체격, 높은 이마, 짙은 눈썹 아래 노여움이 이글거리는, 타는 듯한 눈, 대춧빛 얼굴, 짙고 검은 긴 수염, 희고 넓은 동정 받친 시커먼 두루마기, 솥뚜껑 같은 손, 집안이 흔들흔들하는 그 큰 성음.

무서운 어른! 나의 기억은 그렇다. 범접할 수 없는 우뚝한 성채였다. 온 동네 사람들이 그분 앞에선 숨을 죽였다. 대거리나 너스레가 통하지 않았고 껄렁패들조차 그분을 보면 비실비실 골목으로 숨거나 절하는 것도 잊은 채 길바닥에 서서 작대기인 양 몸이 뻣뻣이 굳어버렸다.

하긴 이런 일이 있긴 하다. 연동 수돗거리 물돈 받는 개수 할매라고 곱살하면서도 성깔 고약스런 노파가 있었는데, 한번은 손짓해 날 부르더니,

"느그 할애비가 성은 옥가고 이름은 쌤이냐?"

하고 이죽거렸다. 아마 무슨 포한이 진 모양인데 우리 할아버지한테 감히 그따위 망할 소리 하는 사람은 처음이라 어린 나이였지만 나는 볼이 잔뜩 부어 고집스럽게 대들었다.

"아니어라우. 김씨어라우."

"훙! 그 할애비에 그 손자새끼로고나."

할아버지는 분노의 사람이었던 것 같다. 어린 시절 암태에서 문씨에

게 재산을 몽땅 빼앗기고 가엄家嚴이 관청에서 죽을 곤욕을 치르는 억울함을 겪었고 그날 밤의 활활 타오르는 그 복수의 불길, 맨주먹의 결투, 캄캄한 바다로의 도피, 김제 허허벌판에서의 울분의 세월, 천지를 뒤흔드는 갑오년 저 혁명의 함성과 총포 소리, 피투성이 전장, 송장의 산더미를 아비를 따라 뚫고 나왔고 그 뒤의 피신, 가슴 조이는 주아실의 그 어두운 나날, 그리고 증조부의 비극적인 죽음.

난 알 것 같다. 할아버지의 그 어두운 분노의 뿌리. 마치 온 세상에 맞서 한치의 물러섬도 없이 대결하는 듯한, 그 이글거리는, 타는 듯한 노여운 눈빛의 뿌리를 이제 이해할 것 같다. 그것이 또한 내 번뇌의 뿌리라는 것도 오늘에야 비로소 이해한다.

증조부 돌아가신 뒤 할아버지는 법성포에서 그 무렵에 유행하기 시작한 조끼를 재봉틀로 대량 생산, 포목 장수로 지낼 적에 광주를 드나들다 웬 프랑스 신부를 만났던가 보다. 천주교에 입교, 아마도 그 무렵 동학은 혹독한 탄압 뒤에 일진회 따위로 괴상하게 변질하고 있던 때라 이에 실망한 많은 동학꾼이 "이치는 다르지만 도는 같다(道則同也 理則非也 ─ 水雲《東經大全》)" 하여 천주교로 망명하고 있었는데, 그 흐름을 탄 듯하다.

허나 그뿐일까? 그 뒤 우리 집안은 모두 천주교 신자가 되어 큰아버지, 아버지, 작은아버지들과 두 고모가 모두 영세를 받았고, 작은아버지 한 분은 광주 구교우집에 양자로 들어가서 복사까지 했다 한다.

허나 그뿐이었을까? 그 직전 무렵이었다. 도피행이었을까? 할아버지는 자그만 배로 단신 일본 규슈로 건너갔다. 거기서 재봉틀 수선 기술을 배위가지고 돌아오셨다.

지금이야 그거 아무것도 아니지만 그 무렵 그런 기술은 지금으로 치면 최고급 하이테크다. 자동차 운전사, 기계기술자, 기관차 운전사 뒤를 일류 기생들이 환장해서 졸졸졸 따라다니던 시절, 훗날엔 엄복동이나 안창남 비행사가 민족영웅까지 되었던 시절, 육혈포 숭배, 기계 숭배, 개화자강의 열풍이 휩쓸고, 박래품이면 무엇이건 신비로운 전율마저 불러일으키던 그런 시절이다.

할아버지는 연장보따리 하나 달랑 들고 광주만 들어가면 떼돈을 벌었고 요릿집에 파묻혀 밤새워 말술로 울분을 달랬다 한다. 그 무렵 아버지의 기억 한 토막.

"느그 할아부지가 자전거 타고 십 리를 달려가면 나는 헐레벌떡 뒤좇아가 다음엔 내가 타고 오 리를 가고 할아부지가 뒤를 붙들고 밀어. 우리 부자지간은 십리 대 오리다, 알겠냐?"

그러고 나서 아버지는 요릿집 문지방에 앉아 할아버지를 기다리며 밤새우는 게 일이었다 한다.

무서운 가부장, 요릿집 난봉꾼, 파산한 불효자식, 변절한 동학꾼, 피식은 망국노. 그뿐이었을까?

그렇지는 않다. 할아버지는 그 무렵 잃어버린 암태 땅을 조금씩 조금씩 사들이거나 되찾기 시작했다. 뒤따라 작은할아버지 식솔을 암태로 다시 들여보냈다. 지금의 선산도 그래서 있는 거다.

이제야 나는 이해가 간다. 동학꾼의 서학 입도, 갑오혁명꾼의 도일渡日

에 숨은 뜻을. 할아버지는 절치부심 무너진 집안을 다시 일으켜 세우려는 일념으로 사신 거다.

허나 그뿐이었을까?

아버지 기억이다.

"새야 새야 파랑새야 녹두밭에 앉지 마라!"

나 낳기 닷새 전, 돌아가신 증조할머니가 숨죽여 흐느끼며 노래를 부르시면 할아버지가 소리를 버럭 질러 "삼족 망합니다. 삼족 망해요!" 하시면서도 손님들과는 연신 소곤소곤, 함께 어딘가 훌쩍 가셨다가 사나흘 만에야 돌아오기 일쑤였다 한다.

아버지는 가끔 고개를 갸우뚱하신다. 그 이상한 사람들! 아주 먼 데서 온 듯싶은 그 낯선 손님들! 뱃놈 같기도 하고 체장수 같기도, 소금장수 같기도 한 그 체수 큰 울퉁불퉁한 혹은 깨끗한 선비 같은 사람들! 헌데도 말씨 공순하여 젊은이에게도 공대하고 예절 바르고 체모 엄정, 웬 학식은 그리도 깊었는지! 그리고 그 완력들! 등짐 지는 솜씨들! 그들이 바로 동학꾼이었다. 틀림없다. 동학 재건 움직임!

할아버지는 천주교 신자면서도 여전히 변함없는 동학꾼이었다. 난 어릴 적에도 알 수 없었다. 어째서 저리 인물 좋은 할아버지가 저리도 못생긴 우리 할머니, 혈혈단신 곰보 할매에게 장가들어 또 어찌 그리도 금실은 좋은 건지, 반말 한 번, 큰소리 한 번 하시는 것 전혀 못 들었으니 과연 어째서? 곰보 할매는 실은 전사한 증조부 동학 동지의 외동딸이었다 한다. 선대의 약속! 동병상련!

6_ 할아버지의 여인들

한 고운 작은댁이 있었다 한다. 할아버지, 할머니가 목포로 떠나올 때 배 떠나가는 갯가, 뻘밭으로 십 리를 내내 울며불며 외쳐 부르며 함께 데려가 달라 애걸복걸하며 나막신 벗겨지고 엎어지고 고꾸라지며 끝끝내 따라오던 한 슬픈 여인이 있었다 한다. 끝내 돌아보지 않았다 한다. 모질다!

또 한 분, 주아실네. 나도 희미하나 기억이 난다. 곱고 때깔 좋은 할머니. 명주 수건에 눈깔사탕 싸와서 늘 내게 주던, 그 영광 법성 주아실 갯가 주막의 주모였다는 작은댁 할머니. 그리 자주 와 온갖 허드렛일 다 하며 따뜻한 말 한마디 기다렸지만 단 한 번 제대로 눈길조차 주질 않았다 한다. 모질다!

정이 없어서였을까? 아닐 거라. 선대부터의 엄중한 약속을 지키기 위해 정 떼려고 일부러 그러셨을 거라. 난 그리 이해한다.

목포로 옮긴 할아버지는 역전 시장에서 청과물 장사, 포목 장사에 기계 수선까지 해 한 재산 모았다가 또 그놈의 골패로 홀라당 날리셨다 한다. 기억난다. 어릴 적 연동집 마당. 밤에 흰 차일 치고 멍석 깔고 카바이드 불빛 아래 벌어진 그 희한한 골패판.

할아버지가 흰 이를 드러내 웃는 걸 그때 처음 보았다. 귀기 같아서 오싹했다. 내림인가? 사람들의 날카로운 외침, 핏발 선 눈, 싸움, 패 잡는 순간의 그 무시무시한 고요, 번들거리는 얼굴들, 함부로 엎어진 술사발, 김치종지, 흐트러진 고무신짝들.

기괴한 장면이었다. 무시무시한 마귀의 늪. 끔찍했다. 논문서, 밭문서, 집문서, 세간붙이며 패물, 가족들은 악쓰며 울부짖고 판은 계속되고 패가망신! 그러고는 길고 긴 가난! 내림인가? 소름 끼친다. 아버지와 나는 절대로 어떤 경우에도 노름만은 하지 않았다.

할아버지는 그 뒤 복쟁이 요리하는 식당도 해보고 기계 수선도 계속했지만 이미 낡은 기술. 끝내는 목포 북부의 흉악한 가난뱅이 동네 연동, 그러니까 지금의 산정동 뻘바탕으로 밀려나 다시는 그곳에서 헤어나지를 못하다가 결국은 거기서 뿌리뽑혀 병든 몸으로 나 대학 다닐 때 숙부가 사는 경기도 연천군 전곡 한탄강가 나지막한 어덩 움푹한 판자집으로 옮겨오셨다.

최후로 뵈었을 때의 할아버지 모습이 눈에 선하다. 그 범 같던 분이 기운이 다 쇠진하여 눈빛은 흐리고 입가엔 경련 같은 희미하고 애잔한 웃음이 번지고 있었다. 이 웃음이 내가 두번째로 본 웃음이다. 내 손을 만지며 낮고 떨리는 음성으로 단 한마디,

"영일아, 집안을 일으켜라."

운명하시기 전 나를 애타게 찾으셨다 한다. 그 무섭기만 하던 할아버지가 나를. 허나 나는 그때 감옥에 있었다. 전곡 천주교 공동묘지. 숙모와 함께 무덤을 찾은 가을날 이슬아침, 무덤에서 검은 구렁이 한 마리가 천천히 기어나와 내 앞에 조용히 도사렸다. 숙모의 말,

"니한테 허실 말쑴이 있는개비다."

나는 안다. 할아버지의 꿈이 무엇인지, 한이 또 무엇인지. 증조부 이

래, 입도조 이래 우리 '우투리' 집안의 희망이 무엇인지 나는 잘 안다. 훗날 그 참혹한 고통과 무섭도록 아름다운 매혹과 전율의 나날, 해남에서 나는 또다시 할아버지의 영을 만났다.

그 한은, 그 꿈은, 그 희망은 다름 아닌 바로 우리네 같은 민초, 모든 생명, 그 아침의 이슬도, 무덤의 붉은 흙도, 구렁이까지도 스스로 신령해지고 세상에서 한울님 대접을 받는 후천개벽을 성취하는 것, 그것뿐이다. 개벽만이 확고하게 우리 집안을 일으킬 것이다.

7_ 할머니

우리 할머니, 곰보 할매는 지금도 내 마음의 고향이다.

할머니는 키가 아주 작고 못생기고 곰보였는데 곰보를 발음 못 한 나는 고무 할매, 고무 할매 그랬다. 이름은 없고 군산때기라 김군산이라 한 것이 이름이 돼버렸다 한다. 항구 군산이 아니다. 고부 군산이다. 헌데 본성은 전주 이씨인데 왜 김씨로 호적에 올랐을까?

무서운 시절이었다. 할머니의 선친은 동학 큰 두목으로 갑오 적에 돌아가시고 집안은 쑥밭이 되고 외동딸로 혈혈단신 할아버지한테 시집와 사남이녀를 낳으셨다. 평생을 말없이, 밤낮없이 일만 하고 고생고생 하시다가 끝내 영화 못 보고 비참하게 돌아가셨다.

"곰보 할매!"

입속으로 부르면 얼굴 모습보다 마음이 먼저 다가온다. 꺼끌꺼끌하면서도 보드랍고 조용하면서도 포근하다.

초등학교 적에 학교가 파하면 나는 으레 사탕이며 과자며 오징어 따위가 흔해빠진 부자 외갓집으로 안 가고 곧바로 달려 가난한 곰보 할매한테로 가곤 했다. 할머니는 물레 젓던 손을 멈추고 물레 뒤에 미영(목화)이 하얗게 앉은 종지를 꺼내 후후 불어낸 뒤 나에게 먹으라고 내놓으신다. 뻘땅에서 캐낸 세발나물을 된장에 무친 것, 그것이 그리 맛있을 수가 없었다.

나는 할머니 곁이 덮어놓고 좋았다. 가난하나 정이 있고 사람다운 수고가 있고 따뜻한 침묵이 있었다. 곰보 할매는 내 정신의 가장 중요한 부분이다. 이 부분이 없었다면 지난 시절 그 엄혹한 시련 속에서 나는 필경 인간성을 잃어버리고 썩어 문드러져 버렸을 것이다.

베틀 아니면 물레, 물레 아니면 조대통이나 시동통·호미·갈퀴·부삽이 손에서 떨어진 적이 없었다. 한창 가난할 때는 목포 역전 청과물 시장 입구에서 팥죽도 파시고 장떡도 파셨다. 족편을 만들어 불총대에까지도 팔러 다니셨다. 쫄랑쫄랑 좇아다니며 곁에 쪼그리고 앉아 오고가는 사람 구경하던 생각이 난다. 아, 그때, 그 가난이 이제는 가장 커다란 정신의 자산이 될 줄이야!

도무지 말씀을 안 하시는 할머니를 조르고 또 조르면 기껏 한다는 이야기가 "애기는 때기 때기밭에 불나서 영감 공알이 혹 타부렀다" 아니면 "해남 해우장시 해남장에서 해보다가 해해 웃고 죽어부렀다" 이런 거였다.

싱겁기 짝이 없었다. 헌데도 막상 그 중요한 증조부 얘기를 들려준 분은 할머니다. 그 얘기를 하실 땐 어찌 그리도 말씀이 또록또록하던지! 하긴 아주 슬픈 얘기도 들려주셨다. 명절에 끼니 이을 양식도 없는 집 소년이 말하는 남생이를 얻어 팔러 다니는 얘기다.

"명절은 닥쳤는디 우리 부모 어쩔끄나. 말하는 남생이 사시요! 말하는 남생이 사시요!"

슬펐다. 가난이 슬프고 소년의 마음이 슬프고 남생이 처지가 슬펐다. 수없이 들었지만 들을 때마다 나는 눈물을 뚝뚝 흘리며 울었다. 나의 슬픈 감성, 나의 슬픈 문학의 시작은 할머니다. 이 사실을 나는 바로 지금 이 글을 쓰면서 비로소 깨닫는다. 그리고 운다.

허나 할머니는 나의 웃음과 익살의 시작이기도 하다. 한밤중에 나를 흔들어 깨우며 이러셨다.

"영일아, 도깨비 왔다!"

과연 배고픈 도깨비가 부엌에서 솥뚜껑 달가닥거리는 소리가 들린다. 할머니가 후닥닥 문을 열어젖히면 파란 불, 빨간 불이 호들갑스럽게 놀라 띔뛰는데 할머니는 춤을 추듯 튀어 나가 부지깽이로 도깨비들을 막 두들겨 잡는다.

"아나, 밥 먹어라. 아나, 밥 먹어라. 잡았다!"

새끼줄로 꽁꽁 묶어 잡아서 방으로 들고 들어오는 것은 도깨비가 아니라 늘 몽당빗자루다.

그 방, 그 붉은 방. 빠알간 호롱불이 일렁이고 벽에 커다란 그림자들이 춤을 추고 할머니와 고모, 삼촌 들이 모여앉아 밤참으로 뜨거운 북감자를 후후 불며 먹던 그 겨울밤의 연동 그 집 그 붉은 방. 밖에는 찬 밤바람 소리, 방 안에는 끊임없는 옛날 이야기, 도깨비 이야기, 난데없는 뻥튀기, 우김질에 웃음소리. 자주 바탕 무명 천에 흰 꽃무늬 있는 이불, 울긋불긋 원앙새 수놓은 벽보, 흔들거리는 횃대 그림자, 물레와 베틀 그림자, 아슴푸레한 졸음 속에서 근심도 걱정도 없고 오직 사랑과 신뢰만 가득 찬, 그 꿈결같은 붉은 방.

지금도 자주 꿈에서 보고, 괴로울 때는 그려보는, 가고 싶은 내 마음의 고향. 그 밤 그 붉은 방. 나의 잃어버린 낙원. 영화〈붉은 수수밭〉의 그 버얼건 술도가 뒷방 색조에서 내 뇌리를 잠시 스쳐간 그 방의 영상, 그것이 바로 내 마음속의 곰보 할매의 방이다. 다시 현실에서 찾아야 할 내 삶의 모습이다.

언제였던가? 나는 비익빅거리며 물레 돌리는 할머니 곁에 누워 감기를 앓고 있었다. 파들거리는, 뚫어진 문창호지 밖엔 새파란 겨울 하늘, 하늘에는 황막한 갯바람 소리 소소리치고, 나는 할머니 물레 속에서 천천히 돌며 포근히 잠들어 가고 있었다. 감기는 행복했고 할매는 나의 고향이었다. 지금도 감기로 앓아 누워 있으면 언제나 창밖엔 겨울 하늘과 바람 소리가 있을 것 같고 머리맡엔 할매의 물레가 도는 듯하다.

그 할머니, 나의 그 곰보 할매는 전곡에서 찢어지는 가난과 새까만 외로움 속에서 기어이 혼자 돌아가셨다. 돌아가신 뒤 몸에서 수없이 수없이 많은 이가 끝없이 기어나왔다 한다. 그 이들! 아아, 이 더러운 무정無情! 앞으로는 이를 잘 모셔야겠다.

8_ 외가

1896년, 갑오동학 농민혁명이 일본군의 크루프 포 아래 참담하게 좌절된 뒤 두 해.

해월 최시형 선생은 상주尙州 '높은 터'에 숨어 동학 재건을 도모하고 계실 때요, 을미 때부터 시작해서 온 산하에 항일의병의 아우성이 가득 찬 해이자 아관파천俄館播遷의 해다.

친로파 내각이 성립되자 앞서 민비 시해의 음모를 사전에 알고도 방관했다는 탄핵을 받고 친일파로 몰려 이듬해 제주도로 유배당한 개화파 일당이 있었다. 김윤식金允植 일당이다. 이 일당 중에 본관이 동래東萊인 정鄭씨 성 가진 천주교 신자 한 사람이 있었다. 이분이 바로 나의 외증조부시다.

함자도 기억 못 하겠고 전설도 내겐 별로 없다. 다만 귀양살이란 것이 본디 평상심으로는 견디기 힘든 고달픈 것이지만 그 위에 친일파라 하여 더욱 고달팠고 그 위에 설상가상 제주도는 유독 천주학이라면 치를 떠는 고장인지라 한결 더 고달팠다는 이야기만 전해온다.

제주도는 크고 작은 폭포가 많은 곳. 귀 멍멍 요란한 소리를 내며 떨어지는 한 작은 폭포 위에 띠풀과 생나무로 정자를 짓고 그 위에 앉은 외증조부란 분, 남 못 듣는 중에 주기도문·사도신경·묵주신공을 소리소리 현송하며 신심으로 평화를 얻어 귀양살이 고달픔을 겨우 이겨내 그날그날을 잔잔한 기쁨으로 살았다는 이야기도 함께 전해온다. 슬기로운 분이셨나 보다.

한데 이분이 그만 그곳에서 어느 날 갑자기 돌아가시고 말았다. 불시에 천지간에 오똑 사고무친의 고아가 돼버린 분이 곧 나의 외할아버지 정인화鄭寅和 씨다.

9_외할아버지

외할아버지는 외동아들이다. 혈혈단신 외로운 처지를 어디다 의지할 곳도 하소연할 곳도 없이 만 리 파도 밖에서 홀로 슬픈 나날을 보내다가 홀연 한 생각이 떠올랐다 한다. 전라도 해남 땅 어느 큰 부잣집에 출가한 배다른 누이 한 분이 있다는 이야기가 생각난 것이다.

사자嗣子이므로 제기·향로·촛대·병풍과 약간의 서책만 배에 싣고 해남으로 향했다. 중도에 풍랑을 만나 파선하여 침수되었으나 가까스로 어찌어찌 짐과 몸이 구조되어 해남 땅에 당도했다 한다. 그때 물에 잠겼던 향로와 병풍 등이 내 어릴 적에 본 그것들인데, 향로는 변색하고 병풍은 얼룩덜룩한 것이 과연 그럴싸하고 신기했다.

병풍은 오곡五曲으로 청나라 유명한 화가의 것이라는데, 인의예지신仁義禮智信 다섯 글자를 크게 그려넣은 대병大屛이다. 외가에서는 내내 이것들을 마치 가문의 영예를 나타내는 신기神器인 양 몹시 외경했다. 내가 외가를 생각할 때면 언제나 사람 얼굴이나 사건 대신에 물건들이 먼저 떠오르는 것도 그 때문인 것 같다.

제사 지낼 때 생각이 난다. 주칠한 큰 목기 수십 개가 한꺼번에 상에 오르고 큰 병풍이 상 뒤에 벌려져 있고 향로에서는 연신 향연이 피어올라 온 방안에 이상한 냄새가 가득하고, 놋촛대의 황촛불은 일렁거리고, 제복을 입고 꿇어앉은 외할아버지 입에서 도무지 무슨 소린지 알 수 없는 제문이 한도 끝도 없이 높았다 낮았다 하며 낭랑하게 울려퍼질 적에 구석에 꿇어앉은 나는, 글쎄 본디 바탕이 상놈이어서 그랬는지 끝없이 낯설기만 하고 견딜 수가 없어 나도 모르게 꼬꾸라져 잠이 들어선 이상한 꿈을 꾸곤 했다.

목기의 주칠같이 시뻘건 대문이 수없이 달린 웬 으리으리한 궁궐에 병풍에서 본 퍼런 호복胡服을 입은 사람들이 끝없이 우왕좌왕, 시퍼런 층층 기와지붕, 오색 채운 휘감은 붉은 난간, 땡땅땡땡 온갖 악기 소리 들리는 중에 향로 아가리에선 불길이 솟고, 처마며 용마루에선 무서운 용 대가리들이 꿈틀거리는데, 수없이 많은 알 수 없는 한문 글자들이 어지러이 춤을 추며 나를 둘러싸서 이리 가도 한문, 저리 가도 한문, 콧속으로도 들어가고 입·귀·눈·배꼽·똥구멍으로도 막 들어가 내장이 온통 한문이 되고 똥도 한문, 오줌도 한문, 피땀·눈물·콧물·진물에 머리카락, 털 할 것 없이 몽땅 한문이 되어 나중에는 이것들이 웬 음악 따라 사방으로 흩어지며 나를 잡아당겨 몸이 막 찢어진다.

'악!' 하고 꿈에서 깨어나면 제사는 이미 끝나 있곤 했다. 외할아버지가 인자하게 웃으시며, "크는 꿈을 꾸었구나" 하셨다.

하여튼 서먹서먹했다. 중국과 양반 문화의 낯선 느낌, 외가의 이런 제사 분위기에 대한 서름서름한 느낌이 그 뒤로도 줄곧 나를 지배했다.

외할아버지는 키도 자그마하고 용모가 아주 단아하고 눈매는 봉안鳳眼에 살빛이 흰 분이다. 꼿꼿이 좌정하여 전후좌우로 조금씩 몸을 흔들며 눈을 감았다 떴다 천천히 말씀하시는 거나 입맛을 쩝쩝, 이를 딱딱 맞추는 습관이 그대로 타고난 양반임을 증명한다. 늘 외롭고 추워 보여 뼛속까지 스민 유배의 고달픔과 천애 고아의 소심함과 침울함이 느껴지는 분이다.

외할아버지는 해남에 와서 천주학을 버리셨다 한다. 시절 탓이겠지만 친일적이었던 것 같다. 통감부 시절엔 순검을 지냈고 총독부 들어서면서는 보통학교 교감, 옛 사진첩을 보면 까까머리에 제복에다 긴 칼을 찼다.

외할아버지와 칼. 나의 심상 속에서 외가는 붉은 제기, 검은 한자 그리고 칼의 영상과 연결되어 있다. 의례적이고 고답적이고 가파르고 날카롭다. 물론 나도 외손이니까 이런 특징이 내게도 있는 것이 틀림없겠으나, 그런데도 내게는 항상 뭔가 이물질처럼 섬뜩섬뜩한 느낌이 들곤 했다. 그런데 바로 이 이물질이 훗날 두고두고 의식을 괴롭히는 억압의 비수가 된다.

외할머니의 아버지는 아주 호방한 성품의 야심만만한 중인으로, 해남 상공리와 목포에 거점을 두고 중선배 여러 척을 부리는 큰 부자요, 거물급 물상객주였는데, 외할아버지의 출신과 인물을 탐해 데릴사위로 삼았다 한다. 혼례 뒤에 외할아버지는 해남에서 목포로 나와 정년이 될 때까지 줄곧 조선운수주식회사, 지금의 통운 지점장 대리로 계셨다.

생활은 항상 유족한 편이었고, 나 다니던 산정초등학교 옆, 비록 초가이긴 했으나 규모가 있고 쾌적한 아주 큰 그 집, 앞뒤 뜰에 가득 장미꽃이 만발하여 '장미집'이라고도 불렸던 그 집은 목포에서도 가장 가난한 동네였던 연동 시커먼 뻘바탕 한복판에 우뚝 선, 마치 외따로 떨어진 꽃피는 섬 같았다.

외가 식구들은 뻘짱뚱이같이 꺼뭇꺼뭇한 나의 친가나 동네 상놈들과는 단연 구별되는 도도하고 콧대 높은 하아얀 귀족이었다. 그리고 내 의식은 검은 뻘밭과 흰 꽃섬 사이에서 끊임없이 중심을 뻘밭에 두려 하면서도 섬으로 어쩔 수 없이 질질 끌려가며 두 다리를 걸친 채 엉거주춤 바둥거리는 괴상한 딸깍발이 꼴이었다.

우습다. 글이 여기에 이르러 가만히 생각해보니 바로 이 지점이 훗날 나의 그 고통스런 양극 분열의 한 시발점이었던 것이다.

외할아버지는 오만하고 뾰족한 분이었을까? 그렇지는 않다. 집안에 아무도 없는 어느 날 마당에서 놀고 있던 나를 불러 앉혀놓고 이런 말씀을 하셨다.

"너는 앞으로 글을 쓸 아이다. 이 말을 잊지 마라. 사람이 글을 쓰려거든 똑 요렇게 써야 헌다. 한 놈이 백두산에서 방귀를 냅다 뀌면 또 한 놈이 한라산에서 '어이 쿠려' 코를 틀어막고, 영광 법성포 앞 칠산바다에서 조기가 펄쩍 뛰어 강릉 경포대 앞바다에 쾅 떨어진다, 요렇게!"

양반이라기보다 차라리 동학당 하시던 증조부의 그 호방한 세계에 가깝다. 어렸지만 나는 그때 왠지 놀라서 눈을 크게 뜬 것 같다. 물론 당신 자신과는 별로 어울리지 않는 말씀이었지만, 지금까지도 나는 이 말씀을 잊지 않고 내 문학의 중요한 규범으로 깊이 간직하고 있다.

선고先考의 실학實學이 가닿는 어느 언저리에 뜻밖에도 임백호林白湖나 진묵震默의 호연세계浩然世界가 깃들어 있었던 것은 아닐까? 내게 비친 외할아버지는 오만하기는커녕 늘 외롭고 쓸쓸한 분이었다. 그리고 끝내는 흑석동 구석 비개의 그 좁고 어두운 골방에서 홀로 이 세상에서의 긴 유배의 생을 마치셨다.

신줏단지를 깬 천주학쟁이, 국모 시해를 방관한 친일 매국노의 오명, 삭탈관직, 원악도 유배에 가문은 흩어지고 고적하게 적소讁所에서 종명終命한 불운한 선고의, 그 떠나지 않는 어두운 그림자를 끝끝내 안고 살다 쓸쓸하게 가신 분이다. 그 마지막에 무엇을 생각하셨을까? 천주? 묵시록 21장? 수정과 유리와 은금의 세계?

10_외할머니

외가의 자존심과 오만은 유명하다. 그 오만의 정신적 배경이 바로 외할머니인 듯하다. 허나 막상 외할머니 자신은 꼭 그렇지도 않았다.

외할아버지는 쥐띠고 외할머니는 범띠, 완전한 내주장이었고 집안은 한 마리 커다란 암호랑이가 웅크리고 있는 듯, 상호도 영락없이 호상이었는데, 허나 큰 만큼 품도 또한 넓었다. 자식들의 좁쌀오만과는 전혀 다른 태산 같은 오만이고 교악喬嶽 같은 자존심이었으며 '무서운 어머니' 유형의 대두목의 천품이었다.

인동 장씨仁同張氏. 해남 상공리 중인 출신 큰 물상객주의 둘쨋딸. 외할머니의 아버지란 분을 아버지가 한번 뵌 적이 있다 해서 어떠했느냐고 내가 물었을 때 한마디로 '범!'.

그랬다. 그 똑 닮은 딸이었으니 삼동네 여편네들 '성님'이고 온 동네 남정네들 '누님'이고 세 절의 '대화주大化主'요, '큰 보살'이요, 째보선창과 뒷개 나무 밀상密商들 '오야붕'이요, 도무지 몇 갠지 알 수 없는 계의 '단골왕초'에다 그 숱한 젊은 해병들의 공동 '어머니'였다.

생활이 넉넉한 것은 외할아버지 수입만으로는 안 되는 일이었고 내림이 장사 수완이라 강원도 오징어 축떼기, 중선배 빌려 나무 장사, 무안 망운 채소·과일 도리떼기, 계 굴려 돈 불리기.

살림 솜씨도 대단해 상독대에 반짝반짝 윤나는 독이 즐비하고 멸치젓·송어젓·깡다리젓·조기젓·갈치젓·뱅어젓·꼴뚜기젓 철철이 다 담그고 명란젓·숭어알젓·토하젓까지 갖추었다. 졸개들 잔뜩 거느리고 꽃철엔 화전놀이에 벚꽃 구경이요, 여름철엔 모래찜, 겨울철엔 온천욕, 폭포에 가 물맞기, 절에 가서는 불공.

기억난다. 한겨울밤 돋보기 쓰고 손에 침 발라 넘기며 가락 붙여 읽으시던 장화홍련전·유충렬전·조웅전·소대성전·구운몽·옥루몽·홍루몽에 숙영낭자전. 갈 데 없는 중인이다.

외할머니 그 유식한 옛날 이야기에도 내 문학의 뿌리가 있을 것이다. 허나 모두가 영웅·재사·미녀·열녀요, 충신·간신·악처·악당·흉계·복수·입신출세며 고관대작에 도사며 신선이라 난 별로 재미가 없었다.

청운靑雲과 백운白雲! 나는 그것과는 인연이 없는 붉은 황토, 푸른 바다, 노오란 비파 열매와 검은 뻘과 도깨비와 이슬 내리는 새벽녘 땅두더지의 기이한 꿈을 꾸고 있었고 가난한 사람들의 슬프고 익살스럽고 소박한 이야기가 더 좋았다.

외할머니는 대대로 불심이 깊어 절 출입이 잦으셨는데 유달사에 큰 종을 조성하는 대화주였고 그 종에는 내 이름도 새겨져 있다. 외할머니는 내가 갓난아기 때 하도 울보라 '우리 울냄이'라 불렀다 한다. 종을 조성할 때 내 이름을 써넣으며 "우리 울냄이 울음을 다 이 종 속에 넣습니다" 하셨다 한다.

이모할머니 두 분이 계셨다. 한 분은 음전이요, 한 분은 덜렁이. 외할머니 합쳐 이 세 분이 비록 땅꼬 집안 오랜 한恨 끝에 느지막이 본 사내 동생이요, 비록 일본까지 유학하고 고문 패스하여 높이 된 동생이라지만, 도무지 죽는 날까지 목숨 바쳐, 비굴하게 벌벌 떨며 온갖 괴팍을 다 무릅쓰고 아비 모시듯 공경한 그 까닭은 무엇일까?

슬프다! 억압 속에서 살아온 여인들의 일그러진 마음의 역사여!

6·25 전쟁 때 외가 옆 산정초등학교에 인천 상륙작전을 끝내고 후방으로 교체된 해병 여단이 들어왔다. 부상자 천지였는데 그 불쌍한 젊은 해병들에게 외할머니는 참으로 큰 보살이요, 큰 어머니였다.

궁핍한 때다. 부식이라곤 소금국밖에 없을 때다. 하루에도 몇 양동이씩 그 맛있는 김장김치를 "더 가져가라. 더 가져가라" 마구 퍼주었다. 어머니, 어머니 하며 집안을 무시로 드나든 사람만도 이십 명이 넘을 게다. 그 중 아들 삼은 몇 사람은 최근까지도 연락이 있었다.

그 중 한 사람, 이북 출신의 병조장인데 다리에 관통상을 입어 외가 한 방에서 부대가 이동할 때까지 줄곧 외할머니의 따뜻한 간호를 받았다. 그가 떠날 때,

"어머니, 이 은혜 백골난망입니다. 제 가진 것이 아무것도 없으니 그저 제 마음의 표시로 제 군견을 드리고 갑니다" 했다 한다.

큰 셰퍼드였다. 이놈이 애지중지 보살피는 외할머니를 그만 물어버렸다. 그 독으로 깊은 병이 드셨고 그 뒤 얼마 안 돼 유달사 법당에서 예불중에 쓰러져 염주 손에 쥔 채 부처님 좌대 밑에서 자는 듯이 조용히 눈감으셨다.

일설에 측간에서 똥 싸시다가 힘을 너무 주는 바람에 그만 돌아가셨다는 풍문도 있으나 나는 분명 법당에서 점잖게 돌아가셨음을 주장하는 바

이다.

큰 보살이시여,

극락왕생하소서.

나무아미타불 관세음보살!

외할머니 없는 외가는 대들보 빠진 집이었다. 돌아가신 지 얼마 후에 마당에 커다란 검은 구렁이가 나와 뒹굴었다. 동네 사람들이 끌고 가 때려죽였다. 외가는 급속히 몰락했다. 목포에서 뿌리뽑혀 사방으로 흩어졌다. 장미는 시들고 꽃피는 섬은 사라졌다.

11_ 아버지

"아버지 김맹모金孟模 씨는 공산주의자였다."

이 한마디는 나의 육십 생애 안에 깊이깊이 감추어진 비밀주문 같은 것이다. 미당未堂이 "애비는 종이었다"라는 한마디에 그 일생이 결정되었듯이, 내게도 이 한마디가 나의 생애를 결정지었다고 할 수도 있을 듯하다.

나는 이 한마디를 끝끝내 함구하려고 했었다. 이미 폐지되었다지만 실제로는 시퍼렇게 살아 있는 연좌제의 굴레에 빠지고 싶지 않았었다.

그러나 내 의식과 삶 속에서는 여전히 폐기되지 않고 또 하나의 연좌제처럼 살아 있었다. 살아 있었다!

그리하여 4·19 직후 통일운동을 열렬히 지지하면서도 민족통일연맹엔 가입하지 않았던 것, 5·16 뒤 반파쇼운동, 한일회담 반대운동에 헌신적이었을 때도 '민족주의 비교연구회'에는 가입하지 않았던 것, 그리고 마르크스주의에 친연성을 가졌음에도 내내 비판적 거리를 두고자 했던 것도 사실은 내 혈통이나 이념 인식이나 타고난 기질에서 온 것이기도 하지만, 중요하게는 아버지와 우리 가족의 그 그늘진 생애가 내 마음에 깊이 드리워진 결과였다.

이 한반도, 특히 남한의 수많은 공산주의자들과 마찬가지로 아버지 역시 실패한 공산주의자였다. 아버지는 젊었을 때, 일본에서 기술을 배울 무렵에 공산주의를 섭했다고 한다. 그 후 해방 직전에 동료들과 함께 조선해방

나의 아버지 김맹모 씨는 공산주의자였다.

게릴라 운동의 준비 단계에서부터 활동을 시작하셨다고 한다. 헌신적이고 정열적이면서도 침착하고 냉정한 주요 간부로서 목포시당에서는 알아주는 투사였다고 한다. 여러 차례 중선中鮮 지대로 피신한 경력이 그것을 말해준다.

그렇다. 어머니는 어린 나를 데리고 여러 차례 중선을 여행한 적이 있다. 모두 아버지를 찾아 떠돈 것이며 때로는 직접적인 감시나 추적을 피해서 떠돈 피신 행동이기도 하였다. 그 때문에 나의 초등학교 입학이 늦어졌고 또래 아이들과는 늘 거리가 있는 우울한 아이가 되었다.

아버지를 생각하면 언제나 '그럼에도 불구하고'라는 철학의 한 구절이 떠오른다. 해방 전엔 큰 기선의 엔진 수리 등으로 수입이 좋아 한때는 멋쟁이 한량처럼 카페나 드나들고 온갖 장비를 갖춘 채 백두산이며 일본 알프스까지 등반했는가 하면, '그럼에도 불구하고' 투철한 공산주의자가 되었고, 그때는 소수 지식인이나 풍요한 삶을 누리는 지주 자산가 출신 예술가들만이 할 수 있었던 연극·영화·사진이나 화려하기 짝이 없는 무용, 음악 등의 서클에 가담하고 또 실험적인 조명예술에 정열을 불태우면서도, 그럼에도 불구하고 과격한 행동과 철저한 보안을 생명으로 하는, 연동, 지금 같으면 목포의 달동네에 해당하는 뻘바탕의 밑바닥 청년들을 밤을 틈타서 비밀리에 교양·조직하는 힘들고 음산한 일을 철저히 수행했던 것이다.

인민군 점령하에서는 목포시당의 간부였음에도 불구하고 두문불출, 집안에 묻혀 단파 라디오로 유엔군의 인천 상륙 정보까지 들어서 인민군의 패배를 환히 알고 있었고, 그럼에도 불구하고 국군의 상륙작전 때에는 동료들과 함께 영암 월출산에 빨치산으로 입산했었다.

그리고 기본계급 출신의 과학기술자로서 철저한 공산주의자였음에도 불구하고 외아들, 즉 내가 거적에 싸여 수장되었다는 소식을 접해서는 내 주검 옆에 몸을 눕히겠다는 일념으로 하산을 결행한 것, 이 모든 것이 다 '그럼에도 불구하고'였던 것이다.

그럼에도 불구하고 아버지는 여전히 무신론자였고, 그럼에도 불구하고 아버지는 돌아가실 적에 영적인 환상을 무수히 보았던 분이다.

생각은 계속 이어진다. 아버지는 평생 나에게 증조부, 조부 등 우리 집안 내력 이외엔 별로 말씀이 없으셨다. 나를 아들로서 아끼는 잔정이 없으셨다. 그럼에도 불구하고 나는 그 어떤 정다운 사랑보다 더 큰 사랑을 아버지로부터 받았다는 확신을 갖고 있다. 나는 분명 아버지 김맹모 씨, 그 실패한 공산주의자의 하나밖에 없는, 사랑받은 외아들인 것이다.

이제 남북에 길이 열리고 경의선이 복구된다. 이 대세는 역전이 불가능함을 나는 그 어떤 정보보다도 행동가로서의 나의 짐승 같은 본능으로, 느낌으로 이것을 안다. 나는 드디어 아버지에 관해 말하기 시작한 것이다. 아버지에 관해 말함으로써 삶과 세계에 대해 가림 없는 인식과 가림 없는 제

말을 하려고 하는 것이다. 말은 그렇게 중요하다.

　　삶과 세계는 이제 나에게 쓸쓸하고 외로운, 그러나 빛으로 환한, 그 동안 닫혔던 문을 열어주고 있다. 나는 이 문으로 들어가 대립과 투쟁을 넘어선 평화와 상생과 화해와 큰 창조의 사상 및 논리를 거리낌없이 모색할 수 있게 될 것이다.

　　아버지는 이미 월출산을 하산할 때, 그리고 그 뒤의 심정을 훗날 다음과 같이 내게 실토하셨다.

　　"그것(공산주의)은 틀렸어! 그러나 아무리 생각해봐도 그것밖엔 없어. 아직까지는 그래. 그렇지만, 그럼에도 불구하고 그것(공산주의)은 틀렸어!"

12_어머니

어머니의 성함은 정금성鄭琴星, 일제 때 창씨개명한 뒤 고치지 않고 오늘까지 공적으로 쓰이는 함자는 천대자千代子.

너무나 많은 고통이 어머니의 인생을 일그러뜨렸고, 배우지 못하고 괄시받는 여자의 숙명이 다름 아닌 어머니의 한이었다. 그 위에 아버지로 인한 한, 아들로 인한 한이 겹쳐 결국은 참으로 한많은 노인네가 되고 말았다.

그러나 지난 민주화운동 과정에서는 민가협의 투사로서 우뚝한 공을 세워 많은 여성의 존경을 한몸에 모았고 어려운 국면마다 대담한 리더십을 보여주었으니, 그 한을 반은 풀었다고 할 만도 하다.

어머니는 오지랖이 넓은 분이라 아들인 나로서도 잘 모르는 친구분들이 많다. 그리고 비밀이 많은 분이시다. 때론 어머니가 어떤 분인지 모를 때도 있다. 그럴 때마다 아득히 먼 느낌을 갖게 된다. 그러나 어머니는 나와는 다른, 자기만의 큰 세계를 가지신 분이라 일절 알고자 하지 않았다.

다만 한 가지. 어머니를 생각할 때마다 꼭 떠오르는 장면이 하나 있다. 석양이다.

인민군이 목포에 들어온 첫날 저녁, '호줏기', 당시엔 제트기를 이렇게 불렀는데, 당시 대통령이던 이승만 씨의 처가가 오스트리아라고 하니까 오스트레일리아, 즉 호주로 잘못 알고 그 호주에서 보내준 비행기라 해서 '호줏기'라고 불렀다. 그 '호줏기'들이 목포역에 있던 미창(쌀창고)과 기관차

나의 어머니는 자기만의 큰 세계를 가지신 분이었다.

를 넣어두고 수리도 하는 기관고를 마구 폭격할 때다. 놀란 연동 사람들이 집에 들어앉아 있으면 다 죽고, 넓고 훤한 데 있으면 군인 아닌 민간인인 걸 알고 폭격을 안 할 거라는 생각에서 모조리 넓은 뻘바탕으로 뛰어나와 엎드릴 때다.

성미 급한 어머니가 나를 끌고 나와 다짜고짜 뻘구덩이에 밀어넣고 나서 등을 자꾸 두드리며 연해연방 소리치던 장면이다.

"아이고, 내 새끼! 아이고, 내 새끼! 내 새끼 죽지 마라! 내 새끼 죽지 마라!"

그런데 그때 어머니의 눈빛이 아무래도 이상했던 것이 늘 생각난다. 원시적인 모성이었다. 그러나 그때 어머니의 그 이상한 눈빛과 '내 새끼' 외침은 다름 아닌 6·25 전쟁 때 이 민족 모든 어머니의 초상이었던 것이다. 슬프고 가슴 아픈 모성이었고 죽임당하기 직전의, 필사적인 생명의 울부짖음이었다.

그것, 그것이 곧 나의 어머니다. 강렬한, 어느 것에도 패배당하지 않는 불굴의 원시적 모성. 그것이 나의 어머니다.

13_ 나의 출생

나는 1941년 음력으로 2월 4일, 먼동 트기 전 캄캄한 시간에 전라남도 목포시 연동 뻘바탕 수돗거리 물전 건너 옛 외갓집에서 태어났다.

이제껏 나는 나 태어난 곳이 목포대木浦臺 바위 아래, 지금도 남아 있는 그 일본식 목조가옥인 줄 알고 있었는데, 얼마 전에야 비로소 그곳은 두 살 때 옮겨 산 곳이고 애당초 낳기는 연동 뻘바탕이라는 것을 알게 되었다.

어째서 외가에서 났을까? 외갓집 바로 곁에 우리 친가가 붙어 있었는데 나 낳기 얼마 전에 나보다 한 살 위 배다른 형이 그 집에서 죽고 이어 닷새 전에는 증조할머니가 돌아가시자 무엇인가 좋지 않다 하여 서둘러 자리를 외가로 옮겼다는 것이다.

나 태어나던 바로 그날, 하늘에 유난히 빛을 내는 샛별이 떠오르고 유달산이 사흘을 내리 울고 영산강 하구에서 기이한 고기가 뛰어오르고 집 주위에 온종일 오색 채운이 머물며 지붕 위에 은은한 서기瑞氣가 틀림없이 어렸을 것 같지만, 하나 그런 일은 전혀 없었다고 한다. 서운하다.

때는 전 인류가 제2차 세계대전의 지옥 속에서 허우적거리고 있던 어두운 때, 이 땅에서는 일제가 창씨개명을 시행하고 동아일보, 조선일보 폐간, 국민총력연맹 조직, 황국신민화운동과 생산보국운동을 강행하던 때, 바로 진주만 공격과 태평양 전쟁 발발을 눈앞에 둔 험악한 때다.

내 이름은 김영일金英一. 본래 영화 영榮 자 항렬인데 누군가 그 글자가 안 좋다 하여 소리만 같은 꽃부리 영英 자로 호적에 올렸다 한다.

아주 희미한 기억이지만, 내가 이 세상에 나와 처음 본 것은 불빛과 그림자인 것 같다. 벽과 천장에 일렁거리는 버얼건 호롱불과 커졌다 작아졌다 하며 끊임없이 움직이는 컴컴한 사람 그림자들. 역시 희미하지만 두번째 기억은 눈부신 아침햇살 뒤에 침침하게 응달진 검은 바위 그늘, 아마 목포대그 집 마당인 듯하다.

그 집에서의 얘기인데 어머니 말로는 내가 본디 여간 조심스러운 아이가 아니어서 그렇게 방안을 함부로 기어다니면서도 비좁고 높은 토방마루에서 한 번도 땅에 떨어져본 적이 없었다는 것이다.

하나 내 느낌으로는 아무래도 그 무렵 한 번 까꿀잽이로 땅에 굴러 떨어져 된통 널브러진 적이 있는 것만 같다. 혹시 크게 혼이 난 뒤부터 조심스러워진 게 아닐까?

뚜렷한 기억은 세 살인지 네 살 때부터다. 어둑어둑한 저녁때 어머니 등에 업혀 큰 길가 어떤 집 처마 밑에 있었는데 길 건너편에서 데스가부토, 그러니까 그때 일본군 철모를 쓰고 아버지가 이쪽으로 또닥또닥 걸어오시던 모습이 생각난다.

그 무렵이었나 보다. 나는 기억 못 하는데 집안에선 유명한 이야기다. 태평양 전쟁이 한창이던 그 무렵, 한밤중에 사이렌이 울리고 방공연습을 했다 한다. 우리 어머니가 원래 성미가 급한 분이라 나를 일본식으로 바삐 들쳐업는다는 것이 그만 띠를 잘못 둘러 목을 잔뜩 졸라놨던 모양이다. 길가 처마 밑에 서서 가슴을 두근거리며 발을 동동거리며 그리 한참을 있자니까 이윽고 해제 사이렌이 울리고 비로소 안도의 한숨을 내쉬는데, 바로 그때 등뒤에서 잔뜩 졸리고 느리데한 목소리로,

"엄마, 나 밥 어떻게 먹어?"

이랬다는 것이다. 나 미련하고 곰 같은 데를 놀려먹을 때는 꼭 튀어나오는 얘기다. 따라붙는 어른들 말씀,

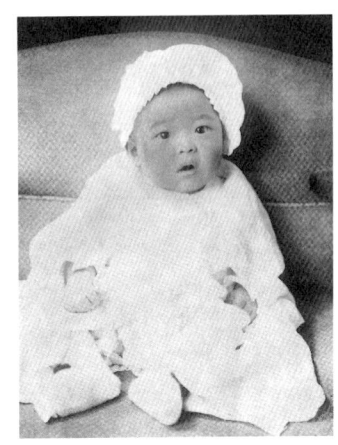

나의 돌사진.

"밥 못 먹게 될깨비 그게 걱정이디야? 밥이 그렇게 좋디야? 이 미련한 놈아, 목을 그렇게 졸라놓으면 영락없이 죽을 텐디 죽는 건 걱정 안 되고 밥 못 먹는 것만 걱정되디야? 에에끼, 이 미련한 놈아!"

어릴 때 내 별명이 '징게맹게 들'이다. 징게맹게는 김제, 만경의 그쪽 사투리, 두 눈 사이가 한참 멀고 펑퍼짐, 콧대까지 푹 꺼진 게 영락없이 둔덕 하나 없는 김제, 만경 그 넓으나 넓은 들판 같다는 놀림이었다.

요컨대 못났다는 얘긴데, 하긴 돌사진을 보면 내 눈에도 똑 찐빵 같은 게 참 못났다. 또 '산신령'이란 별명도 붙어 있었다. 동굴 같은 콧구멍에서부터 입술을 지나 턱 있는 데까지 허어연 산신령 같은 코가 한참 흘러 내려왔다가 훌쩍 숨을 들이마시면 동굴로 쏙 들어간다고.

'밥미련'이니 '징게맹게'니 '산신령'이니 하고 날 놀릴 때면 반드시 뒤따라 나오는 어른들 말씀이 또 하나 있었다.

"느그 형은 참말 잘생겼제."

나 낳기 얼마 전에 죽은 한 살 위 배다른 형. 그렇게 인물이 좋았다 한다. 이목구비 수려하고 훤언하니 달덩이 같았다는데 그만 몹쓸 병을 앓았다 한다. 이상한 것은 고통이 지독할 텐데도 그 조그만 사람이 생전 울지도 않고 단 한 번도 신음소리조차 내는 법 없이 늘 빙그레 웃음을 입에 물고 있었다는 이야기다. 왠지 신령스러웠다는 것이고 발바닥에 클 대 자까지 뚜렷해서 더욱 기이했다는 이야기다.

하나 더 이상한 것은 어머니다.

"너 같은 건 옆에도 못 가. 을마나 좋게 생겼는디!"

도대체 얼마나 좋게 생겼길래 의붓자식을 그렇게도 칭찬할 수 있는 걸까? 수수께끼.

지금도 풀리지 않는 수수께끼가 또 하나. 작은고모의 기억이다. 목포대에서 연동에 옮겨와 살 무렵, 내가 어느 날 난데없이 고모더러 뻘바탕 다릿둑 밑에를 가자더란다. 다릿둑 밑 어느 한 곳에서 여기를 파면 형 장난감이 나온다고 자꾸 우기더란다. 그래 마지못해 파봤더니 과연 혹은 썩기도 하고 혹은 아직 성하기도 한 갓난애 장난감이 여럿 튀어나왔다는 것이다.

내게 그때 무슨 일이 일어났던 걸까? 그 뒤부터 나는 어른들 사이에서 '이상한 자석'으로 통했다는 것이다.

14_사쿠라마치

사쿠라마치. 목포대 근처 일본인들 거주지역. 단층 목조건물들이 반듯반듯 줄지어 있는 큰 신작로.

여름날이었나 보다. 햇볕이 쨍쨍한 대낮 텅 빈 신작로. 목조가옥들의 검은 콜타르 빛. 우리집 바로 앞 태선이 형네 과자점 진열대, 줄지어 있는 커다랗고 투명한 유리 항아리들 안에 빨강·파랑·노랑·초록·자줏빛·흰빛·검은 빛·갈맷빛 온갖 무늬, 갖은 이상한 모양의 반짝반짝 빛이 나는 사탕과 과자가 가득가득 차 있었다. 꿈결처럼 화사하고 황홀한 세계! 항아리 앞에 들러붙어 취한 듯 한없이 들여다보던 일이 생각난다.

그리고 한 소녀, 태선이 형 누이동생, 나보다 두 살인가 위일 텐데 햇빛 속에 약간 찡그리고 있는, 뼛속까지 보일 듯 마알갛고 새하얀, 파리한 얼굴, 여린 몸매, 간타노쿠, 그 원피스의 눈부신 흰빛. 내 눈 속에 깊이 새겨진 어머니나 친척들 이외 여자의 첫 영상이다.

그 무렵일 텐데 목포대 바위 다른 쪽 혼마치에 있는 큰고모네 과일가게 앞, 희뿌연 날 물 뿌린 한적한 거리, 길 건너편 동아부인상회 앞에 장미며 카네이션이며 백합같이 싱싱한 꽃묶음들이 나란히 놓여 있고 아버지가 저만큼 천천히 자전거를 타고 멀어져 가는 걸 쳐다보면서 길고 네모난 알루미늄 통에서 소금·깨·고춧가루와 후추를 뿌린 조그만 김 조각들을 꺼내 먹던 게 생각난다.

뿌우연 한적함, 꽃빛, 김맛, 천천히 멀어져 가는 침침한 아버지 모습. 이 영상은 늘 그리고 지금까지도 내 마음에 정확한 의미를 알 수 없는 묘한 느낌을 불러일으키곤 한다.

나는 그 한때 호사했던가 보다. 누우렇게 빛바랜 그 시절 내 사진들을 보면 지금도 얼른 납득이 되질 않는 것이, 그때가 어느 땐가, 그 참혹하고 궁핍하던 시절에 조그만 아이가 값진 털외투에 멋쟁이 베레모에다 반짝반짝 윤이 나는 가죽구두라니! 거기에 흰 목마까지 타고 있으니!

아버지는 그때 돈을 많이 버셨다 한다. 아버지는 어린 나이에 일본에 건너가 오사카 가네미야金宮 직공학교에서 삼 년간 고학으로 전기기계 기술을 공부하고 돌아와서 스물 전에 이미 목포에서는 최고 기술자로 인정받았다 한다. 귀국 직후 일본인 노구치란 자와 동업, 큰 전파상을 열었는데 라디오 전축 앰프 따위가 무슨 영물이나 신기神器모냥 사람을 매혹하던 때다.

더욱이 목포는 군산과 함께 쌀이나 목화 등을 집산, 일본에 반출하던 항구로 한창 흥청대던 때다. 대형 화물선이 줄지어 드나들었다. 그런데 그 배란 것들이, 일본이 영국 등으로부터 헐값으로 사들인 고물이라 항구에 정박할 때마다 기관이나 스크루를 몽땅 수선해야만 되었고, 그것을 맡아 할 사람이 목포에서는 아버지밖에 없었다 한다. 태평양 전쟁이 시작되던 때다.

"돈을 가마니로 긁어들였지."

물론 과장이겠지. 하여튼 그때 아버지는 목포 일류 멋쟁이로 등장, 밤에는 친구들과 어울려 카페란 카페, 요릿집이란 요릿집은 모조리 휩쓸고 낮에는 보트 놀이, 카메라 취미에 교향악 감상, 그림 감상, 소인극素人劇 독창회, 음악회, 무용 발표회, 조명이며 마이크, 앰프 모조리 무료로 다 맡아 해주고 식물이며 화훼며 곤충 채집, 음반 수집에다 온갖 장비 다 갖추고 지리산·한라산·구월산·묘향산에 금강산, 백두산, 일본 알프스까지 안 간 데 없이 두루 등반.

한번은 네로 흉내를 내본다고 카페 뒷방에서 친구들과 함께 그 귀한 아사히 맥주를 큰 나무통째로 수십 통씩이나 한꺼번에 갖다 놓고서 들입다 호스로 빨아마시며 천장엔 낚시를 잔뜩 매달아 거기다 구운 생선토막, 마른 문어 조각, 불고기, 닭고기, 과일, 과자 따위를 주르르 꿰어놓고는 고기가 미끼 채듯 톡톡 따먹는, 어디 만화에서나 본 것 같은 그런 풍류놀음을 며칠씩 짓이기다 그만 싫증나면 뒷개 같은 데 나가 문저리(망둥이) 회에 막걸리 한사발 쭈욱 들이키고 나서 느닷없이, "보리밥엔 역시 고추장이 제격이로구만, 잉" 뭐 이러셨다는 거다.

허무했을까? 아마도 이 허무가 아버지를 그처럼 지독한 공산주의자로 내몰았던 것은 아닐까? 역시 또한 '그럼에도 불구하고'인 듯하다.

15_고통

나의 고통의 첫 경험. 고통이라니까 괜히 지레짐작할 것까진 없고 치통 말이다. 난 사탕을 너무 좋아해서 어려서부터 이빨이 엉망이었으니까. 자주 치과엘 드나들었다. 그 공포! 마취술이란 게 어디 변변했나! 갈데없는 고문이었다. 집게가 내 입안으로 들어오고 옆에서 내 팔다리를 붙잡기 시작하면 샛노란 하늘 복판에 시뻘건 태양 같은 것이 핏덩어리처럼 터져 번지고, 이어 캄캄한 수렁으로 빠져 들어가는 완전한 절망이었다.

물을 머금었다 뱉고 나서 또 거듭되는 그 고문. 이상한 약 냄새, 입 속의 쇠붙이 느낌. 아랫배가 딱딱해지고 팔다리의 맥이 풀리고 울 기운마저 잃은 채 억억대며 부질없이 손만 허공에 휘저어 집게를 막아보고자 했다. 영락없는 지옥. 그러나 도저히 피할 수 없는 그 거듭된 고통은 뒷날 모든 형태의 고통을 견뎌내는 어떤 힘과 꾀를 내게 준 계기가 되었다. 차츰 자라면서 내겐 꾀가 한 가지 생겼으니까.

작은 짐승이나 벌거지들의 꾀. 그것은 온몸에서 힘을 빼버리고 아예 마음을 없애버리며 숨을 가늘고 고르게 내쉬면서 죽은 듯이 모두를 내맡겨버리는 것이다. 그러고는 내 몸의 일부가 외치는 비명을 가만히 귀기울여 듣는 것. 하나 그것이야말로 진정한 긴장이었고 정신의 집중이었다. 항용 그 시간이 지나고 나면 파김치가 돼버리곤 했으니까.

눈물범벅이 되어 부은 볼을 싸쥐고 어머니 등에 업혀 거리로 나설 때 생전 처음 보는 듯한 그 쨍쨍한 햇빛, 푸르른 하늘, 희고 고운 구름들, 울긋불긋한 포목전, 반짝이는 황금빛 유기전, 그리고 초록빛 가로수들이 눈물 속에서 영롱한 빛깔로 마술 같은 형상을 만들곤 했다. 고통과 눈물 속에서만 나타나는 그 신기루 같은 빛깔과 이상한 무늬나 모양을 가만히 보고 있는 것.

이 짓이 그 뒤부터 내게는 한 가지 '고통의 즐거움'이 되었다. 생각하면 참으로 위험한 유년이었다. 뺨을 간질이는 바람, 집에 닿기 전 나는 어느덧 잠이 들곤 했다.

B29 폭격기 편대의 폭음이 날이 갈수록 더 심해지고 전쟁은 막바지, 일본의 발악도 막바지. 징병, 징용, 정신대, 공출 울력, 이런 것들이 어른들의 삶을 짓누르고 들볶고 찢어발기고 피를 말리고 있었다. 나는 공습을 피해 시내에서 연동 뻘바탕으로 옮겨졌다. 그 시절의 인상 몇 토막.

산정초등학교 정문. 노오란 군복에 행장을 친 일본군 보초병들이 집총하고 섰는데 한 장교가 붉은 말을 타고 들어가다가 무엇 때문인지 채찍으로 보초병 하나를 후려치자 그 보초병이 쓰러질 듯 한쪽으로 몇 발짝 헛발을 내디디며 휘청 기울었다 다시 제자리로 오뚝 돌아오고 또 후려치면 또 몇 발짝 헛발을 내디디며 휘청 기울었다 다시 제자리로 오뚝 돌아오고. 가엾은 오뚝이!

터진목 고갯길을 흰 정복에 긴 샤벨을 절그럭거리며 일본 순사가 헐레벌떡 뛰어서 넘어오고 있었다. 입을 헤 벌리고 헉헉대는 우스운 몸짓에는 영 어울리지 않던, 그 허얗고 으리으리한 정복! 그리고 샤벨!

작은숙부가 군에 징발당해 일하고 있던 유달산 오포대 뒤쪽 측우소 그 뒤쪽에 있는 한 컴컴한 동굴로 작은고모 따라 음식을 싸들고 찾아간 나의 눈에 비친 그때의 광경이다. 노오란 센토보시, 전투모를 쓴 시커먼 얼굴의 숙부가 땀을 뻘뻘 흘리며 커다란 쇠망치로 쇠모루 위의 시뻘건 철편을 타앙 딱 타앙 딱 치고 있었는데, 영원히 끝나지 않을 듯 한없이 치고 있었는데, 끔찍했다. 지옥?

난 이야기를 좋아했다. 이야기만 들려주면 밤이 깊을수록 점점 더 눈이 초롱초롱, "한 자리만 더, 한 자리만 더" 하고 졸라대던 놈이 "야경똑딱" 소리만 들으면 그만 순식간에 이불 속으로 쏙! 일제 때 딱딱이를 치며 밤거리를 돌던 야경인데 그저 온다고 겁만 줘도 그만 순식간에 이불 속으로 쏙! 팔자다.

그 무렵이었나, 그 뒤였나? 외가 유리문 밖 신작로 한복판에 시뻘건 눈이 불쑥 튀어나오고 시커먼 수염에 어깨 떡 벌어져 팔대장성 같은 웬 낯선 상투쟁이 중늙은이가 떠억하니 혼자 버티고 서서 꼼짝하지 않고 시내 쪽을 뚫어져라 노려보고 서 있었다. 누굴까? 뭣 하는 사람일까? 어디서 온? 혹시 우리 할아버지 만나러 온 사람은 아닐까? 신기해서 내내 보고 있었는데, 지금도 고개가 갸웃거려진다. 그 사람 혹시 동학꾼 아니었을까?

외가 뒤뜰 좁고 더러운 쓰레기통 시커먼 뻘구덩에서 촉촉이 이슬 맺힌 나팔꽃이 아침마다 피곤 했다. 첫 햇살을 받은 꽃이파리가 너무 예쁘고 영롱해서 꼭 그때쯤엔 끌리듯 일어나 뒤뜰에 나가 꽃 앞에 서서 인사를 하곤 했다.

아침, 안녕!
나팔꽃, 안녕!

16_해방

내겐 해방되던 날의 기억이 없다.

1945년 8월 15일, 나는 어디에 있었을까?

나는 항상 중요한 역사의 날, 충만과 절정의 날엔 그 현장에서 멀리 있었다. 1960년 4월 이승만 하야의 날, 거리를 가득 메우고 만세를 불렀던 민중의 그날, 나는 아침부터 밤까지 흑석동에서 성북동 자취방까지 이불짐을 날랐다. 1980년 3월 1일, 이른바 서울의 봄엔 서대문구치소에 갇혀 있었고, 1987년 6월 29일에는 해남 남동집 귀퉁이방에서 중병을 앓고 있었다.

어떤 정신과 의사가 내게 이런 말을 한 적이 있다.

"불운으로만 굴러 들어가는 사람이 있고 행운으로만 굴러 나가는 사람이 있지요. 기회라는 건 매우 중요한 분기점입니다. 김선생은 어느 쪽이십니까?"

민족해방의 날, 나는 어디에 있었을까? 측간에서 똥 싸고 있었을까? 그 좋아하는 밥을 우겨넣고 있었을까? 산이었나, 바다였나? 벌레와 함께 혹은 새와 함께 놀았을까? 풀잎하고 꽃잎한테 그때도 "안녕, 안녕!" 하고 바보 같은 인사만 하고 있었을까?

나는 혼자일 때가 많았다. 그래서 '해방!' 그러면 내겐 만세의 영상이나 감격의 기억이 없다. 다만 그 뒤 낡은 트럭을 타고, 마차들을 타고 시내 쪽으로 줄지어 들어가던 연동 아저씨들, 그 숱한 가난뱅이들 머리에 질끈 동인 흰 띠, 플래카드, 격렬한 좌익 노래와 왜가리 소리 같은 거친 구호들, 그런 것뿐이다.

그리고 밤엔 골목에 조무래기들을 잔뜩 모아다 줄지어 앉혀놓고 밤낮 처녀 꽁무니만 좇아다니던 동네 청년들이 언제 모두 그리 애국자가 되었는지 눈엔 횃불, 목엔 힘줄, 두 주먹을 불끈 쥐고 몇 번이고 몇 차례고 죽어라 복창시키던 그놈의 노래.

"산 너머 바다 건너 태평양 너머
아아, 자유의, 자유의 종이 울린다."

이런 거.

또 공수 형님인지 판수 형님인지는 키 작달막하고 등 잔뜩 굽고 리젠트 머리에 포마드가 번쩍번쩍, 단벌 흰 와이셔츠 바람에 웬 책 한 권을 노상 옆구리에 끼고 다녔는데, 웩웩하고 된목에 쇳소리로 맨날 입만 벌리면 그저 똑같은 소리, 하잘것없는 동네 아이들 말싸움에 공연히 끼어들어 책을 공중에 냅다 흔들어대며 이렇게 말했다.

"민주주의가 말이여, 헌법이 있는디 말이여, 엄연한 삼권분립인디, 국민의 신성한 권리를 갖다가 선거란 것이 있는디, 느그들이 멋을 으째야?"

그래 조무래기들이 그 형님만 보면,

"쩌그 헌법 간다야."

"쩌그 민주주의 온다야."

뭐 이런 거, 이런 것만 그저 생각난다. 이런 것들이 바로 해방이었을까?

17_ 연동

나 태어나 자란 연동, 그 뻘바탕은 일제 때 목포역 기관고에서 왕자회사까지 산정동 제방을 쌓고 바다를 매립하면서 생긴 목포 북부의 변두리 동네다. 요즘 같으면 달동네.

시내에서 밀려난 가난뱅이들, 섬에서 못 살고 뭍에 오른 사람들, 조선운수주식회사 쌀가마 실어 나르는 마차꾼에 리어카꾼, 지게꾼에다 목포역 잡부, 기관고 탄부, 탄 빼다 팔아먹고 사는 사람들에 미창 인부며 십장, 똥섬 나뭇배 짐꾼이요, 행남사 직공들, 천독근이네 방직공장 여공들, 갖가지 날품팔이들, 목공·철공·인쇄공·주물공에, 부두 하역 인부들, 엿도가·빼주도가·미장이·땜장이·신기료·주먹·건달·술장수에 순배술집 여자들. 또 생선장수·포목장수·행상에 농투성이에 어부에 여러 잡색들하고, 팥죽이며 댓떡이며 족편·아랑주·채소·과일·양념 따위 무안 망운에서 겨우 바구니 하나쯤 떼어 장에 내다 파는 온갖 뙤리 장수, 갖은 좌판 장수들, 뭐 이런 극빈자들. 구닥다리 개념으로 이른바 룸펜 프로가 아니라 요즘 새로운 개념으로 왈, 언더 클래스가 모여 사는 목포 최저변의 빈민굴이다.

가난했다. 어디를 둘러봐도 가난뿐이었다. 흥부의 가난, 그것이 거기 그대로 있었다. 끼니를 거르는 것은 대수롭지 않은 일이요, 거개가 부황에 누렇게 떠 있었고, 좁고 컴컴한 움막 같은 방구석에 남녀노소 온 식구가 몽땅 흥부네 멍석 덮듯 포갬포갬 잠을 자고 부엌엔 항상 갯물이 흥건.

예전에 박정희가 한번 한밤중에 몰래 연동에 가서 그 방구석 풍경을 얼른 엿보더니 "대중이란 놈 종신 왕초 노릇 하게 생겼군" 했다는데, 연동 지도가 바뀐 게 바로 그 직후다.

　　허나 살림 가난하다고 마음마저 가난하랴! 연동 사람 정 좋기는 목포에서도 으뜸이다. 사돈에 팔촌도 안 되는 사람들이 서로를 형이야 동생이야 오빠 누님, 삼촌 조카, 아버지 어머니, 할머니 할아버지 하고 자빠졌으니 온 동네가 몽땅 친척이라! 혹시 누가 눈먼돈 한 푼 생길라치면 처녀고 총각이고 한데 이리 와크르르 몰려다니며 쩍하면 호떡이야 빙수야 자장면 잔치요, 영감 할멈들도 저리 오글오글오글 모여가지고 짝하면 국수에 수박에 감자떡이나 엿판이다. 한 많고 원 많고 인정 많고 눈물 많고 신도 많고 흥도 많고 우스갯소리 잘하고 짜배기 잘하고 유행가에 신파, 변사조까지 모두를 잘하니 예술가가 따로 없다.

　　허나 한결같이 그저 착하기만 하고 민하기만 한 것도 아니어서 사람 사람이 다 저마다 나름 나름으로 엄살 익살 애살 곰살에 독살

　　청승 방정 의뭉에다 그악 우악 영악 포악 미련 애련 후련
　　시침 새침 기참 당참에 대참 세참 점잔 음전 앙칼에 엉큼에
　　똑똑이 헛똑똑이 속똑똑이 겉똑똑이며 풀떼죽 물렁방퉁이,
　　물에 술탄 듯 술에 물탄 듯 머얼건 뜨물에 등신 병신 팔푼이
　　칠뜨기 팔뜨기 머저리 바보 멍청 능청 목낭청에 엉뚱이에
　　흥청망청 개차반이며 보리까스랑 괭이까스랑이며
　　우뚝이 거룩이 대꼬챙이에 새대가리에 먹통에 개좆깔깔이!

허나 바탕만은 한결같이 소탈이었으니, 가히 인간 백화점이다.

그런 사람들 속에서 나는 자랐다. 한마디 그럴듯하게 한다면 민중의 훈도薰陶! 허나 그놈의 민중이란 말 이젠 그만 지겹다. 사람이면 됐지 뭘!

18_ 문태 숙부

큰숙부 김문태金文泰 씨는 타고난 '우투리'였다. 잘생긴 얼굴에 둥글고 서글서글한 눈매, 짙고 검은 눈썹, 완강한 체격, 살인적인 완력, 굵은 목소리에 어글어글한 성격, 끈질긴 내기욕심하며 그 싸움, 그 지독한 장난기로 집안에선 증조부의 그림자·소귀小鬼·축소판이라고들 했다. 해서 할아버지 사랑과 걱정을 독차지했는데 어려서는 인물 좋은 탓에 광주 천주학 집안에 양자 들어가 미사 때는 복사까지 한 양반이 도대체 성당과 상관은 무슨 상관!

학교에서는 하교 시간에 신발을 몽땅 쓸어다 개골창에 쑤셔넣기 일쑤요, 동네 처녀 똥 쌀 적에 똥통에 돌 빠뜨려 똥 튀기기를 밥 먹듯, 활동사진 보러 가면 캄캄한 중에 처녀들 댕기 꼬리 서로 묶어놓고 그 사이로 냅다 소리소리 지르며 타넘기!

놀부 심통은 분명 아니로되 장난이 워낙 심해놔서 호박에 말뚝 박기, 똥 누는 놈 주저앉히기, 옹기 진 놈 가래뜨고 사기 짐은 작대기 차고 비단전에 물총 놓고 철둑에 바위 굴리기와 콩서리·닭서리, 신혼부부 잠든 틈에 배암 집어넣기쯤은 흔히 했던가 보더라.

어려서부터 주먹대장인데 나이 들어 해군 육전대, 요즈음의 해병대 갔다 온 뒤로는 연동에선 단연 왕초요, 온 목포 바닥 으뜸 큰 주먹으로 저 유명한 '일담이'와 함께 형이야 아우야 하며 쌍벽이 되어 내리 그 판을 휩쓸었다. 건달 우투리!

생각난다. 검은 가죽 점퍼에 검은 가죽 장화, 장화 뒤축의 은빛 박차, 장화 끝에 빠끔히 내민 은빛 단도자루들.

또 생각난다. 연동 우리 친가 바로 앞에 무슨 관인지 장인지 하는 큰 술집에 '호마'라고 억실억실, 입 걸고 허우대 큰 걸물 여주인이 있었는데, 하루는 숙부가 만취, 우리집 들어오는 그 집 옆골목 판장을 냅다 발로 차며 고래고래 소리질렀다.

"호마야, 이녀언! 위아래로 별 탈 없냐아?"

집안에서 호마 목소리가 즉각 응수.

"오오냐, 이놈 문태야! 내 아래로 그것을 뚝 잘라 주마, 이노오오오옴!"

호마는 숙부보다 열 살 위였으니 우습다.

어느 가을날 대낮, 시퍼런 하늘을 등에 지고 시뻘건 말 위에 우뚝 앉은 숙부의 늠름한 모습을 쳐다보며 나는 눈이 부셔 눈이 부셔 자꾸만 눈을 비비며 또 쳐다보고 또 쳐다보곤 했다. 숙부는 나의 영웅이었다. 그리고 숙부는 생전 내내 나를 끔찍이 사랑했다.

생각난다. 그 무렵, 노을이 영산강 위에 핏빛으로 타고 있던 그 아름다운 호풍이네 과수원길, 술 취한 숙부가 조그만 내 손을 꽉 붙잡고 비틀거리며 연동까지 오도록 내내 되풀이 되풀이하여 가르쳐주던 옛노래.

노래하자 하루삔 춤추는 하루삔

아카시아 숲속으로 역마차는 달려간다
하늘은 오렌지색 꾸냥의 귀고리는 한들한들
손풍금 소리 들려온다 방울소리 울린다.

 호방, 쾌락, 사나이의 삶, 거칠고 뜨거운 피, 야성의 사랑, 숙부의 세계다. 그리고 조금은 나의 세계이기도?

19_정일담

1975년 나의 반공법 위반 사건 내용 중에 '장일담' 구상 메모가 들어 있다. 수사관들은 장일담의 모델이 누구냐고 거듭거듭 물었고 출옥 후에도 그것을 묻는 사람이 여럿 있었다. 허구라고 대답해왔고, 물론 허구다. 장일담의 사상이 그러하니까. 허나 영상으로서의 모델이 없었던 것은 아니다. 이제 밝히겠는데 그가 바로 정일담이다.

정일담은 연동의 전설적인 영웅이며 목포 건달세계의 신화적인 인물이다. 흔히 어른들은 물론 아이들까지도 그저 '일담이' '일담이' 하고 불렀던 그는 한마디로 그 무렵 연동과 목포 민중의 영웅이었다. 숙부와 쌍벽이라고는 하지만 숙부보다 나이도 위였고 한 차원이 높은 큰 우투리였다. 그는 어릴 적 이후 지금껏 가장 절친한 나의 한 불알친구의 숙부이기도 하다.

지금 나의 뇌리에는 한 인간의 모습이 아니라 큰 산맥 같기도 하고 큰 해일 같기도 하고 세찬 폭풍우 같기도 한, 한 인간의 생애가 광활한 지평선 위에 거대한 구름모양 뭉글거리며 떠오른다.

내 어릴 적 친구들, 연동 산정초등학교 높은 돌담 밑 신작로가에 연이어 기대어놓은 조선운수 쌀 실어 나르는 그 마차바탕들 위에 누워 밤하늘에 반짝이는 별들과 그 위를 흐르는 눈부신 구름을 바라보면서 우리는 그 무렵 우리의 영웅이었던 '일담이'의 전설을 끝없이 이야기하며 한 '우투리'의 위대한 삶에 감동하며 몸을 부르르 떨었고 끝없이 상상의 날개를 폈다. 그러한

밤엔 큰 꿈을 꾸다가 꼭 오줌을 싸곤 했다.

그는 바로 연동 출신이고 우리들 모두의 정다운 삼촌이었다. 장대한 골격, 거대한 두상, 먼지가 뿌옇게 앉은 듯 빛이 없는 꺼멓고 커다란 두 눈, 솥뚜껑 주먹, 빙긋 웃을 때의 그 하얀 잇속. 허나 그런 본모습보다 그가 더 크게 느껴지는 까닭은 그의 행적에 대한 어릴 때의 숱한 이야기들, 상상과 전설을 통해서 내가 기억하기 때문일 게다.

전설은 이렇다.

일담은 태평양 전쟁 말기 어느 날 밤, 목포 시내 가장 큰 청요릿집이었던 인의관仁義館에서 술을 마시다가 옆방에서 어린 조선인 기생들을 할퀴고 때리고 짓밟는 일본 놈 헌병 장교들에게 그 잘못을 점잖게 꾸짖었다. 여기에서 싸움이 붙었다. 칼을 뽑아 들고 총을 뽑아 드는 그들 두 놈을 그냥 즉석에서 맨손으로 때려죽이고 그 길로 연동으로 뛰었다. 놈들이 호각을 불며 총을 쏘며 말까지 타고 뒤쫓았는데도 일담의 큰 걸음을 도저히 따라잡지 못했다.

연심이네 국밥집, 연심이는 내 계집애 친구고 그 집은 우리 외가 바로 앞집인데, 바로 그 집 지붕을 일담이 한걸음에 훌쩍 뛰어넘어서 여섯 걸음에 조카인 내 친구네 산정리 구시나무(구슬댕댕이나무)집에 닿아 냉수 한 그릇 마시고는 열두 걸음에 비녀산을 넘어 북상, 그 이튿날 아침에는 만주에 도착했다. 일담은 만주에서 마적단 두목이 되었다. 그러니까 독립군 대장이 되어 일본 놈을 수없이 수없이 죽여 없앴다. 이것이 전설이다.

그 전설 속의 정일담이 해방이 되자 목포에 나타났다. 당시 목포시 치안대장 정일담이 바로 그 사람이다. 그 무렵 연심이네 국밥집에서다. 내가 직접 보았는지, 이야기를 하도 많이 들어서 정말 본 것처럼 생각하는 것인지, 일담이 문태 숙부와 술판을 사이에 두고 마주앉아 술을 마시는데 왼쪽 장화 속에서 기름때가 번질번질한, 검붉은 술이 길게 달린 큼직하고 퍼런 되놈 단도를 쑥 뽑아 술판 위에 콱 꽂았다. 그러자 숙부가 천장에 매달아놓은 삶은 돼지다리를 홱 낚아채 단도날에다 쓱 썰어서 두 쪽 난 것을 한 쪽은 일담에게 주고 한 쪽은 자기가 들고는 함께 껄껄 웃으며 어적어적어적 씹어먹었다는 것이다.

그 뒤 일담은 사라졌다. 북으로 갔다고도 하고 만주로, 중국으로 갔다고도 하고 소련으로 갔다고도 했다. 그에 관한 이야기는 내 주변에서 그 무렵 매일 되풀이되었다. 이야기 속에서도 내 꿈 속에서도 '일담이'는 날이 갈수록 점점 더 커다랗게 부풀어 장군이 되고 총사령관이 되고 대원수가 되고 나중엔 대지를 뒤엎는 거대한 신이 되어 한없이 커지다가 우주 속으로 서서히 흩어져버렸다. 어른이건 아이건 연동 사람들 이야기 속에서 드디어 일담이가 사라졌다.

그 사라진 일담이가 6·25 때 인민군 들어온 뒤 한참 있다 어느 날 정치보위부 대좌 계급장을 단 군복 차림으로 사이드카를 타고 연동에 나타났다. 연심이네 국밥집에서 국밥을 먹었고 동네 어른들과 만났다. 그리고 그 무렵 '악질반동 부화분자'로 찍혀 솔개재 오동나무 거리 교화소敎化所에 갇혀 모진 고생을 하고 있던 문태 숙부를 석방했다. 그리고 또다시 사라졌다. 이번에는 영원히. 그 뒤 전설도 점차 야위어가고 어른들은 죽고 아이들은 그곳을 떠나 객지에서 늙어버렸다.

정일담. 그러나 그는 가난한 모든 아이들의 끝나지 않는 꿈, 내 마음속의 소박한, 소박한 영웅의 전설이다.

20_ 수돗거리

'어른들은 잠도 안 자나?'

늘 궁금했던 일이다. 꿈결에도 꼭두새벽이면 늘 불을 켜고 일어나 부스럭부스럭 두런두런 말소리, 발소리를 죽여가며 가만가만 문을 열고 부엌으로 나가는 소리. 덜컹 덜커덩 물통 소리. 삐이익 하고 대문 열리는 소리. 물전에 물 받으러 가는 것이다. 명절이나 제삿날에는 으레 그런 것이지만 매일 밤 깨어 일어나 두세거렸으니 궁금할 수밖에.

허나 난 그게 왠지 좋았다. 내가 잠이 든 동안에도 어른들이 깨어 있고 화안히 불이 켜져 있어서 세상이 끊임없이 움직이고 있다는 것이 왜 그리 내게는 포근한 안도감을 주던지…….

가난한 사람들은 예나 지금이나 매일매일 비상체제다. 허나 목포 사람들, 그 중에도 연동 뻘바탕 사람들은 스물네 시간이 비상체제. 캄캄 밤중부터 수돗거리 물전에 물통을 갖다놓고 차례를 기다려야 하니까.

때로는 나도 자꾸만 감기는 눈을 비벼가며 뽀오얀 신새벽 한도 끝도 없이 줄지어 늘어선 물통들의 장사진 곁에 붙어 서서 우리 물통을 지키곤 했다. 일본 말인 모양인데 '인치키'라고 했다. 새치기가 심했다.

새치기하다 흔히 쌈질이 벌어지곤 했다. 연동 사람들 정 좋은 건 유명하지만 물싸움 한번 붙으면 인정사정 없다. 전국적으로도 이름난 그 지독한 욕설과 함께 빈 물통을 앞세우고 들입다 서로 돌진하면 쾅쾅 똑 '고' 하는 판에 양쪽 새끼트레가 들러붙어 공중으로 용트림해 오르듯 물통들이 우당탕탕 하늘에서 춤을 추었다.

서로 궁한 판에 밥까지 나눠먹는 친한 처지에도 이랬으니 물이 밥보다 귀한 생명의 보배란 것을 나는 일찌감치 사무치게 깨달은 셈이다.

목포는 물에 한이 진 곳이다. 얼마나 귀했으면 웬만한 배앓이 따위는 물 한 대접으로도 능히 가라앉히는 것으로 흔히 믿고들 있었고, 이에 좋다고 물로만 이를 닦는 사람, 눈이나 귀 아픈 데도 그냥 물만 바르는 사람까지 있었겠나. 나도 여러 번 그랬다. 그것이 벌써 사십여 년 전.

헌데 요즈음 목포에선 그 비싼 수돗물마저 먹을 수 없게 되어 근처에는 별로 흔치도 않은 샘물이나 우물 물을 뜨러 가느라 매일매일 비상체제요, 생수네 지하수네 정수기네 하고 북새통이니 이게 뭘 뜻하나? 어디 목포만인가? 자고로 물 좋다는 우리나라 4대 강이 몽땅 썩어 3급수 이하, 전 국민에게 물비상이 걸렸으니 이게 뭘 뜻하나?

정치의 목적은 생명의 보위에 있다. 그래서 예부터 정치의 근본은 '치산치수治山治水'에 있었다. 이리 회상하다 보니 새삼 깨닫는 것은 지난 사십여 년 동안 이 나라엔 아예 근본정치라는 건 없었다는 것. 그럼 뭐가 있었나? 원천치정!

"엄마, 십 원.
헹! 엄마, 십 원만 줘.
십 워언."

어머니가 삐걱삐걱 물지게를 지고 한참을 간다. 바짝 뒤좇아가며 크지도 작지도 않은 느려터진 소리로 또 말한다.

"엄마, 십 워언."

쾅!

물통이 땅에 떨어지고 물이 사방으로 튀며 어머니가 확 돌쳐선다.

"저놈의 새끼가 밤낮 십 원 십 원 십 원! 내가 십 원이 어딧냐아아아!"

후닥닥 튀어 달아나 저만큼 멀리 떨어져 서서 말똥말똥 건너다보고 있으면 어머니가 다시 물지게를 지고 삐걱삐걱 한참을 간다. 어느새 바짝 뒤따라 붙어 또다시,

"엄마, 십 원.

헹! 엄마, 십 원만 줘.

십 워언."

쾅!

"저놈의 새끼가!"

후닥닥.

지치지도 물리지도 않고 끝없이 되풀이되는 '십 원 쟁취 투쟁'이었다. 나는 그 무렵 수돗거리에서도 아주 이름이 난, 그쪽 말로 '부에까심'이었다. 그때 이미 게릴라전의 명수였던가 보다. 히트 앤드 런 앤드 히트, 끈질긴 지구전!

얼마 전 어느 후배 여교수가 내게 이런 말을 한 적이 있다.

"선생님은 너무 끈질겨요. 쌈빡한 데가 너무 없어요. 무서워요."

"무섭다? 무섭다…….”
　그래, 사실은 나도 내가 징그러울 때가 있다. 똑 잡초.
　허나 잡초 아니라 잡초 할아비래도 다 부질없는 짓이었다. 돈 나올 때가 있나? 가난했으니까. 해방이 되어 일본 배가 드나들지 않는 목포는 신파조 대사 그대로 '불 꺼진 항구'여서 아버지 벌이가 영 시원치 않았으니까. 그리고 투쟁하느라, 조직하느라 집에도 안 들어오는 날이 많았고 혹은 피신하느라 멀리 떠나 있을 때가 많아 우리 모자는 늘 가난했으니 어떡하나. 나의 그 영용한 게릴라전도 기껏 욕이야 회초리야 부지깽이야 장작개비야 고무신짝이야 닥치는 대로 우지끈 뚝딱 매밖에는 버는 게 없었다.
　허나 질긴 그악만이었을까?
　언젠가 어머니에게 쫓겨 뒷산 목화밭으로 달아난 적이 있었다. 쫓다 쫓다 지쳐 헉헉거리는 어머니가 민망하여 멀리 못 가고 주변을 뱅뱅 도는데 어머니는 그것이 오히려 더 화가 나셨던가 보다. 얼굴이 노오랗게 질리는 어머니에게 팔을 내주며 주춤주춤 다가가 "여깄소, 손 여깄소. 잡으쇼, 잡어라우” 했다.
　'십 원 쟁취 투쟁'이 실패하면 내가 꼭 가는 곳이 있었다. 수돗거리 물전 가까이 이모네 구멍가게. 말 그대로 형편없이 쬐끄만 구멍가게였는데 그냥 이모라고 친밀히 부르긴 했지만 사실은 사돈네 팔촌도 안 되었다. 미안하고 계면쩍어 쭈뼛쭈뼛하면서도 그놈의 달디단 사탕 맛이 자꾸 끌어당기니 별 수 있나. 일부러 코를 안 풀고 질질 길게 내려뜨려 갖고선 가게 근처를 공연히 뱅뱅 돌고 있으면 눈이 노오란 이모가 나를 한참 노려보고 있다가 "코

풀어라" 하고는 사탕 몇 알을 쥐어주곤 했다. 멋쩍고 창피한 마음을 달디단 사탕 맛으로 얼버무리곤 했다.

훗날 낙백落魄 시절에 술기갈이 나서 공연히 명동 근처를 어슬렁거리며 물주 나타나길 학수고대, 속으로는 늘 혀를 끌끌 차면서 혼잣말을 했다.

'허! 내가 똑 이용악이 꼴이 돼가는구나.'

허나 사실은 이용악이 꼴이 아니라 유년에 이미 마련된 팔자! 아마 그게 미운 일곱 살, 그 무렵 아니면 그 뒤?

21_ 검은 함석집

그러나 일곱 살 무렵의 그 궁상만이 나의 유년의 다는 아니다. 그보다 조금 전 다섯 살 때던가, 여섯 살 때던가. 나는 수돗거리에서 산정리 쪽으로 한두 굽이 돌아든 후미진 산어덩 밑 구시나무집, 정일담 씨 조카 되는 내 친구 정성일이네 집 길 건너 논가에 움푹 박힌 검은 함석집에서 살았다.

여름철이었나 보다. 밤이면 천지가 떠나가게 울어대는 맹꽁이 소리를 과악콱 과악콱 입으로 내내 흉내내다 잠이 들었고 낮이면 마당이나 논두렁에 기어다니는 두꺼비 흉내. 내 두꺼비 흉내는 유명했는데 이렇다. 네 발을 쩌억 벌리고 엉금엉금 몇 발짝 기어가다 뚝 멈춰 하늘을 쳐다보며 볼에 바람을 잔뜩 집어넣고는 불룩불룩불룩, 또 엉금엉금 기어가다 뚝 멈춰 불룩불룩불룩. 아마도 잠자리 흉내, 참새 어깨 웅크린 흉내, 빗속에서 날개 터는 흉내, 아장아장 걷는 오리며 고개 숙인 해바라기 따위 눈에 보이는, 산 것은 모두 다 흉내내며 놀았지 싶다. 외진 데라 친구가 없었다.

구시나무집 친구 성일이는 워낙 점잖아서 꼼짝하지 않고 집안에만 틀어박혀 있었다. 그래도 가끔은 가뭄에 콩 나기로 함께 놀 때가 있었는데, 그래, 햇볕이 쨍쨍 내리쬐는 유난히도 뜨거운 날이었던가 보다. 머리가 얼얼했다. 친구와 놀 일이 기뻐 호주머니에 한 움큼 마른 멸치를 집어넣고 나의 큰 자랑거리인 등산그림책을 들고 구시나무집으로 내달리는 내 발 밑에 폭폭 일어나던 하얀 먼지가 그림처럼 떠오른다.

멸치를 나눠먹으며 구시나무 열매를 흰 실에 꿰어 목걸이를 만들며 놀았던 것 같다. 푸르고 싱싱한 구슬의 빛깔, 꿰어진 구멍에서 배어나오는 풋풋한 진 냄새가 아직껏 기억에 남아 있다.

그날 우리는 뒷산에까지 올라갔다. 난생 처음 오르는 산. 산 위의 그 건조하고 상쾌한 느낌이 지금도 생생하다. 산 위에서 우리는 그림책을 보았는데 사람들이 등산모, 등산화에 등에는 배낭, 손에는 피켈을 들고 흰구름 위 푸른 하늘 위까지 높이 솟은 산봉우리 위에 앉아 쉬는 모습이 거기서 보니까 더 신기했다.

나는 지금도 산악인들을 대하면 조금은 신비스러운 느낌이 들곤 하는데 아마도 어려서부터 산에 대한 무언가 깊고 신비한 관념 같은 게 있었기 때문일 게다. 허나 그때나 지금이나 난 등산엔 별 취미가 없다. 산은 나 같은 뺄짱뚱이 땅강아지에겐 그저 높고 아득한 안개 저편의 산신령의 전설 같은 세계였고 지금도 거기 그대로 두고 싶은, 두렵고 거룩한 곳이기만 하다. 한두 차례 산에서 만취한 끝에 불경한 짓을 하긴 했지만.

뒷산 위에서 그날 나는 처음으로 넓은 세계를 보았다. 내가 사는 동네와 연동, 가깝고 먼 여러 동네들, 원둑, 왕자회사, 영산강, 비녀산과 주교당이 있는 솔개산, 유달산 그리고 멀리 뒷개 앞바다와 희미한 용당리를 보았다. 허나 그때 그 넓은 세계에 대한 무슨 가슴 뛰는 동경 같은 건 별로 없었고 다만 내가 사는 곳을 내가 멀찍이 높은 곳에서 바라볼 수 있고 자세히 알게 되었다는 그것이 신기했던 것 같다.

흔히들 묻는다.

"해외는 어디를 다녀오셨습니까?"

"예, 제주도요."

대개 놀라곤 하는데, 지금도 그렇지만 난 타고난 땅두더지인가 보다. 낯선 새 세계나 여행자의 모험, 기이한 영웅에 관심이 없는 것도 아니고 필시 나의 일부이겠지만, 아무리 생각해봐도 내 본바탕은 땅두더지. 작고 편안하고 익숙한 곳이 좋다. 내 평생의 꿈, 그것은 붙박이다.

최근 홍콩, 미국, 일본에 세 차례 다녀왔는데 우리나라 공항에 내릴 때마다 느끼는 깊은 안도감은 내가 어쩔 수 없는 땅두더지임을 확인케 한다. 나는 그럼 유목민이 될 수 없는가? 그러나 내면의 붙박이에 외면의 떠돌이? 그런 걸까? 그러나 내 유년은 그랬다.

22_ 로선생

주변에 있는 자그만한 것들. 채송화며 분꽃·나팔꽃·맨드라미·참새·잠자리·돌멩이, 나는 이런 하잘것없는 것들이 좋았다. 그리고 아침에 활짝 피어났다 저녁이면 오므라드는 그 비밀이 알고 싶었고, 그 작은 것들 속에 끼어들어가 함께 살고 싶었다.

그 무렵 그 비밀을 내게 조금씩 가르쳐주신 분이 있었다. 로선생, 시내 초등학교에서 교편을 잡고 계시던, 그 키 크고 눈빛 번쩍이는, 한없이 인정스러우셨던 로선생. 아버지를 형님이라 부르며 따랐는데 나를 몹시 사랑해서 집에 들르면 노상 나를 안아주었고 어쩌다 내가 집에 없으면 그냥 발길을 돌렸다 한다. 내 조그만 머리를 쓰다듬으며 늘,

"우리 영일이는 꼭 과학자가 될 겁니다."

그랬다는데, 하기야

"꽃은 으째 빨갛다우?"

"참새 소리는 으디서 나와?"

"삐비는 왜 달지라우?"

"짱뚱이 눈깔은 왜 톡 불가졌어?"

"두꺼비는 으째서 맨날 모가지를 뿔룩뿔룩해?"

이리 연거푸 물어댔다니까. 이 성가신 질문에 하나하나, 차근차근, 어린것이 대번 고개를 까닥일 만큼 쉽게 풀어 가르쳐주고 앉아 있는 걸 보면 역시 타

고난 교사였다고 아버지는 추억하셨다.

생생하다, 그 그림자! 벽 위에 비친 그 두 개의 그림자! 그날 밤 로선생은 한밤중에 오셨다. 생생하다! 잠든 나를 깨워 앉혀놓고 몇 차례고 거듭거듭 가르쳐주던 그 노래들!

"메뚜기 잡아다
풀수레 끌고요"

또

"고드름 따다가 발을 엮어서
각시 방 영창에 걸어놓아요."

그림자. 벽에 커다란 그림자 하나가 꼼짝하지 않는데 그 앞에 쬐끄만 그림자가 하나 무슨 잘못을 했는지 자꾸만 꾸벅꾸벅 절을 하고 있는 영상. 지금도 생생하다. 나는 졸고 있었던 거다. 꾸벅꾸벅 졸면서 노래를 따라 부르면서 그 틈에도 벽 위의 그림자 놀이가 신기해 곁눈질로 훔쳐보고 있었던 거다.

작별의 인사였을까? 로선생을 나는 그 뒤로 한참을 보지 못했다. 희미한 풍문들만 떠돌다가 이윽고 망각 속으로 사라져버렸다. 허나 로선생은 내게 지금도 그림자로만 기억된다.

그는 유명한 공산주의자였다. 6·25 때 목포시당의 당성 심사위원이었으니 아마도 골수 중의 골수였을 것이다. 그런 그가 그림자라면, 융의 개념처럼 샤텐이라면, 공산주의와 혁명이 젊은 시절 내 성격의 그림자로 형성되었던 것일까?

23_ 땅거미

희뿌연 날, 뻘바탕 빼주도가 종완이네 집 바로 옆집 귀퉁이방에 세들어 살 때다. 저녁 무렵인데 주인할머니가 마당에 깔린 멍석 위에 엿기름을 펴 말리고 있었다.

할머니가 나를 흘끔흘끔 쳐다본다. 귀퉁이방에는 아버지가 아파 누워 계시고 어머니는 어디 갔는지 없다. 아버지는 서북청년단에게 테러를 당해 몸이 많이 상해 있었다. 마당 위에, 흰 흙 위에 작은 돌팍으로 나는 새를 그리고 있었다. 그 곁에 이제 또 한마리 또 한마리, 그리고 자동차도 기차도 비행기까지.

"흙 파진다!"

할머니가 꽥 소리질렀다. 내 손이 새그림 위에 가만히 멈춰 있었다. 눈앞이 침침해졌다. 첫 땅거미가 내리고 있었다. 조용했다. 주위가 문득 어둑어둑해지기 시작했다.

24_표랑

그 무렵 아버지는 파출소 습격 사건이니 시위 등에 조직자로 연루되어 수배를 받고 중선 쪽으로 자주 피신했다.

백부가 계신 부평·인천 쪽으로, 혹은 친구가 산다는 대전, 조치원 쪽으로 피신해서 그런 아버지를 찾아 어머니가 날 데리고 긴 여행을 하던 시절이다. 그때의 여행. 사십사오륙 년 전이니 지금으로 보면 캄캄한 시절이다. 여행이 아니라 고행이었고 통신도 말이 아니어서 이곳에 있다 해서 가보면 저곳으로 갔다 하고, 그곳에 있다 해서 찾아가면 또 다른 곳으로 옮겨간 일이 잦아 마치 우리 모자의 여행은 때론 캄캄한 미로 같고 때론 집시의 표랑 같았다.

그 무렵의 기차여행, 한마디로 시커먼 석탄 덩어리. 그것도 객차가 아닌 화물차 여행. 느려터진 완행열차에 밤낮을 흔들리다 보면 허름한 사람, 말쑥한 사람, 잘나고 못나고 남녀노소 할 것 없이 모조리 똑 연탄 배달부 몰골이 돼버리고 만다. 긴 터널을 지날 땐 참으로 견디기 힘들었는데, 아! 그 무서운 장성 갈재굴, 똑 지옥이오. 끔찍한 통과의례였다. 석탄재와 매연 때문에 도무지 숨을 제대로 쉴 수가 없어 수건으로들 코를 잔뜩 틀어막고 겨우겨우 샛숨만 할딱할딱할딱, 온몸을 이리 비틀고 저리 꼬아대며 가까스로 버티는데, 웬 시간은 그리도 더디 끌던지, 설상가상 굴 속에서 한번 정차라도 하는 날이면 문자 그대로 아비규환.

굴을 빠져나올 때의 그 벅찬 해방감은 지금 생각해도 사뭇 감동적이다. 민족해방이 아마 그런 것 아니었을까. 심호흡을 하며 빙그레 웃는 사람, 발장단까지 쳐가며 노래 부르는 사람, 흥분해서 뭐라고 덮어놓고 왁왁 떠들어대는 사람. 여기저기서 아낙들이

"오메오메, 조은거! 인자 살것네, 잉!"

해가며 싸가지고 온 김밥 덩어리를 낯선 이들에게도 들라고 자꾸 권해쌓고 깜둥이가 된 서로의 몰골을 쳐다보고 서로들 우습다고 손가락질하며 배를 움켜잡고 박장대소한다.

참! 그때 사람들은 지금 사람들과는 사뭇 달랐다. 견디기도 잘 견뎠지만 단순하고 따스하고 넉넉한 마음이 똑 큰 부뚜막이었으니!

표랑의 기억 몇 토막.

평택역이었던가, 화물칸 문짝 밖의 그 정거장 밤풍경. 흐린 불빛 아래 느릿느릿 움직이는 역원들, 허둥대며 내리고 오르는 승객들, 대합실 의자에 포갬포갬 엎어져 잠이 든 남루한 사람들, 보통이 위에 얹힌 벌거숭이 아이들, 기지개를 켜며 길게 하품하는 사람, 멀건히 기차를 보고 서 있는 사람, 레일 위에 떠 있는 둔탁하고 차가운 빛, 기관차의 흰 수증기, 빨간 신호등, 캄캄한 밤하늘, 길고 긴 기적소리, 서먹서먹한 낯선 세계의 첫 경험.

어두운 역 구내에 사람들이 몰려 있다. 순간 나는 어머니를 꽉 붙잡고 나직이 외친다.

"엄마! 엄마! 테러! 테러!"

그런 일은 여러 번 반복되었다.

조치원 이모네 과수원에서 맞은 그 서리 가득한 아침을 잊을 수 없다. 지친 밤 여로 끝에 갑자기 열린 그 풍성한 나무와 과일의 눈부신 파노라마를 잊을 수 없다. 그리고 그 아침햇살 반짝이는 금강!

이모부는 그때 나를 데리고 과수원 바로 옆 금강에 손투망질을 나갔는데 물이 발목까지밖에 안 왔다. 온 강물이 다 그랬다. 숱한 은빛 고기 떼, 가늘고 고운 금빛 모래, 수정같이 맑은 물, 그 위에 눈부시게 반짝이며 퍼지는, 섬세하고도 장엄한 아침햇살을 잊을 수 없다. 떠나고 싶지 않았고 꼭 거기서 그냥 눌러살고 싶었는데, 허나 내색하지 않았다. 나는 그때 애늙은이였거든.

그 이튿날 오후던가. 남주 누나를 따라 연못에 잠자리를 잡으러 갔는데 말이 이상해서 속으로 내내 웃었다. 목포에서는 "불어라 불어라" 하는데 "부우라 부우라" 했다. 지금도 입 속으로 한번 "부우라" 하면 웃음이 슬며시 나오고 이어 쪽빛 옷의 남주 누나, 푸른 연못, 초록빛 왕잠자리, 바람에 쫓기는 흰구름들, 금빛 나락의 물결이 빙빙 돌며 잊어버린 그 시절이 심연으로부터 확충되어 나오듯 하나하나 연이어 떠오르곤 한다.

조치원을 떠날 때 시끌시끌한 버스 정류장의 큰 수양버들 밑에 오도카니 서 있던 흰옷의 이모 모습이 선하다. 마치 그 시절의 인상화처럼 차창 밖으로 손을 흔들며 어머니는 울고 있었고 나는 성난 것처럼 얼굴을 있는 대로 잔뜩 찌푸렸었다.

그게 어디쯤이었을까? 버스가 잠시 멈춘 어느 이름 모를 시골 정류장. 먼지를 허옇게 뒤집어 쓴 풀언덕이 차창 밖 바로 내 눈앞에 있었는데 풀섶에

한 송이 할미가 피어 고개 숙이고 있었다. 아, 할미! 심한 멀미에 어지럼증에 흔들리며 생각했다.

'여기에 그냥 내려버렸으면!'
'여기서 그냥 살아버렸으면!'

작고 익숙한 삶 속에 그대로 주저앉고 싶다고 나는 그때 속으로 얼마나 간절히 원했던가.

부평일 것이다. 밤. 연이어진 기와집 휘굽은 처마와 처마. 검푸른 하늘을 찌르는 날카로운 처마끝들. 굳게 닫힌 대문. 시커먼 문 앞에서 한없이 기다리고 있었다. 안에선 인기척 하나 없고 사위는 괴괴했다. 캄캄한 골목 저 먼 끝에 푸른 불이 하나 명멸했다. 꼭 귀신의 눈. 나는 그때 정말 귀신을 본 것일까?

부평일 것이다. 길고 긴 철길에서 노을 무렵에 아버지와 헤어지던 때의 기억이 떠오른다. 철길 따라 천천히 멀어져 가는, 그래! 천천히 멀어져 가는 푸른 스즈키 작업복을 입은 아버지의, 한쪽 어깨가 기우뚱한 뒷모습이 힘이 없어 보였고 내 손엔 한 움큼 미군 과자가 쥐어져 있었다.

역시 부평일 것이다. 유기전, 번쩍번쩍 빛나는 산더미 같은 황금빛 놋그릇들이 발하는 눈부신 광망에 마치 눈이 멀어버린 듯, 심한 감기에 걸린 듯, 술 취한 듯 비틀거렸다. 황홀, 그 곁엔 울긋불긋한 극채색의 찬란한 비단전, 비단전이 연이어 겹쳐지고 여기가 어딘지, 내가 어디서 왔고 어디로 갈 것인지, 내가 누구인지 까맣게 사라져 버리고 그 휘황찬란한 눈부심에 묻혀 나는 두께 없는 황금의 꿈을 꾸고 있었다.

태양을 똑바로 봐버린 듯, 혹은 옛 신선 세상의 화안한 금빛 평화 속에 자지러지듯 녹아 있는 듯, 그것은 분명 낙원이었다.

훗날 나는 이 황금의 이미지를 좇으며 불경이나 희랍의 황금시대의 전설과 신화, 예이츠의 일련의 희랍 기행시, 타지마할 사원, 카잔차키스의 어떤 부분, 아라베스크 미술이나 페르시아의 풍속화, 인도·중국·한국의 금빛 탱화·민화·민담, 그리고 무가나 사설시조, 판소리〈흥보가〉중에서까지 탐욕스럽게 이 황금빛 이미지를 찾으려고 했고 지금도 그렇다.

그러나 말짱 허망한 짓!

그것은 다만 어두운 유년의 지친 마음이 스스로를 보상하기 위해 만들어낸 슬픈 환상에 지나지 않고, 그때 본 것은 오직 싸구려 놋그릇들에 불과했는지도 모르니까.

25_흰 운동화

나는 마침내 표랑에서 돌아왔다. 일곱 살 늦은 봄. 입학 시기가 지나 있었다. 어찌어찌해서 입학했는데 바로 얼마 안 돼 반장이 되었다. 여섯 살 때부터 이미 1학년 셈본과 한글을 모두 익히고 있었으니까.

반장이 된 첫날 첫 조회 때 생각이 난다. 구령이 자꾸만 목으로 도로 기어들어가고 입 속은 마르고 다리는 후들후들 떨리는데 어떻게 간신히 모기 소리로 "앞으로 나란히!" 했다.

헌데 줄 뒤쪽에서 커다란 녀석 하나가 성큼 줄 밖으로 나와 선다.

"반장, 가봐!"

선생님 목소리가 뒤통수를 갈긴다. 어쩔 줄 몰라 머뭇머뭇하는데,

"빨리!"

가야만 했다. 갔다. 똑 죽으러 가는 것 같았다. 가서 그 커다란 녀석 팔에 슬며시 손을 댔다. 내 딴엔 줄 속으로 들어서라는 뜻인데, 그 순간 녀석이 내 발등을 꽉 밟아버렸다. 입학 기념으로 어머니가 사준, 처음 신어보는 흰 운동화였다. 운동화 위에 흙발자국이 크게 나 있었다. 몸을 구부려 흙을 터는데 운동화 등 위에 물방울이 하나 뚝 떨어져 얼룩졌다.

어머니가 보고 있었나 보다. 늦게 들어간 터에 반장이 됐다고 기뻐서 조회 세우는 걸 구경하러 왔다가 그 꼴을 보셨나 보다. 속으로 많이 우셨다 한다. 그 얘기만 나오면 이렇게 말씀하시곤 했다.

"에에이, 얼짜!"

그래 난 그런 얼짜다. 그 뒤부터 나는 '장長 자' 붙은 건 아예 질색이다. 그런데 그 흰 운동화!

결혼 직후의 일이다. 어느 날인가 잡지사에서 꽤 많은 액수의 원고료를 받았던 것 같다. 친구들과 술을 마시고 헤어진 뒤 밤늦게 을지로 입구에서 화신 쪽으로 터덜터덜 걷고 있었다. 지금의 조흥은행 길 건너편 무교동 입구 근처 어느 가게 셔터 앞이었다. 행인도 거의 없고 컴컴했는데 한 아이가 셔터에 등을 대고 두 팔로 무릎을 껴안은 채 고개를 파묻고 있고 곁에 어머니인 듯한, 후줄근한 차림의 한 아주머니가 쪼그려 앉아 사뭇 애원하는 얼굴로 아이를 들여다보고 있었다. 내 걸음이 그 앞에 멎었다. 두 사람은 아무 말, 아무 움직임도 없이 그냥 그대로 꼼짝하지 않고 있었다.

'모자겠지. 시골 사람 같은데…… 아버지를 찾아왔을까? 찾아왔다 못 만났을까? 어머니는 무얼 애원하고 있을까? 아이는, 아이는, 아이의 저 절망은? 여섯 살쯤, 일곱 살쯤 되었을까? 호사스럽진 않지만 그래도 단정한 옷차림인데…….'

순간 내 눈에 아이가 신고 있는 흰 운동화가 확 들어왔다. 흰 운동화!

무슨 생각을 한 것도 아니다. 순식간의 일이다. 나는 안주머니, 바지주머니를 몽땅 뒤져 손에 잡히는 한 움큼 돈을 모두 아주머니에게 내밀었다. 아주머니가 놀란 얼굴로 나를 쳐다봤다. 억지로 손에 쥐어주고는 뒤도 안 돌아보고 도망치듯 안국동 쪽으로 바삐 걸었다. 걷고 있는 내 눈에 쉴새없이 눈물이 흘러내렸다.

흰 운동화, 흰 운동화.

그건 또 언제였을까. 아버지는 아직 돌아오지 않았고 어머니와 나는 빠가빠가 영감네 가게 근처 조그만 셋방에서 궁핍하게 살 때다. 추석이었는데 어머니가 어찌해 흰 운동화 한 켤레를 사오셨다. 꿰어진 꺼먹 고무신을 질질 끌고 다닐 때라 뛸듯이 기뻤다. 너무 기뻐서 흥분한 나머지 그날 밤 내내 잠을 못 자고 머리맡에 나란히 놓아둔 운동화를 보고 또 보고 하다 그만 밤을 꼬박 새우고 말았다. 새벽에 외가에 가는데, 발밑 운동화 생고무창의 탄력 때문일까, 잠을 못 잔 때문일까, 아니면 흥분 때문일까 술 취한 사람처럼 몸이 허공에 붕 뜨고 길가 집들이며 솔개산이 비틀비틀 휘청휘청하던 생각이 난다. 그게 무엇이었을까?

흰 운동화, 흰 운동화.

1987년 겨울, 나는 원주기독병원 정신병동에 있었다. 그때 한 초등학교 교사가 함께 있었는데 성격도 야무지고 체격도 다부지고 아주 멀쩡한 사람이 나 있는 몇 달 동안 두 차례나 거듭 퇴원하고 또 입원했다. 그는 평소에 늘 절약하여 돈을 모아두었다가 녹음기나 카메라 따위가 신형이 나오면 그걸 사 가지는 걸 최고의 낙으로 생각하는 사람인데, 안타까운 것은 그것만 손에 쥐는 날이면 흥분해서 몇 날 며칠을 잠을 못 잔다는 거다. 술도 수면제도 소용없고 결국은 환각 증세를 일으켜 입원한다는 것인데, 그가 내게 이런 말을 했다.

"범인은 가난이에요. 어렸을 적에 하도 가난해 꼬바리 연필을 침 묻혀가며 쓰곤 했지요. 누가 새 연필 한 다스나 반짝반짝하는 새 컴퍼스나 그런

거 한번 선물로 줬다 하면 그날 밤은 통 잠을 안 자고 보고 보고 또 보고 그 지랄을 했거든요. 그게 마음병의 뿌리가 됐어요. 전부 가난 탓이지요, 뭘!"

더러운 가난! 가난은 이런 열매도 맺는가?

26_여선생님

이름마저 잊었다. 1학년 때 담임 선생님. 그 나이 적 여선생님이 누구에겐 그러지 않으랴만 내게 유독 그분은 이 세상 어느 여자보다 곱고 따뜻하고 눈부신 분이다.

기인 그림자가 우선 생각난다. 내 그림자, 어느 일요일 아침 산정초등학교 운동장, 학교 바로 옆 외가에서 매를 맞고 쫓겨나 울며 거기 서 있었다. 화단에 이슬 머금은 무궁화가 만발해 있었으니 여름이었나 보다. 아침해를 등에 진 나의 그림자가 운동장 복판에까지 길게 뻗은 걸 머얼건히 바라보며 훌쩍거리고 있었다.

"김영일!"

내 그림자 속에 선생님의 예쁜 신발이 들어와 멈췄다. 쳐다보는 내 얼굴을 왜 우느냐 묻지도 않고 묵묵히 흰 손수건으로 닦아주고는 손을 붙잡고 교무실로 데려갔다. 과자와 크레용, 도화지를 앞에 놓으며 말씀하셨다.

"과자 먹으면서 뭐든지 맘대로 그려봐."

나는 그때 푸른 물 위에 떠가는 흰 돛단배를 그렸다. 바로 그 자그마한 그림이 전라남도 전 초등학생 미술전에 입선했고, 그 자그마한 그림 한 폭이 내 평생을 일관한, 그림에 대한 그 좌절된 목마른 그리움을 불질러놓았다. 그 그리움 안에 바로 선생님에 대한 나의 뽀오얀 보랏빛 그리움이 깊이 뿌리 내리고 있음을 이제 깨닫는다.

그 무렵 선생님은 터진목 너머 미창 건너편에 있는 학교 관사, 일본식 목조가옥에서 혼자 사셨다. 순천이 집이었고 미혼이었으므로. 일주일에 한두 번씩은 꼭 "김영일, 학교 파하면 선생님 집에 와!"라고 하셨다.

차마 갈 수가 없었다. 딱 한 번, 매번 오라고 해도 오지 않는다고 혼이 난 뒤에 소 도살장 가듯 억지 용기로 집 앞에까지 가 한참을 비실대는데 창문을 열어젖히고 내다보는 선생님, 그 소리없는 환한 웃음에 끄벅끄벅 끌려 들어간 것이 딱 한 번.

흰 옷차림의 선녀같이 앉은 모습, 차분하게 정돈된 방안, 차곡차곡 쌓인 책들, 화병의 꽃 향기, 창문의 흰 커튼. 나는 지금도 이런 분위기에 들어가면 정신을 못 차린다. 안절부절. 왜 그럴까? 태생이 본디 시커먼 뻘짱뚱이라 어쩔 수 없는 것인가?

고개를 가슴에 쑤셔박고 쥐구멍만 찾는데 가슴이 괜히 뛰고 머리가 어질어질 손바닥에 빠작빠작 땀이 솟았다. 나를 가만히 보고 계시던 선생님이 다가와 내 뺨을 어루만지며 한마디 하셨다.

"영일이는 바보!"

그날 내가 어떻게 터진목과 후미끼리, 그 건널목을 넘어 뻘바탕으로 돌아왔는지 기억할 수 없다.

그 선생님은 기관사였던 두 공산주의자 오빠와 연루되어 여순반란 진압 때 순천에서 총살당했다. 그 소문을 듣던 날 나는 무얼 했을까? 역시 기억나지 않는다. 뒷산에 올라가 메뚜기를 잡고 있었을까? 아니면 땅바닥에 돌팍으로 군인 그림을 그리고 있었을까?

27_ 불알친구들

좋아하는 서양 음악가가 누구냐고 물었을 때 포스터라고 대답하면 흔히들 웃는다. "의외로 감상적이네요!" 한다. 그러고 나선 미안한지 또 실실 웃는다. 아무려면 어떤가. 내 넋이 침침해질 땐 가끔 떠오르는 포스터의 노래 한 가지, 그리고 잇달아 떠오르는 영상들이 있다.

노래 부르기 좋아하는 나지만 이 노래만은 결코 한 번도 입으로 불러본 적이 없다. 마음에 흐르는 가락을 따라 떠오르는 영상들이 왠지 내게 너무 무거운 듯해서다.

> 사랑하는 나의 고향을
> 한 번 떠나온 후에
> 날이 가고 달이 갈수록
> 내 마음속에 사무쳐
> 자나깨나 너의 생각
> 잊을 수가 없구나
> 나 언제나 사랑하는
> 내 고향 다시 갈까
> 아아 내 고향 그리워라

못생긴 계집애, 칠칠치 못하고 늘 옷을 아무렇게나 꿰어 입고 다니던 한반의 커다란 대갈장군 계집애. 그날 어둑어둑한 둔덕 너머 짙누우런 보리 물결이 한 뼘 남은 마지막 햇발에 미미하게 번득이며 흔들리고 있었다. 별도 없는 캄캄한 하늘이 그 반대쪽 끝에서 천천히 뒤덮어오고 있었다. 학교 맞은편 정미소 넓은 뒤뜰에서 벌어진 동네 학예회. 대갈장군이 부른 그 포스터의 노래. 또 다른 날 노을 무렵, 다른 둔덕 위의 조금 더 선명한 짙누런 보리 물결. 저만큼 떨어져 가던 구시나무집 성일이 친구. 곧이어 떠오르는 어둑어둑한 저녁 마당가 대갈장군 계집애의, 가마니 덮인 시체. 뒹구는 방문짝. 새빨갛게 아가리 벌린 노을. 방 속의, 시커먼 짐승 같은 신음소리. 고향?

화창한 날 주교당이 있는 솔개산 잔등이다. 내 짝꿍일 것이다. 검은 머리가 눈썹 위까지 덮은, 눈도 얼굴도 자그마하고, 하아얗고 주근깨가 있는 조용한 계집아이. 공부만 하던 그 계집아이. 순천이 본집이라는 그애 어머니. 우리 어머니와 나. 거기 왜 서 있었는지 모르겠다. 그날 자모회 모임이 있었던 모양인데, 어딜 가는 길이었을까? 그 모녀도 함께 죽었다.

여순반란!

한반에 건우라는 애가 있었는데, 서울 아이였는데 희멀건 게 똑 비락이니 남양분유통에 나오는 우량아. 그애를 둘러싸고 늘 아주 심각한 논쟁이 불붙곤 했다.

"남대문 문턱이 있냐, 없냐?"

"있다."

"없다."

"있당게!"

"없당게!"

"니가 봤냐?"

"봤다."

"으디서 봤냐?"

"책에서 봤다."

"울 아부지가."

"우리 삼춘이."

"우리 고모부와 친한 사람이."

심판은 늘 건우가 내린다.

"없어, 얘!"

잠시 조용하다 또 불이 붙는다.

"이승만 박사가 방구 꾸냐, 안 꾸냐?"

"꾼다."

"안 꾼다."

"꾼당게."

"안 꾼당게."

"니가 냄새 맡아봤냐?"

내가 늦게 입학하여 반장이 되기 직전이었나 보다. 그때 한 명만 뽑는 월반 시험이 있었다. 뒷벽에 붙은 긴 한글 문장을 소리내어 읽는 것인데 서운하게도 내가 한 자 놓쳤다. 다 읽어서 합격, 즉석에서 책가방을 들고 월반

한 친구가 있었다. 바로 돌아가신 소설가 박화성 선생의 막내아들이요, 역시 소설가인 천승세 선배의 동생인 천승걸 씨다. 그때 내가 한참을 고개를 푹 숙이고 있었던 것이 기억난다. 뭐 늦게 들어간 판에 그만하면 만족했을 법한데 왜 그랬을까 생각해보니, 아아, 내게도 역시 시샘이 있었다는 걸 이제 깨닫는다. 깨닫고 나니 정말 다행이었다는 생각이 든다. 얼짜 소리 듣는 주제에 공부 시샘마저 없었더라면 그 험한 세파를 어떻게 헤쳐 나왔을까.

얼짜, 울냄이, 밥미련, 징게맹게, 산신령, 늘낙지, 멍충이, 순둥이, 부에까심. 내 별명을 주욱 더듬다보니 문득 뚜렷이 떠오르는 그리운 얼굴이 하나 있다. 그 무렵 제일 친했었지.

고용기. 중국 아이다. 아버지가 중국, 어머니는 한국. 부리부리한 두 눈, 커다란 키, 억센 주먹, 든든한 뱃심. 허나 무엇보다 그 어린 나이에도 늘 내게 보여준 깊은 의리와 정의감이 잊혀지지 않는다. 그는 얼짜 같은 나의 용감한 수호자였다.

어느 날 나는 무언가를 빌려주지 않는다 해서 큰 놈 둘에게 얻어터지고 걷어차이고 있었다. 발에 차여 땅바닥에 너부러질 때의 그 이상한 느낌이라니! 아랫배가 순간 텅 비며 사지에서 맥이 쭉 빠지고 눈앞이 온통 샛노오래지는 그 슬픈 절망감! 눈은 퉁퉁 부어오르고 코피는 터져 줄줄 흐르고. 나는 훗날에도 거듭거듭 이 절망감을 겪어야 했고 그때마다 나는 이 세상에서 아예 살기가 싫었다.

중학교 때던가, 내 생애에 단 한 번이다. 다시는 병신 취급을 당하지 않으려고 이를 악물고 맞선 적이 있었다. 허나 결과는 더 참혹했다. 발이야

주먹이야 비오듯 쏟아지는 판에 아예 처음부터 눈을 질끈 감고 그것도 고개를 뒤로 홱 돌리고 제딴엔 그래도 싸운답시고 허공에 이리저리 맥없는 팔만 휘휘 내젓다가는 그냥 쾅!

별이 번쩍하며 앞이 샛노오래지며 배가 텅 비어 짜릿한 슬픔에, 또 그놈의 절망감에 휩싸이며 땅에 널브러져 버린 것이다. 꼬락서니라니! 나는 그때 싸운답시고 허우적거리던 그 우스꽝스런 내 모습을 결코 용서할 수 없었다. 그 뒤부턴 그냥 송장처럼 매질에 몸을 내맡겨버리곤 했다.

용기가 그때 후닥닥 뛰어들었지. 이놈 치고 저놈 치고 좌충우돌.

"나쁜 새끼들! 순한 애기를!"

연방 소리소리 지르며 막 두들겨댔다.

그런데 참 웃지도 못할 것은 그때 비실비실 털고 일어난 나의 태도다. 눈은 퉁퉁, 코는 째지고 흙범벅·피범벅이 된 주제에 왈,

"싸우지 마야아! 싸우지 말어야아아! 싸우면 못써야아아아……."

뭔 공자 능신이 붙었던가? 질질 울면서까지 끝끝내 싸움을 말렸으니!

돌아오는 길에 용기가 그 부리부리한 눈을 번쩍이고 숨을 씩씩거리며 내게 하던 말이 생각난다.

"영일이 니는 머저리다!"

조금 있다가,

"영일이 니는 천치다, 바보다, 병신이다!"

조금 있다가,

"임마, 그랄 때는 대가리가 깨져부러도 막 뎀벼부러야 돼!"

그리고 한참 있다가 마지막으로 한 한마디.

"니는 참 묘한 놈이다."

수돗거리 뒤편에 있는 용기네 집 방 아랫목 큰 쌀뒤주는 우리 둘만의 비밀 과자점이었다. 궁해서였겠지만 생쌀이 어찌 그리도 맛있던지! 한 번은 한참 신나게 훔쳐먹다 용기 어머니에게 그만 들켜버렸다. 지금이야 쌀을 알기를 뭣만도 못하게 알지만 그땐 쌀을 한울처럼 귀하게 여겼다. 좀체 성을 내지 않는 분인데 참 모질게 닦달했다. 한데 울지도 않고 꼼짝도 안 하고 아예 내 이름 따위는 입에서 나오지도 않고 용기는 끝끝내 꿇어앉아 그 매를 다 맞으며 이렇게 빌었다.

"잘못했소. 인자 안 그랄라우."

어른이었다. 멀리서 이걸 보며 내 마음, 내 얼굴은 그때 어찌 됐을까?

나는 중국인을 존경한다. 중국인을 보면 꼭 용기가 생각나고 마음속에서 자연스럽게 따뜻한 우정과 존경심이 우러나오곤 한다.

이십삼 년 만에 다시 만났다. 흰 모자와 흰 행주치마를 벗으며 주방에서 천천히 걸어나오던 그의 여전히 부리부리한 두 눈, 후리후리한 키, 씨익 웃었다. 하나도 변하지 않았다. 우리 사이에 세월은 없었다. 그 독한 배갈을 도무지 얼마나 마셨던지!

"영일이, 난 자네를 존경해. 어렸을 때나 지금이나. 천지가 변해도 인과 의는 도리의 근본 아닌가!"

나는 할말을 잃었다. 그는 나의 글, 나의 행적을 다 읽고 있었고 소상히 알고 있었다. 내가 무슨 말로 그의 우정의 깊음과 넓음에 대답할 수 있었겠는가? 다만 가슴 깊은 곳으로부터 차오르는, 눈물 터질 듯한, 뜨거운 마음 위에 끝없이 독한 술만 퍼붓고 있었다.

    그는 얼마 후 캐나다로 이민갔다. 박정희의 중국인 박해를 못 견디고 떠난 것이다. 부끄럽다. 박정희의 서푼짜리 민족주의 때문에 나는 존경하는 친구를 멀리 떠나 보내야 했고 한 사람의 한국인으로서 위대한 중국인에게 큰 빚을 진 것이다.

    그런 그가 작년에 친척 만나러 귀국한 길에 내게 들렀다. 여전했으나 얼굴엔 왠지 알 수 없는 온화한 품위가 깃들어 있었다.

    "영일이, 나 하느님 믿네."

    그리고 또 한마디,

    "나라 꼴이 꼭 정신병원이구먼."

28_ 빛

　반딧불이를 아는가? 반딧불이가 짙푸른 밤하늘에 환한 점점점 불점을 찍으며 그 꿈같은 빛의 포물선의 다리, 다리를 만들며 소리없이 천천히 나는 것을 보았는가?

　늘 보아도 그것은 놀랍고 기이하다. 두 마리, 세 마리, 여러 마리가 이 곳저곳에서 한밤의 검은 고요를 끊어지면서 이어지는 빛의 다리로 겹겹이 수놓을 때 세계는 내게 쌍무지개보다 더 심오한 아름다움이었고, 그 뜻은 알 수 없으나 가슴에 서언히 들어오는 우주의 깊은 숨소리 같은 것으로 가득 차곤 했다.

　소리없는 소리, 차갑고 따스한 빛, 반딧불이를 잡을 땐 나도 모르게 그윽하고 조용해지곤 하던 것이 기억난다. 아주 조심스런 손길로 몇 마리를 잡아 노오란 호박꽃 속에 살며시 넣고는 흰 실로 꿰매 등을 만들어 머리맡에 놔두고 그 은은한 빛을 한없이 들여다보며 눈뜬 채로 꿈을 꾸곤 했다. 그 빛의 느낌을 어찌 말로 표현할 것인가? 돈으로 살 수도 없고 함부로 다치게 할 수도 없는 섬세한 보배! 마치 머언 외계에서 온 듯한 빛의 느낌. 아아, 그 반딧불이를 지금 다시 볼 수는 없을까?

　명절이면 동네 누이들이 입고 나서는 초록이며 분홍이며 쪽빛이나 색동 치마저고리 빛깔의 느낌은 지금의 그것들과는 전혀 달랐다. 민화에서 보듯 그것은 한마디로 꿈결이었다. 하기야 꽃이파리, 풀, 나무진 따위에서 뽑아낸 자연염료였을 테니까. 원앙새를 수놓는 수실도, 이불보의 무늬며 바탕 빛깔조차도 지금과는 생판 달랐다.

　나는 이 꿈결같은 빛, 이 옛 빛깔들 속에서 늘 포근함을 느꼈고 내 안주할 곳을 찾았다. 거기엔 이 고통스러운 세계와는 다른 세계가 있었던 것 같다. 서먹서먹함도 낯섦도 슬픔도 공포도 없고, 가슴 아픈 헤어짐도 한없는 기다림도 없었다. 꽃, 새, 벌레, 작은 물고기 같은, 일정한 간격으로 반복되는 그 빛무늬 속에서 영영 떠나지 않고 파묻혀 살고 싶었다.

　지금도 그때의 그런 느낌을 주는 빛깔이나 무늬에는 나도 모르게 집착하는 버릇이 있는데, 훗날 내가 대학에서 미술사와 미학을 공부하면서 그것이 바로 공포심리와 도피기제에 관련이 있음을 알게 되었을 때 내가 생각하듯 나의 유년이 그렇게 투명하고 지복한 것만은 아니었다는 것, 어느 만큼은 몹시 어둡고 괴로운 것이었음을 확실히 깨달았다. 참 쓸쓸한 순간이었다.

　하나비. 그땐 그렇게 불렀다. 불꽃 노리개. 눅눅한 꽁지에 불을 달면 팍 하고 터지면서 불꽃이 하늘로 치솟는다. 그 불꽃, 찬란하고 덧없는 불꽃. 그때뿐이었지만 내 마음은 그때 불꽃이 되고 싶었던 것 같다. 한순간이나마 화사하게 작렬하다 사라지는 불꽃. 눈부셔 바라보며 넋을 잃곤 했다.

　나의 오랜 버릇이었던 찰나주의가 혹시 이 하나비 동경에 뿌리내리고 있는 것은 아닐까? 어린애가 뭘 그 나이에? 그럴 것이다. 글쎄, 그런 뜻이라면 난 그저 웃을 뿐, 더는 할말이 없다.

29_ 집

괴상한 일인데, 기억이나 환상이나 꿈속에 빈집이거나 빈방이 자주 나타난다. 물론 그건 상징이겠지만 혹시 어릴 적에 본 집들과 관계가 없을까 하는 생각이 들 때가 있다.

작은 강물이 두 갈래로 갈라지는 둔덕에 용마루가 뾰족하게 높이 솟은 남방계 같은 이상한 빈 초가집, 토방에 식칼이 놓인 텅 빈 초가집, 마루가 높은 세 칸짜리 그 을씨년스런 빈 초가집, 천장이 낮고 부처의 나무 부조浮彫를 새긴 나직한 불단으로 둘러진, 불그스름한 둥글고 작은 빈방, 흰 신작로 가에 우뚝 선 커다란 초가집 속의 검은 동굴 같은 방.

그런데 이 모든 집이나 방이 혹시 그 무렵 내가 성철이 아버지 빠가빠가 영감네 가게 길 건너편에 있던 한 빈집의, 유리창 많이 달린 푸른 방 속에 혼자 오도카니 앉아 있던 때의 그 고즈넉하고 기괴한 느낌에 뿌리를 대고 있는 것은 아닌지? 도대체 나는 왜 그때 그 괴상한 푸른 방에 그토록 오랜 시간 혼자 앉아 있었을까? 그 집, 그 방은 누구의 것이었을까? 그 방 벽에 어떤 젊은 여자의 참혹한 웃음이 새겨져 있었던 것 같다. 그리고 방바닥에 떨어져 있던 붉은 종이학 하나. 환상인가?

30_ 물

그 무렵 어느 날 밤의 꿈.

컴컴한 한밤중, 왕자회사 옆 원둑을 넘어 수없이 많은 불을 켠, 어마어마하게 커다란 푸른 기선이 하늘로 치솟는 흰 물보라 해일과 함께 뻘바탕으로, 연동으로 마구 밀려 들어오는 장대한 꿈. 어른들에게 꿈 이야기를 했더니 이렇게들 말씀하셨다.

"클라고 그란다. 클라고 그래!"

허나 얼마 안 있어 원둑이 터져버리고 연동이 물바다가 되었다. 모두들 산정초등학교와 목포상업학교로 피난들을 했는데 아아, 아아, 참 신나는 판이었다. 사람들이 모두 제정신이 싹 나가 천방지축 허둥거리고, 집이 둥둥 떠다니고, 세간이며 문짝이며 온갖 잡동사니가 다 떠서 돌아다니고, 돼지·닭·오리새끼 들이 사방에 붕붕 떠 꽥꽥 소리지르고, 시커먼 구렁이들이 작대기에 둘둘 말려 여기저기서 꿈틀꿈틀 떠밀려 다니고 그랬다. 여러 조무래기들과 함께 몹시 흥분해서 소리소리 지르며 나는 방문짝 위에 올라타고 긴 막대기로 온종일 미친 듯이 노젓고 다녔다.

왜 그리 즐거워했을까? 수많은 이재민이 나고 우리집도 큰집도 다 침수되었는데 왜 소갈머리 없이 뭐가 좋다고 히히거리며 그리 지랄하고 다녔을까?

예부터 전쟁이나 천재지변은 불행한 사람과 어린이에겐 해방이요 지복인 법이다. 헌데 결국은 저희도 똑같은 재앙 속에서 고통받거나 굶주리거나 죽어갈 것이 분명한데도 그리 미쳐 환장해서 좋아라 날뛰는 것은 도무지 언제, 어디에서부터 시작된 마음이며, 과연 무엇 때문일까?

이것을 아는 것은 그리 쉽지 않다. 다만 삶이란 건 몹시도 불가사의하다는 것. 요즈음 숱한 젊은이들이나 지식인들이 큰소리 쾅쾅 치며 줄줄 쏟아내는 그 반짝반짝한 언필칭 과학. 그놈의 얄팍한 과학적 이론 따위 가지고는 땅디딤도 할 수 없는 것이 인간의 삶, 특히 전쟁이나 재난 속에서의 사람의 마음이라는 것, 그것만이 확실할 뿐이다.

31_정치

산정초등학교 그 넓은 운동장에 가득히 떨어져 굴러다니던 흰 전단들이 내가 처음 본 정치의 얼굴이다. 덥수룩한 머리에 배짝 마르고 창백하고 키만 덜렁 큰, 서른서너 살쯤 돼 보이는 젊은 사람 하나가 후줄근한 두단추 양복을 걸치고 나와 유세하는 것이 내가 본 첫 정치가의 모습이다.

"저는 여러분과 똑같이 돈 한푼 없는 빈털터리 무산자올시다. 그러나 내 가슴속에는 여러분 모두 하루 세 끼 흰 쌀밥에 기름진 고깃국을 먹고 모두 다 국가의 당당한 주인이 될 수 있는 세상, 그런 세상을 만들고자 하는 뜨거운 정열이 가득 차 있습니다. 여러분! 나는 후보등록에서부터 지금 이 자리에 서기까지 단 한 푼도 돈이란 건 써본 일이 없습니다. 사실 쓸 돈도 없습니다. 여기 보시오."

호주머니를 홀랑 뒤집어 보인다. 아무것도 없다. 박수, 박수, 웃음소리, 또 박수.

"그렇지만 민주주의란 것은 무엇입니까? 돈이 없어도 국민을 위해 목숨을 바치겠다는 정열과 신념만 있다면 당연히 국회로 나갈 수 있는 것이 바로 민주주의인 것입니다. 제가 입후보한 것은 바로 이것이 민주주의라는 것을 여러분에게 알리기 위해섭니다. 낙선해도 좋습니다. 좋단 말이오. 내가 돈을 못 써서 낙선한다면 대한민국 민주주의는 없는 것이고 여러분은 대한민국 국민의 자격이 없다는 증거올시다. 만약 이래도 나를 낙선시킨다면 여러분은 똥 친 막대기오. 모두 선거고 지랄이고 집어치우고 당장 집구석에 가서 여편네하고 그 짓이나 하고 자빠지시오, 엥! 여러분!"

"잘한다, 잘해! 니가 제일이다!"

박수, 박수, 웃음소리에 또 박수, 야유에 욕설에 박장대소! 잔치였다. 그들이 바로 신성한, 신성한 한 표들! 결국 그 후보는 단 세 표가 나와 낙선하였다. 자기가 한 표, 마누라가 한 표, 어떤 미친놈이 또 한 표였다고 사람들이 낄낄대며 말하는 것을 나중에 들었다.

또 한 사람의 정치가의 얼굴을 보았다. 얼굴이 버얼겋고 기름이 자르르 흐르고 머리가 희끗희끗, 점잖은 신사 틀에 위아래로 말쑥하게 빼입은 새카만 양복, 나중에 당선자가 된 아무개 씨다.

"인물이 저만안 해야지라우, 잉."

"학식도 높고요, 집안도 좋고라우, 돈도 솔찬히 있는 갑디다. 하아따, 저런 양반 안 찍으면 누구를 찍겄소?"

"그라아제, 잉."

다른 정치도 있었다.

대성동 파출소가 습격당하고 이사람 저사람 여럿이 포승에 묶여 질질 끌려가고 거의 매일 얼굴이 누우렇게 들떠 입술은 허옇고 붉은 눈꼬리가 위로 칙 치켜올라간 수십 명의 흰 와이셔츠 바람의 청년들이 머리에 띠를 질끈 두르고 냅다 팔뚝을 흔들어대며 잔뜩 목 쉰 소리로 악을 박박 쓰며 노래 불렀다.

"비겁한 자야, 갈 테면 가라. 우리는 붉은 깃발 지킨다아아아."

노래가 채 끝나기도 전에 우당탕 퉁탕, 우직끈 뚝딱, 아이고 데고 소리 소리, 순식간에 여기저기서 박 터지고 골 터지고 허리, 다리에 팔 우두두둑 부러지는 소리. 우락부락 웬 난데없는 패거리들이 와크르르르 쏟아져 들어와 몽둥이야 야구방망이야 쇠파이프야 사정없이 휘둘러 온통 박살을 내는데 그 중에 웬 중늙은이 멱살을 냅다 긁어쥐고 꼬나 잔뜩 추스르며,

"너 이 새까이 빨갱이디? 캭 직사시켜버리가서!"

와지끈 뚝딱!

"아이고, 나 죽네에에에!

'아부지!'

나는 그런 광경에 부딪힐 때마다 늘 속소리로 아버지를 불렀다. 속소리로만 부르는 버릇이 그때부터 생겼다.

어느 날 저녁 무렵이다. 사방에서 타앙 타앙 총소리가 나기 시작했다. 멀리 보려고 동네 뒤 흙어덩 위에 올라가 있는데 국방색 정복 입은 간수들이 하얗게 질린 얼굴로 냅다 후다닥닥닥 튀어 뻘바탕으로들 이리저리 흩어져 달아나고, 조금 있다 시커먼 수염에 퍼어런 죄수 옷 입은 사람들이 수십 명씩 떼를 지어 와크르르르 몰려가고 또 와크르르르 몰려가고 와크르르르 와크르르르, 타앙 타앙 총소리는 자꾸만 여기저기서 들려쌓고.

그랬다. 목포형무소 탈옥 사건이다.

'아부지!'

아버지는 이미 피신하고 안 계셨다. 아무것도 몰랐지만 나는 입을 삐죽이면서 울었다. 그러나 웬일인지 가슴이 편안한 게 안심이 되었다.

며칠 뒤 한밤중 보름달이 휘영청 밝았는데 나는 한반의 뻘바탕 친구 창남이네 집 앞에 서 있었다. 창남이 어머니가 마루 위에서 한 손으로는 마룻바닥을 치며 다른 한 손으로는 연해연방 달을 가리키며 꺼억꺽 숨넘어가는 목소리로 통곡하며 울부짖고 있었다.

"차앙남아아아, 차앙남아아아."

"느그 아부지이이이 왼짝 발 복송씨에에에 혹이 있어야아아아, 혹이 있어어어어."

"차앙남아아아, 얼른 가그라아아아."

창남이 아버지는 남로당원이었는데 탈옥 사건에 연루된 혐의로 영산강가 성자동 근처에서 집단으로 총살·매장되었다. 시체를 찾아오라는 거였다.

그래, 이것이 그 무렵 내가 본 정치다.

32_ 종교

외할머니를 따라 덜컹거리는 버스를 타고 한없이 덜컹거리며 무안 어딘가 쬐끄만 절에를 간 적이 있다. 사방이 시뻘건 민둥산이었다. 시뻘건 흙 위에 막대기 꽂은 것처럼 검은 나무등걸이 숭숭 박혀 있었다. 뿌우연 하늘이 낮아직한 그날, 예불이 끝나고 외할머니가 다른 보살들과 주지 스님을 모시고 법당에서 이야기를 하고 계실 때 나는 절 안을 여기저기 기웃거리다 벽에 그려진 그림을 따라 법당 뒤쪽 벽에까지 돌아갔다. 거기 한 그림이 있었다.

아마 지옥변상이었나 본데 아주 쬐끄맣고 새빨간 마귀새끼들이 눈 흰창을 희번덕거리며 온갖 기괴한 짓들을 하고 있었다. 사람 배때기에 들어가 창자를 끊어 먹는 놈도 있고 대가리 속 골수를 갉아먹는 놈도 있고 똥구멍을 파먹는 놈, 심장에서 피를 빨아먹는 놈도 있었다. 그걸 보자 속이 메슥메슥했다. 시뻘건 놈들이 그림에서 막 튀어나와 그 묘한 눈깔을 희번덕거리며 내 몸 속으로 스멀스멀 기어들어올 듯했다.

몇 놈은 오똑 서서 사팔뜨기 같은 눈을 치켜뜨고 날 가만히 노려보다가 내 눈동자 속에 딱 들어와 앉은 듯, 속이 느글거리며 마귀새끼들 몸이 불어났다 줄어들었다 했다. 황량한 민둥산에 박힌 검은 나무등걸들이 모두 시커먼 마귀뿔로 보이고 벽이 온통 기우뚱거리며 뿌우연 하늘이 커다란 마귀들 눈 흰창같이 희번덕거리고 나는 비실비실 절 마당으로 도망쳐 나왔다. 허나 눈 속에 달라붙은 시뻘건 그림은 꼼짝달싹하지 않았다.

사방에 이상한 울음소리가 웅웅 울리기 시작했다. 다시는 집에 돌아갈 수가 없을 것 같았다. 사람 사는 세계가 나로부터 까마득히 멀어지는 듯했다. 온몸에 소름이 돋고 이가 꽉 악물어지고 버스를 타고 오면서도, 집에 와서도, 눈을 감아도, 눈을 떠도, 꿈속에서도 시뻘건 마귀들과 그 황막한 민둥산이 내 눈에 박혀 거기 꼼짝하지 않았다.

또 한 번은 유달사다. 외할머니에게 억지로 끌려갔는데 들어서는 입구에서 이미 질려버렸다. 흉악한 얼굴의 거대한 장사들이 큰 칼을 빼 들고 날 내리찍으려 덤벼들었다. 눈앞이 온통 시뻘겠다. 명왕이니 사천왕이니 하는 것들이겠는데, 하여튼 그 뒤부터는 '불교' 하면 소름부터 끼쳤고 온통 시뻘건 빛깔부터 우선 눈에 덮이곤 했다. 그 뒤 다시는 절에 따라가지 않았다.

천주교도 마찬가지. 작은고모에게 끌려 솔개산 위에 있는 성당 새벽 미사에 간 일이 있다. 써늘하고 컴컴한 성당 안에 모두 흰 너울을 쓰고 마룻바닥에 꿇어앉아 있었다. 그게 그러니까 모자이크, 알록달록한 창유리로 희미한 첫 아침빛이 새어드는데, 그 빛에 번쩍하고 빛나는 신부 눈이 퍼어런 게 똑 유리알 같았다. 제단 뒤에, 사방 벽에 벌거벗은 새하얀 남자가 칙칙하게 검붉은 피를 줄줄 흘리고 있고 쏼라쏼라 하는 꼬부랑 말이 딸랑거리는 종소리와 함께 길게 한없이 계속되고 있었다. 도무지가 낯설고 고통스럽고 무서웠다. 그리고 그 마룻바닥의 찬 느낌이라니! 성당 역시 그 뒤로 다시는 가지 않았다.

후미끼리 건널목 철둑 밑에 있는 예배당에 친구 따라 구경간 것도 생각난다. 너무들 촐랑거려 대뜸 맘에 안 들었다. 손바닥만 내내 치고 앉아 노

흰 그늘의 길 1

래로 시작해서 노래로 끝이 났다. 노랫말인데 그놈의 곡조, 그 무슨 놈의 곡조가 그 모양인지 하도 요상스러워 흉내내기도 힘들었다. 그리고 입구의 그 신발들! 그 무렵 조무래기들 흔히 종알거리던 노래처럼 "연애하러 갔더니 신발 훔쳐가더라" 그것!

그래 불교·천주교·예수교 셋이 다 내겐 아예 취미 없었다.

외갓집 그 잔뜩 격식 차린 유교식 제사 또한 한없이 낯설기만 했고 내가 그래도 좀 편안하게 맘 붙일 수 있는 건 겨우 친가의 그 소탈한 제사 분위기뿐이었다. 제사 도중에도 곰보 할매는 곧잘 음식을 집어다 내 입에 얼른 틀어넣어 주곤 했는데,

"이놈아, 제사 끝날 때까진 주둥이 꽉 다물고 참어!"

할아버지가 이리 나를 무섭게 윽박지르면 할머니는 늘 나를 감싸고 나서며,

"사람 먹는 것이 중하지 귀신 먹는 것이 중하겠소?" 했다.

지금 생각해도 할매는 진짜배기 동학이 아니었나 싶다. 해월 선생의 향아설위向我設位를 그대로 실천하고 계셨으니.

헌데 괴상한 것은 친가의 그 '꺼먹제사'다. '꺼먹제사'란 촛불을 안 켜고 캄캄한 중에 제사 지내는 건데 까닭이사 말로는 그렇게 캄캄해야만 혼백이 오신다는 거지만 난 그것뿐만이 아닌 듯싶다. 혹시 기독교의 카타콤 시대처럼 지하地下 시대 동학의 한 제사 특징이 아닐는지? 왜냐면 해월 환원 이후 동학의 제사는 대낮 정오에 지내도록 되어 있으니. 그렇다면? 그렇다면?

아아, 참으로 험난한 동학의 역사요, 기구한 우리 집안의 내력이다. 어

둠 속에서만 밥 드시러 오시는 증조부의 혼령, 똑 6·25 때 낮엔 마루 밑창이나 굴 속에 숨어 있다 밤에만 한술 얻어먹으러 집안에 스며들던 그 숱한 중음신 같은 왼손잡이 또는 오른손잡이 사람들처럼!

33_ 대지

내가 처음 배를 타고 큰 바다로 나간 것은 여섯 살 때 여름 해남 가는 밤배를 탔을 때였다. 사리 때였는데 캄캄한 밤바다에 온통 가득가득 차 이리 저리 뒹굴며 춤추며 요사스런 재롱을 떨며 난리법석을 떠는 붉고 푸른 도깨 비들이 참 장관이었다.

도깨비란 게 본디 그렇지만 그리 온 바다와 하늘에서 북새를 놓는데 도 섬뜩하거나 무섭질 않고 신기하고 재미난 것이 오히려 친근감까지 들었 던 것 같다. 그놈의 초나리 방정 탓일 게다.

그 무렵 있었던 작은숙부의 유명한 도깨비 사건이 생각난다. 밤늦게 마을에서 집으로 돌아오던 숙부가 문간에서 도깨비와 마주쳤다. 씨름을 하 자고 덤빈 모양인데, 하여튼 밤새도록 문간에서 엎치락뒤치락, 퍼어런 신새 벽에야 마침내 붙잡긴 붙잡았던가 보다. 온통 흙투성이·뻘투성이가 된 숙 부가 어칠비칠 방문을 열고 들어와 그대로 나뒹굴며,

"도깨비, 도깨비, 나 잡았다. 쩌그 쩌그 문간에!"

하고 그만 잠에 곯아떨어져 버렸는데 식구들이 모두 나가보니 측간 뒷벽에 세워둔 똥 묻은 몽당 빗자루가 문설주에 새끼줄로 꽁꽁 묶여 있더라는 거다.

저녁 나절에야 부스스 깨어 일어난 숙부의 쑥대머리 형용을 보고 곰 보 할매 왈,

"도깨비가 니 잡았다, 도깨비가 니를 잡았어."

헌데 가만히 보니 턱이며 뺨이며 귓바퀴며 온 얼굴에 시뻘건 이빨 자국, 웬 거냐니까 왈,

"도깨비가 비겁하게 막 이빨로 물어뜯더랑께."

허허, 도깨비가 이빨도 있나?

그래, 도깨비는 그런 놈이다.

하늘엔 구름송이가 타고 있었고 흰 마당엔 뜨거운 햇빛이 가득했다. 어머니는 마루에서 다듬이질을 하고 있었고 나는 마당에 멍멍히 서 있었다. 해남군 산이면 솔숲 언덕 밑 신작로가 큰이모할머니네 여름 한낮, 1946년 여섯 살 때, 토담 위로 큰 캡이 하나 불쑥 나타났다. 큰외삼촌, 목포에서 온 것이다. 마당으로 들어서는 큰외삼촌은 큰 트렁크를 들고 있었고 여름인데도 큰 탱크바지를 입고 있었다.

마루에서 어머니와 외삼촌이 한참 동안 무슨 이야기를 하고 있었다. 웬 낯선 흰옷 입은 아저씨가 나를 데리고 빽빽한 시누대 숲을 빠져나간다. 어느 초가가 나선다. 그 집 마당을 또 지나간다. 마당에서 배가 뽈록한 벌거숭이 아이들이 나를 빤히 쳐다본다. 흰 무궁화가 만발해 있다. 무지개 서듯 뜨거운 햇빛, 눈부신 붉은 황토와 짙은 초록의 대지. 아저씨는 무엇 때문인지 자꾸만 벌쭉벌쭉 웃고 있었고 나는 내내 취한 듯 비틀거렸다.

속창까지, 넋까지 햇빛이 꿰뚫는 듯. 허나 그리 뜨거우면서도 한편 서늘한 느낌이었으니 이상하다. 나는 왜 혼자 떨어졌고 어디로 가고 있었을까? 지금까지도 모른다. 단지 하나, 외로웠다는 것. 외로움 속에 깊이 새겨진 그날 그 불타는 듯 찬란한 해남 여름 대지의 영상이 마치 미친 태양 숭배

자처럼 그 후 줄곧 나를 여름 대지에 대한 거의 병적일 정도의 짙은 사랑으로 이끌었던 것.

배, 바다의 배. 이 세상에 배처럼 신기한 것이 또 있을까? 나는 배를 무척 좋아해서 배 그림도 수없이 많이 그렸다. 물 위에 떠가는 배도 좋았지만 뭍에 얹혀 몸체를 다 드러낸 배가 이상하게 좋았고 철갑의 기선도 멋있었지만 돛 달린 목선이 훨씬 더 멋있었다. 무엇 때문에 배를 그리도 좋아했을까? 그것도 뭍에 얹혀 움직이지 못하는 배를.

내가 두번째로 해남에 간 것은 1948년 여름방학, 여덟 살 때다. 북술이 이모할머니를 따라 할머니의 외손녀인, 나보다 세 살 손아래 청자와 함께 아침 배를 탔다. 시아바다는 마침 조금 때여서 뱃길 좌우에 시커먼 뻘둔덕이 연이어 드러나 있었는데, 그 위에 여기저기 아! 배가, 배들이 그 신비한 몸체를 밝은 햇빛 아래 다 드러낸 채 덩실하게 얹혀들 있었다.

그때의 느낌을 뭐라 표현해야 좋을까? 바다 한복판에서 불쑥 솟아오르는 우울한 성채? 잠자는 전설의 거인을 바로 곁에서 본 느낌? 아니, 그보다 훨씬 더 깊은 감동이었다. 하여간 너무 옹골져서 행여 잊을세라 깊이깊이 눈 속에 새겨두려고 두 눈을 크게 부릅떠 보고 보고 또 보고.

내 오랜 버릇 가운데 하나. 우연히 부딪친 눈부시게 아름다운 풍경이나, 울적하지만 의미심장한 사물을 눈 속에 깊이 새겨두었다가 외롭고 고달플 땐 마치 뜨내기가 몸 속 깊이 감추어둔 고향길 갈 노잣돈 꺼내듯이 하나하나 되살려내 요모조모 음미하며 스스로를 달래곤 하는 그 버릇.

그 뻘에 얹힌 배 모습이 그 후 자주 떠올랐는데, 그것이 내게 무얼 뜻하는 걸까.

언젠가 낯선 도시 캄캄한 밤거리의 한 술집 여자가 내게 던진 말,
"선생님은 선원증 없는 뱃사람!"
흔한 얘긴데 바로 그 뜻일까? 아니라면?

해남의 자그마한 포구 상공리는 내게 잊을 수 없는 곳이다. 그때 짝띠에 배가 닿아 산판이 걸쳐졌을 때 일렁일렁 흔들리는 좁고 긴 산판 위에서 내가 느낀 것은 물 위에 뜬 배에서 땅으로 건너가는 일의 어려움이었다.

물과 땅, 움직이는 것과 딱딱한 것 사이. 고된 시간이 끝나고 편안한 때가 시작되기 직전의 마지막 순간이 가장 어렵다는 것. 그 어려움은 홀로 이겨낼 수밖에 없고 온 힘을 모아 신중하면서도 날렵하게 매듭지어야 한다는 것. 그리고 자연에 대해 사람은 늘 그래야 한다는 것을 희미하게나마 처음 알았으니까.

버스로 상공리에서 산이면으로 가는 길가 숲속은 참으로 아름다웠다. 햇살 춤추는 연록색 잎새들의 얇고 혹은 짙은 온갖 모양의 그늘 흔들림 속에서 전에 들은 옛 산속 이야기들이 여기저기서 수런거렸다. 비온 뒤였나? 그리 산뜻했다. 산이면까지 어찌 갔나? 꿈꾸듯 갔다. 노래하듯, 물 흐르듯 갔다. 그리고 그 길을, 그 짧은 시간을 내내 나는 잊지 못한다.

산이면 신작로가 큰이모할머니네 집 뒤 솔숲 언덕 위에 서 있던 늙은 솔 한 그루, 지금도 거기 그대로 그 어른 살아 계실까?

난 원래 얼짜에서 그랬겠지. 세 살이나 손아래였는데도 성미가 똑 송곳 같아서 사소한 일에도 바르르르, 꽥꽥 소리를 지르며 발을 동동 구르며

시퍼런 눈자위를 치곤두세우고 막 대들며 청자는 내게 무시로 성깔을 부리곤 했는데, 늘 저만 두둔하는 할머니를 믿고 그랬을까? 생각하면 참 우습다. 그 자그마한 애를 못 이기고 슬그머니 집을 빠져나와 언덕 위 늙은 솔 밑에 가 소리없이 울며 우두커니 앉아 있곤 했으니, 산 너머 또 산 너머, 상공리 너머 시아바다 건너 먼 목포 쪽 하늘을 바라보며 마냥 어머니를 그리고 있었으니.

"괜찮다, 괜찮다, 괜찮다."

늙은 솔. 그 점잖은 어른이 하루는 날 그렇게 달래는 듯했다. 쳐다보니 구부구부 휘어진 가지들이 손을 흔들며 또

"괜찮다, 괜찮다, 괜찮다."

등걸에 귀를 가져다 대보아도 마찬가지.

그 소리를 한번 입 속으로 흉내내봤다. 마음이 느긋해졌다. 자주 하니까 편안해졌다. 입으로 그 소리를 중얼거리며 언덕에서 내려오는 날 보고 마당에 섰던 할머니가 물으셨다.

"무엇이라고?"

"괜찮다, 괜찮다, 괜찮다."

"허, 그놈 참."

그 후로 내 별명이 '영감'이 되었다. 산이면 그 집 뒤 솔숲 언덕 위 지금도 거기 그대로 그 어른 살아 계실까?

해남을 떠나기 전날이던가, 전전날 저녁이던가? 큰이모할머니네 시댁이 해남 그 유명한 민씨 집안인데 오가시 시동생 댁에서 우릴 대접한다고

개를 잡았다. 난생 처음 먹어보는 개, 꺼무꺼무하게 불에 그을린 구수한 껍질이며 고기를 찬물 바가지에 손 적셔가며 죽죽 뜯어 자꾸만 내 앞에 갖다놓는데 원, 세상에 이렇게 맛있는 것도 있나 싶었다. 허겁지겁 초된장에 찍어 얼마나 많이 처먹었는지 배꼽이 벌떡 일어서고 배가 봉긋 솟아오른 게 속이 아주 그윽했다.

세상 부러울 것 없는 느긋한 기분으로 잠에 곯아떨어졌는데 한밤중에 타는 듯 목이 말라 잠에서 깨어났다. 모두 쿨쿨 코를 골며 깊은 꿈속이고 물이 어디 있는지 알 수가 있나. 캄캄 칠흑중에 더듬더듬 부엌을 찾아 나가 어찌어찌 손에 닿는 물항아리 속에 대가리를 처박고 찬물을 얼마나 퍼먹었는지. 하여간 시원했다. 살 것 같았다.

한데 그만 탈이 나고 말았다. 모두들 고기 먹느라 정신이 없었던지 개고기 먹고 찬물 먹으면 배탈 난다는 소릴 채 내게 안 해준 것이다. 우르릉 쿵쾅 뱃속에서 냅다 구라파 전쟁이 터지고 우당탕탕 뛰쳐나가 마당 한구석에다 좌르르르.

애고애고 소리 메기며 기신기신 방으로 기어들어와 간신히 몸을 눕히면 또 느닷없이 우르릉 쿵쾅 터지고 우당탕탕 좌르르르 애고애고. 우당탕탕 좌르르르 애고애고. 우당탕탕 좌르르르 좌르르르 좌르르르.

도대체 몇 차례를 쌌나. 한 열두 번쯤 될까? 그 집은 큰 대숲으로 빙 둘러싸인 집인데 둥근 마당 한쪽 귀퉁이에서 다른 쪽 귀퉁이 끝까지 빙 돌아가며 반원형으로 똥을 쌌다. 나중엔 완전히 탈진해서 애고 소리조차 못 내고 마당을 그저 이리저리 엉금엉금엉금!

가물가물하는 눈에도 아, 그날 밤 밤하늘은 왜 그리도 아름다웠던지! 주먹 같은 별 떨기가 온 하늘에 가득 차 번쩍번쩍, 바람은 대숲에서 쏴쏴 파도소리를 내고 있었고 시커먼 집그늘과 새하얀 흙마당이 울렁울렁 들며나며 대지는 깊은 숨을 쉬고 파르스름하고 투명한 공기가 부르르 부르르 떨고 있었다.

알 수 없는 일이다. 살아 있는 대지는 어째서 외로움과 고통 속에서만 그 생생한 모습을 계시하는지!

나 떠난 뒤, 뒤에 남은 상공리 앞 시아바다 붉은 노을, 높이 출렁이는 검붉은 물결, 그 거친 물결 속에서 황금빛 물고기들이 한 줄로 꼬리를 물고 하늘로 올라갔다. 올라간 뒤 적막한 밤이 문득 바다에 들고 사방이 붉고 푸른 도깨비들로 가득 차기 시작했다.

목포에 돌아온 내게 어머니는 등물을 해주셨다.

"어이, 차!" "어이, 차!" 푸푸거리며 나는 입에서 해남을 몽땅 뱉어내고 있었다. 아주 개운했다.

그러나 그날 밤 꿈속에서는 나 떠난 뒤의 붉은 시아바다, 황금빛 물고기들의 승천, 밤바다의 붉고 푸른 도깨비들의 춤을 다시 보았다.

뒷날 객지를 떠돌면서도 해남 그 여름 대지의 영상은 내내 내 마음속에 외로운 신앙처럼 살아 있어 단순한 향수의 차원을 넘어 온갖 아름답고 심오한, 때로는 참혹하고 무서운 상상을 자아내곤 했다. 내 초기 서정시에 자주 번뜩이는, 뜨겁고 풍요로운 생명력 넘치는 남쪽의 이미지들은 대개 목포 쪽보다는 해남의 여름 영상에 닿아 있다.

그리고 나의 그 아까운 죽은 자식들, 지금에 와 겨우 생각나는데 1965년 겨울쯤이니까 스물다섯 살 때던가 당시 《청맥靑脈》지에서 청탁받아 삼백 행까지 써나갔다가 갈기갈기 찢어버린 갑오동학혁명 주제의 대형 서사시 〈우슬치〉, 그리고 서른 살 때 메모와 초고 일부를 다 잃어버린 장편 서정서사시 〈살포쟁이 숲속의 여름〉이 모두 그 영상으로부터 뿜어져 나온 것이다. 우슬치는 해남의 들목이며 살포쟁이 숲은 해남 학동 근처 상공리 쪽 길목에 있다.

해남을 다녀온 뒤 그 무렵 언젠가 밤에 외할아버지에게 들은 이야기 한 토막.

옛날 동학군 오천 명이 싸움에 져서 도망치다 해남 우슬치를 넘어왔단다. 고개에서 또 싸움이 붙었는데 그만 져서 몽땅 죽었어. 그래 그 뒤로는 그 고개에서 밤마다 '새야 새야 파랑새야' 노래가 들리고 바람이 불고 달이 뜨면 여기저기 하얀 뼈다귀에서 피리 소리, 피리 소리가 한없이 한없이 났더란다.

바로 이 이야기가 서사시 〈우슬치〉의 시작이었다. 허나 동학군 오천 명이 전멸한 것은 사실이지만 그곳은 우슬치가 아니라 대흥사 입구 구림이다.

실패한 개벽의 꿈! 어디 해남뿐이랴! 아름답고 풍요한 대지 곳곳에 동학의 그 큰 뜻과 슬픈 역사는 아직 발굴되지도 못한 채 그대로 묻혀 있다. 하나 그것이 바로 이 대지의 신비요, 아직 형태를 갖추지 못한 나의 생명종교인지도 모르겠다. 뭍에 얹힌 배?

34_그림

그림, 나의 한, 끝끝내 이루지 못한 나의 꿈. 평생을 떠나지 않는, 좌절한 첫사랑의 깊이 파인 그늘 같은 것.

아무리 생각해봐도 나는 태생이 시인 쪽보다는 그림쟁이다. 두꺼비 흉내를 내고 참새 흉내를 내고 고개 숙인 해바라기 모양이며 할미며 온갖 산 것은 다 흉내내려 했으니 그 첫 조짐이다. 무슨 물건이든 그 특징이 먼저 눈에 들어와 박혔고 그걸 그리고 싶어 안달을 했고 그리면 그렇게 신명이 났다.

종이와 연필이 귀할 때다. 흙마당에 돌팍으로 그리고 회벽에 숯이나 부지깽이 끝으로도 그렸다. 돌아오는 것은 구박과 매. 그럴 때면, 그래도 그리고 싶어 못 견딜 때면 방바닥에 맨 손가락으로도 그리고, 마루 위에 물을 찍어 그리기도 했다.

왜 그리도 그리고 싶어했을까? 그림이란 도대체 뭘까? 단순한 모방충동일까? 아니면 누를 수 없는 어떤 깊은 그리움일까?

1학년 때의 그 일요일, 여선생님에게 이끌려 흰 돛단배를 그리고 난 뒤부터는 점차 밤낮이 없어졌고 재료도 대상도 가리지 않고 닥치는 대로였다. 욕을 먹고 나서도 또 그리고 매를 맞고 혼이 나고 나서도 역시 막무가내였다. 뭣이 씌었다고들 했다. 뭣이 씌었을까?

여덟 살 그 무렵 이런 일이 있었다.

수돗거리 뒤편 한 깊은 골목에 정환 형이라고 먼 친척 형님이 한분 살고 있었다. 남농南農과 쌍벽이라는 소송小松 문하 제자였는데, 그때 스무 살쯤 청년으로 가늘고 자그마한 몸집, 희누르스름하고 갸름한 얼굴에 긴 리젠트 머리를 기름 발라 단정히 빗어 넘기고는 단벌 정장을 언제나 반듯이 차려입고 옆구리엔 커다란 그림판, 꼭 다문 작은 입, 눈은 잔뜩 내리깐 채 옆도 안 돌아보고 아침이면 똑같은 시간에 북적대는 수돗거리를 천천히 지나서 시내로 들어가곤 했다.

동네에선 괴짜 취급이었다. 사실이 괴짜였다. 자기 방에 콕 틀어박혀 동네 사람들과 일절 어울리질 않았으니까. 사람들은 '가난뱅이 환쟁이'라고 놀려댔고 고생문이 훤히 열렸다고 비아냥거리기도 했다. 사실이 가난뱅이였다. 굶기를 밥 먹듯, 똥구멍이 찢어지게 가난했으니까. 요즘이야 화가들이 되레 떵떵거리는 부자지만 그땐 그랬다. 헌데 내가 그 무렵 바로 그 형에게 몰래 드나들기 시작한 것이다.

그 침침하고 눅눅한 골방이 생각난다. 그 방에서 정환 형은 화본畵本을 펼쳐놓고 말이며 소, 갖가지 사람 모양을 내게 그리게 하며 이것은 이렇게 하지 말고 저렇게, 저것은 또 이렇게 그리라고 자상하게 가르쳐주었다. 때론 목단초화에 빛깔을 칠해 넣어보라고도 했다. 그 빛깔들의 화사한 느낌이라니! 그 빛깔들을 칠할 때의 떨리는 충족감이라니!

나의 기쁨은 단순한 기쁨 이상의 기쁨. 스승을 만난 감격, 신을 본 사람의 황홀감 같은 어떤 것. 내 앞에 찬란하고 신기한 세계가 열린 것이다. 꿈만 같았다. 온종일 그 방을 생각했고 형 만나는 시간만 조마조마 기다렸다.

그 깊은 골목을 들어갈 때는 가슴이 둥둥 뛰었고 거의 완벽한 나의 행복이 거기 있는 것처럼 느껴졌다.

형은 나를 무척 소중하게 대했다. 나의 재주를 아꼈고, 외로워서이기도 했겠지만 그냥 친척 동생이 아니라 마치 친구처럼 인격적으로 대했다. 나는 형에게 많은 이야기를 들었다. 영산강 한복판 벽돌섬에서 흙을 먹고사는 이상한 사람이 있다는 것도 처음 듣는 놀라운 이야기였고, 둥구섬 상여간에서 밤마다 웃음소리가 나와 바다로 들어간다는 이야기며 비녀산 뒷등성이 너머 옹달샘 안에 물속에서만 피는 파아란 달꽃이 있다는 이야기도 처음. 그리고 솔거의 신령한 소나무 그림 이야기와 자기 그림에 불평을 늘어놓는 양반 앞에서 자기 눈을 뽑아버린 최칠칠이의 그 괴팍한 이야기도 그때. 어른들 옛날 이야기나 친구들 귀신 이야기와는 퍽 달랐다.

내 의식은 차츰 유년에서 소년으로, 막연하지만 뭔가 가슴 뛰는 세계, 가난하고 불행하지만 자유롭고 깊고 옹골찬 예술가의 세계 그 입구 근처를 머뭇거리고 있었다. 문고리를 쥐고 있는 것은 형! 내 마음에 싹튼 소중한 우정과 한없는 신뢰. 그래! 우리는 동네 사람 아무도 눈치채지 못하는 비밀한 우정을 맺고 있었다.

그런데 어느 날 그만 우리 관계가 들통나고 말았다. 형이 큰집 숙부에겐가 무심결에 내 재주를 칭찬한 말이 흘러 어머니 귀에 들어가 버린 것이다. 치명적인 그것! 북적대는 수돗거리 한복판에서 어머니가 정환 형을 가차없이 매도해버린 것이다.

"지 혼자 가난하면 됐지, 남의 집 귀한 자식을 또 가난뱅이 만들라고 살살 꼬솨?"

상처! 그 시절 그 세상에서 자식 아끼는 마음에서 어머니는 당연한 말을 한 것이고 정환 형에겐 그저 잠시 무참한 일일 뿐이었겠지만 내겐?

형은 그 뒤 내게 눈길도 주지 않았다. 형을 만나지 않겠다는 그 거듭거듭된 다짐. 그리고 또 거듭된 그 말.

"그림 그리면 가난하다!"

"그림 그리면 가난하다!"

"그림 그리면 가난하다!"

거듭거듭거듭되어 귀에 못이 박이는 정도가 아니라 실제로 내 넋 속에 날카로운 쇠꼬챙이로 깊이깊이 박인 어머니의 그 지겹고 무서운 주문呪文에 질려서였을까, 아니면 큰 상실감과 슬픈 절망감 때문이었을까. 나는 그 뒤부터 그림을 잘 그리지 않았다. 공부에만 달라붙었다. 칭찬이 쏟아지기 시작했다.

그러나 그때부터 내겐 괴상한 버릇이 생기기 시작했다.

35_ 손

내 가까운 친구들은 다 잘 아는 일이지만 내겐 지금도 여러 가지 해괴한 버릇이 있다. 내 이마 왼쪽의 눈자위 바로 윗부분은 오른쪽보다 훨씬 꺼져 있는데 그 움푹 꺼진 부분을 손가락으로 끊임없이 누르는 버릇, 아주 진저리가 나도록, 머리가 띵해 오도록 누르는 버릇.

또 있다. 내 왼쪽 귓바퀴 중간쯤에 톡 튀어나온 부분이 있는데, 이 부분을 손가락으로 끝없이 만지고 침까지 묻혀가며 요리조리 만져대고 비틀어대서 빨갛게 성이 나고 점점 커지게 만드는 버릇.

또 있다. 너무나 잘 알려진 버릇인데 오른쪽 엄지손가락 등을 물어뜯는 버릇이다. 고등학교 때던가 거기 어쩌다 가시 박힌 걸 뽑아낸 뒤 길고 가느다랗고 머얼건 상처가 생겨났다. 이게 보기 싫었는지 어쨌는지 계속 물어뜯기 시작해서 아주 커다랗게 시커멓고 징그러운 굳은 살덩이가 달라붙어 버렸다. 징그러우니까 또 물어뜯고, 물어뜯으니까 더욱 징그러워지고, 침이 잔뜩 묻은 중에 물어뜯으니 마알간 알갱이들이 송알송알 수없이 돋아 기괴한 모양이 되어 들여다보면 나 스스로도 소름이 쭉쭉 끼쳤다.

간혹 찻집 같은 데서 무료할 때 나도 모르게 물어뜯고 있으면 항용 친구들이,

"요즘 뭐가 잘 안 돼?" 하고 묻고,

물어뜯지 않고 있으면 "오늘은 기분이 좋군!" 했다.

심지어 어떤 친구는 만나자마자 내 손을 붙잡고 엄지를 들여다보며 말했다.

"자네 형편이 어떤지 한번 보세."

그때, 그 여덟 살 무렵에 도대체 무슨 버릇이 갑자기 생겨나서 지금껏 평생을 일관하는 걸까?

그것은 두 손을 깍지끼고 끝없이 비벼대는 버릇이다. 끈질기게 끈질기게 비벼 나중엔 손가락 마디 여덟 개가 모두 껍질이 홀랑 벗겨져서 머큐로크롬을 잔뜩 처바르고 붕대를 친친 감아두고, 허나 다 소용없었다. 야단맞고 욕먹고 매질을 당해도 다 헛일이었다.

하다못해 언젠가는 어머니가 내 두 손을 굵은 노끈으로 며칠씩 꽁꽁 묶어놓기도 했다. 밥 먹을 때만 풀어주고 또 묶어놓고 또 묶어놓고. 그러나 역시 막무가내.

내가 일부러 그러는 줄 알고 어머니는 내게 울며불며 하소연하기까지 했다. 하나 내 대답은 이거였다.

"으째 그란지 나도 모른디."

사실 몰랐다. 스스로 그러지 않으려 애를 써봤지만 도무지 소용없는 일. 영리하신 어머니는 내게 그림을 그리도록 슬그머니 부추겼고 나도 좋아라하고 그림을 그렸지만 그 버릇은 여전히 조금도 줄지 않고 계속하여 영영 불치의 버릇이 되고 말았다.

내 손은 시인의 손이 아니라고들 한다. 똑 땔나무꾼이나 머슴 농부의 손처럼 마디가 굵디굵은 게 몹시 울퉁불퉁하다.

우스운 이야기 하나.

대학 다니던 시절이다. 1960년대 초니까 부르주아니 프롤레타리아니 하는 좌익 용어들을 마치 지식인 신분을 나타내는 매우 고상한 어휘처럼 즐겨쓰던 그런 때다. 누구더러 부르주아라고 부르면 매우 화를 냈고 반대로 프롤레타리아라고 불러주면 은근히 좋아하곤 했다. 그 무렵 어떤 친구가 내 손을 보더니 깜짝 놀라며,

"햣! 너는 프롤레타리아로구나."

어떤 선배는 왈,

"김형, 기본 출신이군."

기분 좋기는커녕 씁쓸했다. 허나 웃지도 못하고 괴상한 기분을 느낀 적이 한 번 있다. 옛날 좌익 하던 백발노인 한 분이 어쩌다 나와 함께 막걸리를 마시다가 사발을 입에 갖다댄 내 오른손을 한참 쳐다보고는 나직이 씹어 뱉어낸 말이다.

"숙청은 면하겠다."

〈갑옷 없는 기사〉. 그때 떠오른 것이 이 영화다. 러시아 10월혁명의 혼돈을 배경으로 한 이 영화에서는 검문소의 코미사르가 통행인의 손을 들여다보고 두 줄로 편을 가른다. 죽일 놈과 살릴 놈, 손이 희고 가늘고 부드러운 놈과 손이 검고 굵고 거친 놈. 6·25 때도 똑 그랬다. 그 노인의 말투는 무엇을 뜻하는 건가? 나는 무너진 구소련을 보며 "저렇게 끝장날 일을 그렇게 무지몽매하게 제 살과 남의 살을 잔인하게 물어뜯으며 미쳐 날뛰도록 만든, 차르 시대의 어둠은 도대체 어느 만큼 깊은 것이었을까?" 생각하곤 한다.

손!

손이라는 것!

손은 분명 자기 삶의 역사다. 선조의 삶까지도 함축한, 뚜렷한 역사의 표현이다. 그러나 단순히 그런 파악에서만 끝나지 않는다는 데에 손 문제의 심각성이 있다.

나는 가끔 내 못생긴 손을 들여다보며 혼자 웃을 때가 있다. 그것은 혹독한 노동에 의해서가 아니라 우스꽝스럽게도 그보다도 더 가혹한 콤플렉스의 산물이라는 생각이 들어서다. 손은 단순히 노동의 자취만은 아니다. 손은 정신의 표현이다. 노동을 통해서마저 강렬하게, 무섭게 나타나는 속일 수 없는 정신의 역사인 것이다. 그리고 또 죄의 역사이기도 하다.

1987년 그 혹독하게 추웠던 겨울, 나는 정신병동에 있었다. 너무나 고통스러워서 유리조각으로 동맥을 끊어 실신했다가 치료를 받고 회복된 뒤 어느 날 탁구장에 들어가 멍청하게 앉아서 환자들 탁구 치는 것을 구경하고 있었을 때다. 그 무렵 여섯 살쯤 된 어린아이가 입원해 있었는데, 그 아이가 왼손에 배트를 들고 쉽게 차례 오지 않는 공을 초조하게 기다리며 오른손, 아, 그 오른손의 엄지손가락! 엄지손가락을 자근자근 끝없이 깨물고 있었다. 곁에서 이걸 지켜보던 간호원이 외쳤다.

"저게 문제야, 저게 문제!"

그때 나는 소스라치듯 깨달았다. 내 평생의 손버릇이 단순히 그림이 아니라 그때 그림을 통해서 막 열리고 있었던 내 인격 실현의 문이 너무도 무참하게 닫혀버린, 바로 그 참혹한 좌절과 상실감에서 비롯되었다는 것. 그리고 끝없이 현실에 적응하라는 주문의 억압적인 훈련의 지겨움에 의해 도리어 계속 강화되어왔다는 것. 그 누구의 죄도 아니며 다만 그것은 그토록 섬세하고 복잡·미묘한 인간정신의 깊이에 대한 우리 모두의 캄캄한 무지의 탓이라는 것. 자기학대와 생명 경시는 바로 여기서부터 비롯된다는 것.

36_ 큰집

인격 실현의 첫 문이 무참히 닫혀 버렸다고 했지만, 그렇다고 철제문처럼 그렇게 무참히 닫혀버리는 인생은 없는 법. 생명은 기계와는 전혀 다른 융통성이 있는 어떤 것이다. 여기서 닫히면 저기서는 꼭 조그맣게나마 열리는 법. 그 때문에 사람은 억압에 의해 기형으로 성장하면서도 독특한 자기 생명의 중심을 유지해서 결국 언젠가는 반드시 자기치유라는 큰 동통을 통해 본래의 자기를 회복하는 법이다.

그 무렵 나는 한번 큰집에 가면 늘러붙어서 좀처럼 돌아오려 하질 않았던 것 같다. 분명 내 삶의 원형이 큰집과 가까이 있는 것을, 어렸지만 상처받은 작은 동물처럼 민감하게 느낀 것은 아니었을까. 큰집에 갈 때의 언제나 정해져 있던 그 절차가 생각난다.

우선 판자 울타리 틈새로 무서운 할아버지가 마당에 계신지 안 계신지 빠끔히 들여다본다. 다음엔 얼른 뛰어들어가 부엌 근처에서 일하시는 곰보 할매 치맛자락 뒤에 가 숨어 재차 빠끔히 이번엔 집안을 살핀다. 이어 안전하다고 생각되면 그때부턴 마음놓고 나의 그 유명한 '부잡'이 시작된다. '부잡'이란 이런 것이다.

내가 기술자 내림이어선지 그림 솜씨와 마찬가지로 손재주가 좋았고 우리집이나 외가에서 그림길이 막히니까 큰집에 가 뚝딱뚝딱 뭐든지 물건 만들어내는 데에 온 신명을 쏟았다. 할아버지, 큰아버지, 우리 아버지와 작은숙부가 모두 기계기술자여서 집안에 가득 쌓인 게 연모였다. 장도리·망치·펜치·커터며 줄톱, 쇠톱 들이 여기저기 연모통에 가득가득해 공연히 즐거워서 큰 부자나 된 듯 가슴이 뿌듯.

또 큰집 살림은 본디 동학 내림의 엄격한 경물敬物, 하기야 그 무렵 우리 겨레가 대개 그랬었다지만, 모든 물건을 공경하고 뭐든 버리지 않고 거두어둬 아끼는 것이 바탕이라 헛간에 가면 크고 작은 나무토막이며 짧은 쇠대롱이며 굵은 철사며 뭐든 내 바라는 대로 장난감 따위 만들 좋은 마련이 수북, 아주 신나는 판이었다. 다만 할아버지가 안 계시는 동안만!

그래 뚝딱뚝딱 뭐든 묘오한 물건을 떠억하니 만들어가지고 이리 보고 저리 보고 혼자 즐겨보지만 그걸 남에게 자랑하지 않고 배길 도리가 있나! 외가로 가지고 간다. 가서 내 또래 외삼촌에게 뻐기며 자랑을 한다. 그때는 참말 너무너무 행복하다. 하나 그것은 순간뿐, 곧 행복 끝 불행 시작이다. 물건이 멋지면 멋질수록 위험!

내 외삼촌이란 사람이 내 물건 빼앗는 데는 이골이 난 도사라! 순식간에 빼앗아가 버리는데도, 그런데도 멍청하게 서서 한마디 대들지도 못하고 손깍지만 그저 손깍지만 잔뜩 비벼대며, 죽어라 하고 손깍지만.

참 등신이었지. 하지만 어떡하나! 코가 쑤욱 빠져 느적느적 걸어서 큰집으로, 큰집 연모통 곁으로 도로 돌아가 또다시 망치를 들고 뚝딱뚝딱뚝딱.

스물세 살 적 여름, 서대문감옥에서다. 잡범들과 합방이었는데 이런 일이 있었다.

안씨라는 따통꾼, 절도 전과 13범. 아편으로 새카맣게 타서 찌들어버린 얼굴, 아랫배만 뽈록 맹꽁이 같은 몸집. 자기 말로는 만주에서 마적질을 했다고 거품을 물고 주장하는데 아무래도 뻥튀기다. 한데 이 사람 빵손 좋은 것이 사등식 보리밥알로 돼지를 만들거나 칫솔대를 깎아 여자의 나체상, 거웃을 뽑아 조리 따위를 만드는 등 기막힌 재주였다. 밥을 먹을 때 남겨둔 보리알을 손등에 얹고 몇 시간이고 문질러대면 똑 고무랜드처럼 된다. 이것을 요리조리 주물러 아주 세세한 잔손질로 눈을 가느다랗게 뜨고 공을 공을 들여서 돼지 한 마리를 떠억하니 만들어놓았는데, 하하, 가히 일품이었다. 노을 무렵 쇠창살 밑에 갖다 세워놓으니 바알간 빛살을 받아 돼지가 꿈틀꿈틀 살아나는 것이 아주 신기한 영물!

감방 식구가 모두들 감탄감탄, 한동안 넋을 잃고 처다보고 있는데 뒤에서 덜커덕 문이 열리며,

"이리 내!"

교도관의 넓찍한 손바닥이 쑥 들어온다. 안씨 태도가 더 일품이다. 입을 새촘하게 다물고 다소곳하고 얌전하게 마치 보물이나 다루듯 조심조심 돼지를 들어다 손바닥 위에 고대로 세워놓는다.

덜커덕!

욕 한마디, 불평 한마디 없이 차분히 앉아 남은 보리알을 손등에 얹고 또 문질러대기 시작하는 안씨.

"아니, 안선생, 부아도 안 나요?"

"무슨 부아? 징역 깼으면 됐지."

징역 깬다? 그걸로? 누가 빼앗아가든 상관없다?

안씨의 얼굴은 다시 거기에 몰두하며 진지해진다. 몰두한다는 것, 온갖 징역살이 고통, 갖은 잔근심 다 잊어버리고 몇 시간이든 망아忘我 상태에 들어갈 수 있다는 것, 그것이면 만족이라는 것.

그래, 그것은 일종의 환상적 탈옥이다. 그리고 수천 년 이어온 노예들의 유일한 종교다. 옛 장인匠人들의 그 짐작할 수 없는 기이한 마음의 세계다. 세상은 그것을 깊은 비애라고도 하고 형편없는 아편이라고도 한다. 어떻든 그때 나는 피식 웃고 말았다. 생각이 내 어린 시절에 미쳤기 때문이다.

엄동 눈보라 아래 다 죽은 듯 나무등걸 속에서, 뜨거운 여름 폭양 밑에 숨죽인 저 조용한 잎새 속에서 무슨 일이 일어나고 있는지 알 수 있는 사람은 별로 없다.

억압은 없어져야 한다. 그러나 원천적으로 없어져야 한다. 억압은 그 억압으로부터의 해방의 싹을 틔우는 법이다. 억압은 억압당한 자의 마음속에서 영그는 삶과 세계에 대한 그 독특한 체험 안으로부터 터져나오는, 그 나름의 다양한 자유의 길을 따라서 없어져야 하는 것이다.

천여 년에 걸친 도가道家의 장인들과 연금술사들의 그 심방心房 안에서 도무지 무슨 사건이 일어났는지 쉽게 알 수 있겠는가?

그 무렵 내가 희미하게 느끼기 시작했던 장인의 그 쓸쓸한 자유! 하나 그 길마저 막혀 버렸으니 나의 어린 시절도 어지간히 복쪼가리는 없었던가 보다.

할아버지가 귀한 연장 가지고 부잡 떤다고 무서운 눈을 부릅뜨고 몽둥이를 들고 쫓으며 천지 진동하게 고함고함을 질러대다 아이를 치면 안 된다는 곰보 할매의 단호한 저지에 멈칫하기 일쑤였고, 역시 어머니는 줄기차게 "연장 만지면 가난하다" 소리로 나를 끝끝내 세뇌시켜 기술자의 길마저 단념하게 했으니!

가끔 아내가 날더러 "당신은 전기나 기계 등속은 아예 손도 못 대는 백면서생!" 그런다. 난 그저 쓸쓸하게 웃고 만다.

허나 아내여! 그렇지만은 않다네! 그대는 내 손에, 내 손 속에 살아 있을, 내 마음의 역사 속에 깊이깊이 질린 단단한 저 빗장이 숱한 시간을 숨죽여 울며 스스로를 꺾고 꺾고 또 꺾으며 넘어온 내 어린 시절의 남모르는 눈물로 얼룩져 있음을 이해할 수 있겠는가? 나는 솔거 같은 화가가 되고 싶었고 또 그 뒤 자기만의 외로운 세계를 지닌 기술자가 되고 싶었다네! 결코 요 모냥 요꼴 먹물 냄새나 풍기는 시인 나부랭이가 되고 싶진 않았다네!

큰집 식구들은 어떤 경우에도 그 존재 자체가 이미 내겐 구수한 삶의 향기다. 큰집에 전해 내려오는 우스운 이야기 몇 토막.

암태도에서 농사짓던 나의 두 분 할아버지, 돈수 할아버지와 일만이 할아버지 형제 이야기. 돈수란 분은 아주 뾰족하고 영악해서 제 먹을 것은 보리 한 알도 악착같이 챙기는 위에 또 노름까지 잘해 그리 번 돈으로 땅까지 샀다 한다. 한데 일만이란 분은 좀 헤벌레하니 모자라서 분명한 제 땅 놔두고 남의 땅 소작 부쳐먹고 제 집 비워두고 남의 집 머슴방에 가 새우잠 자기 일쑤.

밥 먹을 때 돈수 양반이 하늘을 가리키며 "쩌그 신선 봐라" 하면 한없이 하늘만 보고 있는 사이에 맛있는 것 다 주워먹어 버리고. 말까지 어더더한 일만이 할아버지를 돈수란 분이 이리 맨날 속여먹은 이야기를 하며 일만이 할아버지 멍청함을 두고 어른들은 배를 잡고 웃었지만 난 웃을 수가 없었다. 어쩐지 그 양반이 불쌍하고 너무 좋아서다. 동병상련?

작은숙부의 그 유명한 식탐. 일제 말기 식량이 귀할 때다. 늘 입이 궁금하고 출출해 있던 터에 하루는 아버지가 똑 보리개떡같이 맛 하나 없는 밀빵을 한 부대쯤 잔뜩 사가지고 들어가 허리띠 풀어놓고 먹어대기 시작했다. 네 형제가 눈에 불을 켜고 허겁지겁 먹어대는데, 입이 미어터지게 한 움큼 물고 그 위에 두 손으로는 잔뜩 빵을 움켜쥐고서 작은숙부 웅얼웅얼 가라사대,

"옴메, 입이 두 개였으면 좋겠네."

하도 밉살스러워 세 형제가 한꺼번에 우르르 달려들어 작은숙부를 방바닥에 꼼짝 못 하게 눕혀놓고 입에다 덩어리 덩어리 빵을 갖다 억지로 막 쑤셔넣으며 "아나, 실컷 먹어라. 아나, 입 두 개!" 했단다.

그 길로 탈이 나서 시름시름 몇 달을 고생했다는 이야기.

지금 암태도 사는 숙부 맹복 씨가 큰집에서 학교를 다녔는데 그 양반 밥 먹을 때 깨깡 이야기다. 일제 말 궁핍하던 때라 반찬이 간장밖에 없었더란다. 모두들 그나마 달게 먹고 있는 판에 깨깡 부리느라 숟가락을 달그락달그락 놓았다 들었다 놓았다 들었다, 간장을 쬐끔 찍어먹어 보고는 오만상을 찡그리며 왈,

"옴메, 간장이 짜다야."

아무리 마음이 추울 때도 이 이야기들만 생각하면 내 마음에 싱그레 웃음기가 돌곤 한다. 가난이란 다만 결핍만이 아닌 것이다.

정환 형이 사람들 보는 데선 날 외면했지만 마음에서까지 아주 잊은

건 아니었다. 언제였던가. 벚꽃 눈부시던 날, 형이 나를 몰래 불러내 벚꽃 만발한 산정리 도자기 만드는, 저 유명한 행남사에 데려간 일이 있다. 그 무렵 형은 생활 때문에 간간이 행남사에 가 다니나 술잔 등에 난초며 국화 따위를 그려넣어 주곤 했는데 그날이 바로 그날이었다.

창밖엔 화사한 벚꽃 구름, 유리창으로 쏟아져 들어오는 투명한 햇살, 새하얀 그릇들 위에 그린 깔끔한 화초며 앙증스런 세형산수들, 정갈한 작업대. 그 방, 그 방이 영 잊히지 않는다. 거기 떠억하니 버티고 앉아 흰옷 입은 예쁜 여공들에게 둘러싸여 전문가 나름의 권위와 익숙한 몸짓으로 척척 그림을 처리하는 형이 어찌 그리도 돋보이던지!

"영일아, 실수해도 괜찮으니께 너도 하나 해봐라."

순간 나는 허공에 붕 떠버렸다. 내가? 저것을? 저 예쁜 그릇 위에 그림을?

아아, 그 순간을 나는 영영 잊을 수 없다. 얼굴이 빨갛게 달아 꽁무니 빼려는 내 손을 꽉 붙들어다 의자에 앉혀 놓고 형은 내 앞에 초벌 그릇과 붓, 빛깔 등을 갖다놓으며 등을 툭툭 치며 말했다.

"자아 자아, 실수해도 괜찮으니께."

무슨 정신에 어찌어찌 무엇을 그렸는지 나는 모른다. 희미하게 떠오르는 자그마한 그림 하나. 투명한 샘물 속에 담긴 사르르 흔들리는 붉은 달. 그것은 내가 그린 것인가? 아니면 그릇에 이미 그려져 있던 것인가?

형은 만족한 듯 빙그레 웃고 있었고 처녀들은 '옴메옴메'를 연발, 방실방실 웃으며 내 어깨를 끌어안고 머리를 쓰다듬고 그랬던 것만 생각난다.

그 뒤 어느 날 해 설핏 무렵 부줏머리 둥구섬 갯가. 형이 물에 들어가 창질로 큰 해파리를 낚아왔다. 가지고 간 초간장을 찍어 오돌오돌 둘이서 얼마나 맛있게 먹었던지! 하나 그보다도 섬 건너 뼈얼건 흙어덩 밑에 노을빛에 타고 있던 상여간의 음산한 모습. 밤이면 웃음소리가 나와 바다로 들어간다는 상여간의 잊을 수 없는 그 기이한, 기이한 모습!

6·25 때다. 형은 아마 미술가동맹에 속해 있어서 의무적으로 포스터를 그렸던 것 같다. 하루는 날 몰래 불러내 시내 부두 근처 사쿠라마치 뒤쪽 목포여중 작업장에 데리고 갔다. 밀대 모자를 쓰고 큰 낫으로 한 무더기 벼를 베어 들고는 활짝 웃는 농부의 거대한 얼굴. 볏단의 나락알을 하나하나 그려넣는 정밀화였는데, 내 몫은 그 나락알에 일일이 노오란 빛깔을 칠해넣는 일이었다. 한데 그날 막상 강렬하게 남아 있는 기억은 그림이 아니라 곁에서 시종 양철 냄비 두드리는 소리로 떠들어대던 여학생 한 사람이다.

"반동년 한 마리를 내가 잡았당께. 울고 불고 사정하고 지랄하는디 그대로 무자비하게 내무서로 넘겨부렀제, 잉. 항도여중 그 강자년 안 있냐. 그년, 그 판에도 향수 냄새가 나더랑께. 그 뿌르조아 반동 퇴폐분자년!"

열여덟 살쯤? 열아홉 살쯤? 자그마한 키, 가파른 몸매, 창백한 이마 위에 흘러내린, 칙칙하게 검은 머리카락, 꼭 다문 입. 누리께한 눈바탕에 핏발이 버얼겋게 서 있었다. 그리고 왼손에 친친 감은, 머큐로크롬 묻은 흰 붕대! 왠지 모르나 6·25 전후 학생들 사이에 대유행이었는데, 그 핏빛으로 불그레한 머큐로크롬 배어나는 새하얀 붕대가 내 눈에 선연히 남아 있다. 마치 죽음의 냄새처럼!

37_ 성性

　남자의 성性의 뿌리는 어머니에게 있다. 어머니의 희고 보드랍고 풍만한 젖가슴을 기억할 수 있는 사람은 행복하다. 그의 마음의 여성은 희고 보드랍고 풍만할 것이므로. 그래서 그의 마음 역시 희고 보드랍고 풍만할 수 있을 것이므로.

　내겐 기억이 없다. 내가 기억하는 젖가슴은 어머니가 아니라 아직 여물지도 않은 이모나 고모의 메마른 젖가슴이요, 훗날 침침한 뒷골목 새빨간 불 켜진 방에서 짙은 혐오감, 짙은 증오에 맞닿은 육욕으로 주물러댄 늙은 창녀의 축 늘어진 불모의 젖가슴뿐이다.

　젖가슴이 어디 젖가슴인가? 이것은 사랑 이야기다. 한 여자에 대한 한 남자의 사랑은 스물이 되어 어느 날 보랏빛 라일락 그늘에서 갑자기 싹트는 것이 아니다. 그것은 그의 아기 적, 걸음마를 시작할 적에 벌써 혼 속에서 싹이 돋고 그때 이미 그의 사랑의 운명이 결정된다.

　유년기의 사랑 결핍이 사람을 어떤 황량한 사막, 어떤 컴컴하고 거칠고 잔혹한 삶 속으로 몰고 가는지는 이미 널리 알려진 사실이다. 유년의 사랑은 그만큼 중요하다는 것. 하나 나는 그것을 나의 지나간 삶을 철저히 되돌아보게 된 최근에 와서야 비로소 뼈저리게 깨닫기 시작한다. 참으로 만각晩覺이다.

　사랑은 부드러운 것이라 한다. 그리고 창조적인 것이라 한다. 부드럽다면 그것은 필경 음양의 균형에서만 솟아오르는 신비한 능력이다. 내 안에서 천지와 부모가 화해하고 합일할 때에만 참된 사랑이 싹트고, 싹이 트는 것, 그것이 곧 창조일 것이다. 평생을 일관한 내 고통의 뿌리는 내 안의 천지와 부모의 불화·분열이었고, 내 갈증의 내용은 내 안의 천지와 부모의 따뜻한 화해, 창조적인 할일이었다.

떠오르는 형상이 하나 있다. 감나무, 잿빛 겨울 하늘을 배경으로 까마귀가 파먹고 남긴 감 몇 개 덜렁 달린 을씨년스런 검은 감나무 등걸 하나. 뻘바탕 한복판에 있는 낮은 돌담 속의 자그마한 봉제 삼촌네 초가집. 하염없이 그 감나무를 쳐다보고 있던 날의 기억이 떠오른다.

그 무렵 아버지는 마침내 수배가 풀리고 객지에서 돌아와 목포에서 일을 하시기 시작했고, 우리는 그때 그 집에 세들어 살고 있었다. 오래도록 헤어졌던 부모님이 함께 계시던 그 나날, 그것이 어찌 내게 지극한 행복이 아닐 수 있었겠는가! 집안에 통 관심이 없기로 유명한 아버지가 저녁이면 찬거리를 사들고 들어오시곤 했고 세 식구 둘러앉은 밥상이 오붓하기 그지없었다. 한번은 아버지가 큰 류색에 가득 빠알간 피문어를 몇 죽이나 가져오셨는데, 그것을 잘게 잘라 간장에 조려서 두고두고 먹었던 일과 그 독특한 맛이 지금껏 잊히지 않는다.

그런데 그날, 그 큰 싸움. 무섭고 무서운, 기억하기조차 싫은, 참혹한.

"싸우지 마쇼야. 싸우지 말어라우."

울부짖던 내 새된 목소리가 지금도 귀에 쟁쟁히 울린다. 그 단란하고 오붓한 모처럼의 행복이 무참히 깨어져 나가고 있었다. 울며 불며 하소연했고 무릎을 꿇고 한없이 두 손 비비며 빌고 또 빌었으나 소용없는 일이었다. 아버지는 훌쩍 시내 쪽으로 가버리셨고 어머니는 외가로 가버리셨다.

어지러진 방안 벽에는 원앙 한 쌍 수놓은 꿈결같은 횃대보가 덩실하니 걸려 있었다. 활짝 열어젖혀진 문 밖에는 우중충한 잿빛 겨울 하늘, 을씨년스런 감나무 검은 등걸이 있었다.

이튿날 새벽, 큰집 안방 곰보 할매 물레 잣는 소리에 눈을 떠 할매 곁에 그대로 누운 채 비익빅 돌아가는 물레를 바라보고 있었다. 부우연 눈물 속에서 흔들흔들 이상한 것이 보였다. 빙빙 돌아가는 물레 안에서 아버지와 어머니가 손에 손을 잡고 하얀 이를 드러내고 마구 웃으며 흔들흔들 자꾸만 자꾸만 돌아가고 있었다.

창호지문엔 파아란 새벽빛, 방안에는 호롱불 새빨간 불꽃 봉오리!

끔찍한 과거는 잊어버리려고 애를 쓰면 또 그런대로 잊어버리게 되는 게 사람인가 보다. 그래 오래도록 새까맣게 잊고 있었는데, 그런데 지금 끔찍한 기억 하나가 뭉글뭉글 떠오르기 시작한다.

여덟 살 때, 컴컴한 어느 부엌 구석이다. 나보다 큰 놈들이다. 셋? 넷? 입은 손으로 틀어막히고 팔은 뒤로 비틀리고 꼼짝달싹 못 하게 뒤와 옆에서 겹겹으로 껴안고 있다. 바지가 벗겨지고 가느다란 회초리가 그것을 끝없이 후려친다. 아프다기보다 몹시 뜨거웠고 몸 속에 시뻘건 피가 줄줄 흘러내리는 것 같았다. 그런데 왜 그것이 자꾸만 꼿꼿해지고 곤추서는 것일까? 낄낄거리는 웃음소리, 웃음소리. 머리가 욱신대고 어지러웠다. 밑 모를 절망! 눈 앞이 노오래지며 나는 끝내 자지러져 버렸다. 축축한 부엌 바닥에 너부러져 혼자 그렇게 얼마나 있었을까?

슬픔? 노여움? 수치심? 잊어버리고 싶은 악몽. 그러나 지울 수 없는 깊은 상처였다. 그 뒤부터 내겐 틈만 나면 끊임없이 그것을 잡아 비트는 해괴한 버릇이 생겼다. 욕도 많이 먹고 매도 숱하게 맞았지만 아무 소용이 없었고, 성이 나서 머큐로크롬까지 바르는 일이 여러 번 있었는데도 한참 뒤까지 그 버릇은 내내 잡히질 않았다.

성에 대한 나의 기묘한 수치심과 괴팍한 호기심은 이율배반, 성기에 대한 오래고 깊은 열등의식과 그것에 대한 어둡고 색정적인 집착이라는 모순의 뿌리가 바로 이 사건에 있는 것 같다. 어릴 때 한번 일그러진 성에 대한 관념은 사람의 성격에 복잡한 그늘을 만든다. 그 그늘을 일러 불행이라고 하지 않는가! 갈수록 이해하기 어려워지는 인간이란 이름의 괴물!

38_ 오줌싸개

나는 분명 열 살 때까지 오줌싸개였다. 이상하고 재미난 꿈을 신나게 꾸다가 그만 싸버리고, 오줌이 마려운데도 잠에서 깨기 싫어 조금만 더 조금만 더 하다가 그만 싸버리고, 짜게 먹고 물 켰다고 싸고, 불장난했다고 싸고, 곤하다고 싸고.

"또 쌌다. 또 쌌어!"

'또'라는 소리가 쾅 천둥치고 얼룩덜룩 지도 그린 요가 마당에 들려나가 밝은 햇빛 아래 선명히 드러나며 온 동네에 알려질 때에 나는 이미 그 자리에는 아예 없는 사람.

오늘만은, 오늘만은 하고 몇 번이고 다짐, 다짐하며 잠들었다가 눈을 막 떴을 때 아랫도리에서 전해오는 흥건함, 질퍽함. 아, 그때의 그 황량한 절망감!

나 자신이 한없이 미웠다. 욕도 많이 먹고 모욕도 많이 당했다. 주로 게으름뱅이라는 거였다. 하기야 내가 게으른 건 사실이지만, 나 스스로도 무척 애를 썼으나 모두 허사!

잠들기 전에 그것을 실로 묶고 있는 어른들 얼굴을 볼 때나, 아침에 저려오는 아픔을 견디며 가득 찬 오줌으로 똑 개구리 배때기처럼 뽈록 부풀어 오른 그 꼬락서니를 들여다보면서 킬킬대는 어른들 얼굴을 볼 때 내가 느낀 것은 무엇이었을까? 비굴? 분노? 어른들은 수치심으로 버릇을 잡으려 했다. 하나 그게 과연 바른 일이었을까?

열 살 나던 설날 아침. 큰집에 소금 얻으러 갔다 물벼락을 맞고 그 높은 토방마루 위에서 덜덜 떨면서 커다란 키를 뒤집어쓰고 엉엉 울고 앉아 있는 발가벗은 내 모습이 선연히 떠오른다. 식구들은 방안에서 아예 내다보지도 않은 채 설빔을 하고 있었고, 이제 막 떠올라 사방에 퍼지기 시작한 눈부신 아침햇살에 벽에 비친 내 그림자! 키를 뒤집어쓴 벌거숭이의 괴상한 그림자! 하하! 나는 왜 늘 내 그림자에 그렇게 관심이 많았을까? 이상한 일이다. 하여튼 그날 그랬다. 하나 서운한 느낌이 없고 오히려 왠지 미더운 느낌이 들었던 것 또한 이상한 일이다.

실로 친친 묶는 것과는 전혀 다른 참으로 이상한 어떤 느낌. 어째서 옛 어른들은 그런 때 키를 씌웠던 것일까? 필경 단순한 망신이 아닌, 깊은 까닭이 있을 터.

키! 키는 체라고도 한다. 그것은 알곡을 까불러 쭉정이와 알갱이로 가려내는 것. 그렇다면 키는 오줌싸개에게 성인식成人式의 뜻을 갖는가? 똥오줌을 스스로 가려야 어린이를 면한다. 똥오줌이 어디 단순히 똥오줌만인가! 그것은 생리이면서 또한 심리.

아, 이제야 알겠다. 병아리가 알에서 깨어 나오듯, 매미가 허물을 벗듯, 인간은 성인식을 치른다. 키는 바로 어린 껍질을 벗어던지는 알맹이의 쓰라린 홀로서기의 기준! 그래서 어른들이 그리 매정하게 욕을 하고 창피를 주고 물벼락을 안기며 키를 덮어씌우는 거다. 성숙하게 사리 분별을 하라는 것. 껍질을 벗고 단호하게 속알맹이가 튀어나와야 한다는 것.

하긴 그날 이후 나는 밤오줌은 그쳤다. 그러나 그렇다면 더욱 큰일. 스물이 넘어서도 술에 만취하면 남의 집 이부자리에서 오줌 싸기가 한두 번이 아니었으니, 고인이 된 김현의 목포집에서도, 원주서 고철장사하던 친구 나코빨갱이 집에서도, 서울의 내 좋아하는 선배 악어 형 집에서도 그만 크게 몇 차례나 실례했으니.

술이 어디 단순히 술만인가! 술은 곧 마음이다. 이십대의 내 마음이 껍질을 채 훌훌 벗어버리지 못하고 홀로 우뚝 선 어른이 되지 못한 채 쭉정이째 질질거리며 이리저리 방황하고 있었던 탓, 분명하다.

키는 엄중한 시련이요, 냉엄한 심판이기도 하다. 결코 어리광이나 변명이나 자기기만이나 유보가 통하지 않는다. 1967년부터 1969년까지의 역촌동 결핵요양원(시립서대문병원)에서의 그 사활을 결판내는 피투성이의 투병, 키였다. 그 후로는 술에 만취해서도 아무 데나 오줌을 싸지는 않게 되었다.

그러나 또 한 번 오줌싸개가 단순히 오줌싸개만인가! 정신의 오줌싸개, 삶의 오줌싸개, 더욱이 유년 이후 거듭된 억압과 좌절 아래 일그러지고 주눅든 내 마음이 나의 내면과 세상에 대해 조금이나마 깊이 깨닫고 넓게 열리기까지엔 끝없이 냉정한 욕설과 매서운 시련과 가차없는 물벼락과 거듭거듭 크고 무서운 키를 덮어써야만 했던 것이다.

허나 쉰하나 된 지금까지도 나는 어떤 의미에선 역시 질질거리고 있다. 거듭거듭 뒤틀리는 좌절의 관성. 나의 운명이리라. 그래 나는 아주 속 편하게 이렇게 정리한다.

'인간은 영원한 오줌싸개, 키는 죽을 때까지 쓰는 것.'

39_ 소감 小龕

대성동에서 연동으로 넘어오는 터진목은 큰 바위산을 남포를 터서 깨트린 애로다. 길 양쪽에 크고 높은 바위가 솟아 있는데, 영산강 쪽 바위 중간에 움푹 파여 들어간 소감이 있다.

그 무렵 나는 터진목을 지날 때마다 그 소감을 유심히 올려다보곤 했다. 왠지 모르나 높은 데에 움푹 들어가 있어 아무나 쉽게 범접할 수 없는 거기, 깊은 평화가 있을 것 같았다.

때로 거기, 촛불이 켜져 있을 적도 있고 비나리를 했는지 음식 그릇과 흰 종이가 흩어져 있기도 했다. 또 때로는 문둥이가 시커멓게 웅크린 채 꼼짝하지 않고 잠을 자기도 했다. 마치 돌부처가 모셔진 것처럼 거기에 평화가, 알 수 없는 다소곳한 깊은 평화가!

신작로 옆이어서였을까? 한 번도 올라가본 적은 없다. 그 대신 나는 다른 곳에서 나의 소감을 찾아냈다. 산정초등학교 윗운동장 뒤에 깎아지른 돌벼랑이 있는데 거기 높은 위쪽에 터진목과 똑같은 크기의 소감이 파여 있었다. 올라가기가 퍽 힘들고 위태로웠으나 나는 수없이 실패하면서도 수없이 시도하여 마침내 올라가는 비결을 터득했다.

거기 참으로 나의 평화가 있었다. 외로울 때, 서러울 때, 괴로울 때, 매를 맞고 쫓겨났을 때는 반드시 가는 곳. 그곳은 아무도 올 수 없는 나만의 자리였다. 거기 행감치고 앉아 허리 곧추세우고 맞은편 솔개산을 건너다보며 무슨 생각을 했을까?

그러나 아무 생각도 하지 않았다. 거기 있는 것은 그저 자그마하고 깊은 평화 그것뿐이었다. 나는 그때 이미 작은 아기 돌부처였을까?

40_기러기 훨훨

아홉 살이 되었다. 3학년. 내겐 좋은 일만, 지금 기억하기에도 싱그레 웃음 배어날 그런 일만 거듭 있었다.

궂은일 뒤엔 반드시 좋은 일이, 더 궂은 세월 오기 전엔 으레 한 번쯤은 오붓한 시절이 있는 법인가. 아홉 살에서 열 살 초여름, 6·25 동란 나기 직전 무렵까지가 아마도 내 평생 단 한 번 행복한 시절이었나 보다.

그 시절을 회상할 땐 늘 떠오르는 노래 하나가 있다. 좀 엉뚱하긴 하지만 마할리아 잭슨의 〈여름 한철〉.

여름 한철 삶은 편안해
물고기는 뛰어오르고 목화는 높이 자라
네 아빠 넉넉하고 네 엄마 얼굴 좋아
엄마 아빠 너를 기다려
문간에 저기 서 있네

뒷부분은 정확하지 않다. 하나 상관 있나. 나는 그렇게 고쳐 부르며 늘 나의 그때를 회상하곤 했으니까. 회상하면서 속으로 울곤 했으니까.

그때 아버지는 남로당이 불법화한 뒤 보도연맹에 들어가 산정초등학교 고갯마루, 산정식당 옆 신작로가에 자그마한 전파상을 차렸고 우리는 그

가게 바로 옆방에 세들어 살았다. 그 방은 아주 비좁고 작았는데도 늘 화안한 빛이 들어 퍽 정갈하고 편안했다. 가게로 열린 방문 턱에 턱을 고이고 앉아 분주하게 연장을 움직이며 낮게 흥얼거리시던 아버지의 그 서투른 옛 노래를 가만히 듣곤 하던 기억이 난다.

산홍아 너만 가고 나만 홀로 버리기냐
너 없는 이 세상은 물 없는 사막이다, 불 꺼진 항구드라

혹은

산이라면 넘어주마, 물이라면 건너주마
화류계 가는 길은 산길이냐, 물길이냐
흑싸리 한 짝에도 잊지 못할 내 사랑아

아버지가 그 무렵 왜 그처럼 서글프고 팍팍한 노래, 어린 내겐 생각하기조차 두려운 무언가 농염하고 기이하고 삭막한 뜨내기 노래를 흥얼거리는지 전혀 알 길 없었다. 보도연맹 이후의 허탈감, 패배감 때문이었을까? 다만 열심히 일하는 모습이 내게는 커다란 안정감을 주었고, 특히 나를 돌아보며 씨익 웃으실 때는 그것이 바로 다름 아닌 꿈결같은 행복이었다.

고생하다 안정되면 흔히 그러는 것인가. 나는 자주 앓았다. 노상 감기가 떠나지 않았고 심한 배앓이로 그 쓰디쓴 익모초가 단골이 되었으며 이질

백피에 걸렸을 땐 엿을 고아 넣은 막걸리를 마시고 대취하여 온종일 해롱해롱, 학교 친구들과 온 동네의 웃음거리가 되기도 했다. 하나 학교만은 아무리 아파 죽을 지경이 돼도, 어른들의 극구 만류에도, 기어이 가방 들쳐메고 나섰으니, 일 년 내내 하루 한 시간도 빠짐 없는 개근이요, 전 학년 우등이었으니, 왜?

기억한다. 불행한 형편의 어린이에겐 누구나 있는, 남모르는 행복에의 목마름, 모처럼의 오붓한 안정을 가져다준 부모님께 보답하려 애쓰는 마음. 기억한다. 정오의 운동장 뜨거운 땡볕 아래서 몇 차례나 졸도하여 양호실에서 깨어났을 때 그때마다 천장과 벽과 햇빛과 친구들과 선생님 얼굴이 한데 얽혀 빙빙 돌아가는 어지러움 속에서도 어머니, 아버지가 함께 계신 그 화안한 작은 방을 떠올려 확인하고는 안도의 한숨과 함께 흡족해 미소지었던 일들을 똑똑히 기억한다.

그리고 그 무렵 잊을 수 없는 오대현 선생님. 그때도 나는 반장이었는데 조회 때만 되면 그놈의 "앞으로 나란히" 소리 하기가 죽도록 싫어 윗운동장 돌벼랑 위에 파여 있는 나의 소감으로 달아나 버리곤 해서 몇 차례고 불려가 꾸중 또 꾸중.

우스운 이야기가 하나 있다.

교실 바로 내 앞자리에 부반장이던 계집애 '똥굴이'와 까불기로 유명한 말상 계집애 '촉새'가 앉았는데, 어느 날 둘이서 한참을 뭔가 수군대더니 이윽고 내게 몸을 돌리고 가라사대,

"반장하기 싫으면 나하구 바꾸자."

나는 파아란 반장 계급장을 '똥굴이'에게 얼른 줘버리고 말았다. 그 일로 또 불려가 지청구!

그때 선생님이 이런 말씀을 하셨다.

"의무라는 것이 있다. 제가 아무리 하기 싫더라도 여러 사람 위하는 일이라면 할 수 없이 해야 하는 것이 의무다. 대통령도 자기가 좋아서 하는 것이 아니라 국가와 민족을 위해서 할 수 없이 하는 것이다. 모르겠느냐?"

내 눈은 그때 나의 손, 울퉁불퉁한 그 괴상한 손 위에 가 꼼짝달싹하지 않고 거기 멈춰 있었다.

선생님 왈,

"주먹을 꽉 쥐어봐라. 사나이답게 한번 힘껏!"

힘껏 쥐어보려 했다. 애써보았다. 그러나 웬일일까. 도저히 힘껏 쥐어지지를 않았다. 애쓰면 애쓸수록 목이 타고 식은땀이 솟고 온몸이 부들부들 떨렸다. 얼마를 그러고 있었을까. 이윽고 선생님 손이 천천히 내 머리를 쓰다듬었다. 그 뒤부턴 선생님이 직접 구령을 하셨다. 나는 지금도 선생님을 결코 잊지 못한다. 이 글을 쓰고 있는 지금 내 가슴에, 눈에 뜨거운 눈물이 가득 차오른다.

학교가 파한 뒤 꼭 학교 앞 만화가게에 들러 만화를 보는 내 버릇이 어머니와 선생님 사이에 문제가 되었다. 물론 그때 만화는 지금과는 전혀 딴판. 지금 기억나는 것만으로도 참 슬프고 진지하고 훌륭한 내용들이 많았다. 기억하는 분도 있을지 모르겠다. 《낮에 나온 반달》이니 《짱구박사 소동기》니. 하나 마음을 거기에 너무 빼앗기지 않느냐는 게 어머니의 걱정. 여기에 대해 선생님은 이렇게 말씀하셨다.

"영일이는 지금 혼자서 아주 높은 공부를 하고 있습니다. 만화는 그냥 끄트머리일 뿐이지요. 걱정 마십시오."

선생님은 얼굴이 다부지고 눈이 크고 작은 키에 몸집이 단단한 분이셨다. 그리고 노래가 무척 서투른 분이셨다. 떨림이라곤 아예 없는 냅다 내지르는 된목에 뚝뚝 부러지는 소리로, 똑 행진곡모냥 부르던 그 무뚝뚝하기 짝이 없는 〈가을 노래〉를 나 얼마 전까지만 해도 간혹 술에 취하면 깊은 그리움에 젖어 혼자서 부르다 낄낄 웃다간 또 소리없이 울곤 했다.

     기러기 훨훨 날아간다
     가을 밤 달은 명랑한데
     창공에 높이 짝을 지어
     저어 멀리 날아간다

오대현 선생님은 6 · 25 직후 부역자로 찍혀 총살당했다.

41_ 빛나던 날들

군산동 제3수원지의 눈부신 벚꽃 구름. 동네 야유회였다. 그날 나의 삶은 빛나는 꽃잎과 꽃잎 사이 친척과 이웃들의 꽃피듯 함빡 웃음 담은 눈빛과 눈빛 사이에서 섬세하게 떨리는 티없이 맑고 화사하고 드높은 기쁨에 넘친 한 소절의 노래 같은 것이었다. 맨발에 밟히는 꽃잎의 한없는 부드러움. 내 손을 잡고 있던 영채 형, 그 흰 이마 위에서 살랑거리던 꽃그늘, 여기저기서 터져나오는, 내 사랑하는 사람들의 밝은 웃음 떨기들.

나는 낙원 한복판에 있었다. 짧은 한순간의 찬란한 절정만 남고, 가고 오던 길 모두 까맣게 기억에서 사라져버렸으니 아름다움과 행복은 그 자체로서 완벽하게 고립된 실재인가. 내 생애에도 이처럼 눈부신 순간이 분명 있었음을 생각하니 그다지 실패한 인생이 아닌 듯싶기도 하다.

갓바위에서의 여름날 소풍이 이어 생각난다. 바위 밑 푸른 물 위를 연이어 뛰어오르는 돌고래, 녹음 우거진 호풍이네 과수원의 그 예감에 가득 찬 숲 그늘, 빛나는 태양, 시뻘겋게 타오르는 벽돌섬의 황톳빛, 잔잔한 강물, 아슴푸레 먼 곳 월출산의 푸른 연맥들, 흰 돛단배들.

그날 바위 위에서 웬 낯선 사람이 술에 만취해 병을 깨서 자기 팔을 마구 찌르고 피투성이가 된 채로 뭐라 울부짖고 있었다. 아마 여자 때문이었나 보다. 아무도 돌보는 사람이 없었다. 미친 사람 취급이었다. 그런데 그때 아버지, 입고 있던 흰 와이셔츠를 서슴없이 주욱죽 찢어 그 사람 팔에 감아주고는 어깨를 끌어안고 끝없이 달래시던 아버지의 그날 그 모습, 참 자랑스러웠다.

익살스런 소풍도 있었다.

어느 일요일 아침인데 아버지가 가게 문을 닫으며 느닷없이 이렇게 말씀하시는 거였다.

"오늘 꺼먹바우 놀러가자."

꺼먹바우란 데가 황량한 벌판 한가운데 우뚝 솟은 못생긴 시커먼 바위로, 볼 것이라곤 도무지 없는 곳인데 왜 갑자기 거길 놀러가자는지 알 수 없었다. 일행은 아버지와 나 외에 작은숙부와 재호 삼촌, 성진이 아저씨, 이렇게 다섯 사람이었다.

어머니가 주먹밥 보따리를 건네며 웬일인지 우리 부자 몫과 세 사람 몫을 따로 챙겨주었다. 촉기 빠른 재호 삼촌이 매눈을 반짝.

"요상하네. 으째 따로따로 갈르요?"

내 보기에도 이상했다. 한데 어머니는 아무 말씀 없이 그저 웃기만 했다. 아버지도 덩달아 웃었다. 아무래도 뭔가 수상쩍었다.

좁은 꺼먹바우 위에 다섯 사람이 몽땅 올라가 앉아 이런저런 이야기를 하며 싱겁게 시간을 보내다가 점심을 먹게 되었다. 주먹밥 안에 다진 쇠고기가 들어 있어 아주 맛있게 먹었다. 돌아오는 길에 재호 삼촌,

"하아따, 그놈의 명태 볶은 것 안에 까시가 있어갖고 입천장에 박혀 혼났네, 잉."

내가 엉겁결에,

"내 밥에는 소고기가 들어 있던디!"
"머? 머라고야?"

재호 삼촌 매눈이 화들짝 열리고 잇달아 터져나온 아버지 너털웃음이 한없이 이어졌다. 소풍이 목적이 아니라 장난이 목적이었다. 그 뒤부턴 재호 삼촌, 어머니 얼굴만 보면 외느니 그저 그 무렵의 황금심이 노래 한 구절,

괄세를 마오, 괄세를 마오
괄세를 마알아아요오.

목포상업학교 운동장은 중앙의 그라운드만 빼고는 마치 초원처럼 한없이 넓은 잔디밭으로 유명하다. 꿈에도 잊을 수 없는 그날, 그 일요일 정오. 하늘에는 흰 조개구름이 얇게 깔려 있었고 바람은 산산한 미풍이었다. 인적 없는 푸른 잔디밭에 아버지와 나는 자그마한 이인용 텐트를 쳤다. 몇 미터 앞에 빨간 깃대를 꽂고 나는 거기서 소형 글라이더를 날렸다. 허공을 나는 글라이더의 흰 몸체와 뒷날개의 새빨간 빛깔의 대조가 내 눈에 선연히 남아 있다. 몇 차례고 몇 차례고 날렸다. 비상할 때보다는 푸른 풀 위를 미끄러지듯 살포시 앉는, 착륙할 때의 사뿐한 모습이 더 멋있었다.

아버지는 내게 그날 바람에 대해서, 글라이더의 성질에 대해서, 텐트와 등산에 대해서 여러 가지를 말씀해주셨다. 버너에 밥을 지어 먹고 나서 뺨을 간질이는 미풍 속에 열어젖힌 텐트에 누워 우리는 몇 시간이고 깊은 잠을 잤다.

그때 무슨 꿈을 꾸었을까. 그날은 결코 잊을 수 없는 날, 내가 아버지의 사랑을 확인한, 그것도 화창한 날 드넓은 초원에서 멋진 친교 속에서 확인한, 참으로 행복한 날이었다.

어느 날 노을 무렵이었다. 아버지는 서서 앰프를 수리하고 계셨고 나는 방 문턱에 걸터앉아 빌려온 만화책을 보고 있었다. 그때 커다란 캡을 눌러쓰고 커다란 탱크바지에 낡은 두단추 양복을 위에 걸친 한 늙수그레한 사나이가 문 앞에 와 우뚝 섰다.

"이봐, 맹모!"

아버지가 힐끗 쳐다보더니 얼굴을 잔뜩 찌푸린 채 시선을 그대로 거두어 앰프에 고정시켜버리고 만다.

그 사람은 도대체 누구였을까? 황량한, 황량한 그 늙은 얼굴! 아버지를 수시로 감찰하는 담당형사! 보도연맹 지도 경찰관!

42_ 길

우리집 마당은 신작로.

밤에 길에 나와 앉아 있으면 기이한 생각이 들곤 했다. 왼쪽 저편은 후미끼리, 건널목 너머 무수한 도시의 불빛, 오른쪽 곧게 뻗어간 길은 컴컴한 수돗거리를 지나 일로一老의 새카만 어둠 속으로 사라진다. 내가 앉아 있는 나직한 고갯길은 빛과 어둠의 중간이었다. 그러나 도시의 불빛 그 끝에는 거대한 밤바다가 가로놓여 있고 어두운 일로 저 너머는 사람이 북적대는 반도의 내륙, 또 그 너머는 아득한 대륙이다. 오른쪽을 보고 있으면 늘 뭔가 크고 끈적끈적하고 무서운, 그러나 뜨겁고 원시적인 것이 뭉글뭉글 다가오는 듯한 어두운 예감이 들었고, 왼쪽을 보고 있으면 문화의 얼굴을 가진 섬세하고 세련된, 그래서 내겐 오히려 서먹서먹한, 어떤 눈 결정이나 종이꽃처럼 차갑고 화사한 것이 사각사각거리며 가까이 오는 듯한 생각이 들곤 했다.

빛과 어둠의 양극이 엇섞이는 한 어린 얼굴이 떠오른다. 문화와 야만, 야수와 신성神性의 두 얼굴을 가진 원형적인 이미지가 떠오른다. 그리고 하늘에 별이 가득한 밤의 검은 어둠 사이로 난 외줄기 흰 길. 나의 인생은 이 이미지, 이 흰 길과 연결되어 있다는 생각이 든다. 길은 내 운명이다.

"누니이이이임!"

왼편 시내 쪽 밤길에서 굵고 힘찬 목소리로 외치며 누군가 뛰어오고 있었다. 이백 미터가 넘는 거리인데도 어머니는 곧 알아차렸다.

"오메, 대진아!"

"누니이이임!"

큰 걸음으로 성큼성큼 뛰어와 어머니 앞에 우뚝 서 차려 자세로 거수경례를 붙이는 우람한 사나이, 국방경비대 이등 상사인 대진이 삼촌.

"그 동안 안녕하셨습니까?"

우렁우렁하고 따뜻한 목소리, 후리후리한 키, 굵은 눈썹, 검고 큰 두 눈, 흰 이를 드러내며 그가 거기 기적처럼 서서 웃고 있었다. 작대기 세 개 위에 갈매기 두 개, 푸른 군복 위에 새빨간 계급장이 흐린 불빛을 받아 튀기듯 타고 있었다. 씩씩한 삼촌! 군신軍神의 이미지!

"영일이 많이 컸구나."

순식간에 내 몸은 허공중에 들려 올라갔다. 별 하늘과 불빛들, 검은 산 그림자들이 크게 흔들리는데, 그러나 커다란 바위 위에 선 듯 든든하고 행복했다.

"으짠 일이래?"

"휴가 나왔습니다."

6·25는 내 기억의 체계에선 대진이 삼촌의 이날 밤에서 시작한다. 그는 그 순간 이후 내 인생에서 사라졌다. 영원히! 그러나 삼촌의 추억은 그 뒤 나의 그 기이할 정도로 끈질긴 군인 숭배를 만들어놓았다. 내가 군인 숭배라니!

길. 왼편 길은 내겐 도시의 얼굴이었다. 그 무렵 어느 날 한적한 오후 시내 중심가를 태환 형 손을 붙잡고 걷고 있었다. 형의 키가 엄청나게 커서 자꾸만 올려다보며 발걸음을 빨리하던 생각이 난다. 태환 형은 큰고모 아들인데 목포에서도 이름난 수재요, 미남에 멋쟁이로 목포중학교 학도호국단장이며 농구반 주장이었고, 그때는 성균관대학교 정치학과에 다니고 있었다.

형이 상해식당에서 맛있는 자장면을 사줬다. 자장면을 먹으면서 둘이 나눈 이야기 한 토막.

"성, 이상해라우. 배가 바다로 갈 때 으째서 똑바로 안 가고 빙빙 돌아간다우?"

"하하하, 영일이가 눈이 맵구나. 어디 알아맞혀 봐. 그거 알면 니는 어른이다, 어른. 그것이 인생이라는 것인디, 잉, 하하하."

"인생?"

열 살짜리에게 인생이란 아직 너무 어려웠다. 그러나 산다는 것이 바로 인생이라면, 그것은 퍽 무섭고 슬픈 것이라는 건 조금은 알고 있었다.

그 무렵에 본 〈돌아온 어머니〉라는 영화. 독립운동가인 아버지가 중국으로 망명한 뒤 뼈를 저미는 고생을 하다 마침내 가슴앓이 병을 얻고 그것을 진정시키려다 아편쟁이로 전락하고 마는 어머니. 그 어머니 약값을 벌기 위해 구두닦이로 나서는 내 또래의 소년.

슬펐다. 어머니에게 약을 사다 드린 뒤 아편쟁이가 즐겨 먹는 눈깔사탕을 입에 넣어주는 소년. 한없이 울었다. 드디어 해방이 되고 아버지는 돌아왔지만 어머니는 아편으로부터 돌아오지 못하고 골방에 갇혀 몸부림친다. 산다는 것이 너무도 무서웠다.

그 슬픔과 무서움은 내 유년의 표랑과 겹쳐진 것이지만, 하나 그때 거기에는 거리가 있었다. 그것은 영화였고 문화였으니까. 나는 조마조마한 안도의 숨을 쉬며 살고 있었던 것이다.

길. 시내 중심가의 길은 우리집 앞길이 아니었다. 거기엔 꽃바구니들이 있었고 풍성한 과일가게들, 온갖 상점, 관공서, 예쁜 사슴 그림이 그려진 크레파스며 컴퍼스며 공책 들을 파는 큰 문방구, 모형 기선이나 글라이더 따위를 진열한 과학기구 상점, 그리고 부두엔 진짜 멋진 기선들이 깃발을 펄럭이며 정박해 있었다.

목포극장에서 있었던 예술제의 기억. 번쩍이는 투구에 갑옷을 입은 이순신 장군이 칼을 휘두르면 펑펑 대포 소리가 연이어서 터지고 거북선 아가리에서 붉은 연기가 막 쏟아져나오는 장관. 그러나 그보다 더 예리하게 내 뇌리에 박혀 있는 것은 내 또래 자그마하고 예쁜, 춤추는 계집애들의 화장한 초립둥이 모습과 목포여중생들의 합창이다.

초립둥이 모습은 앙증스럽고 너무 화사해서 나같이 더러운 뻘짱뚱이는 도저히 가까이 갈 수 없는 아득히 먼 세계, 유복한 도시 아이들만의 세계, 학예회 때마다 늘 나를 괴롭혀 온 동경과 열등감이 동시에 일어나는, 그 서먹한 세계.

그러나 목포여중생들의 합창은 그와 전혀 다른 것이었다. 흰 줄무늬가 있는 남색 세일러복의 단정함과 순결함 밑에서 들먹이는 말만 한 처녀들의 그 부푼 젖가슴과 허옇게 살진 종아리의 기괴한 모습 때문에 나는 갈팡질팡하며 숨이 가빴던 것 같다. 장엄한, 하나의 아득하고 낯선, 도무지 어울리지 않는 그 합창이 지금 내 귀에 기이한 느낌을 주며 울려온다.

찬양하라 노래하라 창조자의 영광을
         뻗어나는 새싹들은 쉬지 않고 자란다.

　길. 오른쪽 길의 원시적인 어둠 속에선 그때 무엇이 내게 다가오고 있었을까? 그것은 현실로 오지 않았다. 그것은 꿈으로 다가왔다.
　첫 꿈. 새빨간 노을이 가라앉은 검은 산정리 뒷산에 빠알간 불점의 불연속선이 위아래 두 줄로 끝없이 교차하며 긴급한 무선 전신의 '쓰쓰또또' 소리가 한없이 증폭하면서 이어지는 꿈.
　둘째 꿈. 컴컴한 다릿둑 밑 시커먼 뻘밭에 시뻘건 관을 등에 지고 목에 새끼줄을 걸친 채 온몸이 피투성이가 된 한 사내가 거꾸러졌다 일어섰다 허우적거리며 끝없이 제자리에서 맴돌고 있는 똑같은 꿈을 두 번인지 세 번인지 거듭 꾸었다.
　무섭고 흉측했다. 어른들에게 꿈 이야기를 했더니 모두 픽픽 웃어버렸는데 얼마 안 있어 6·25가 터지고 대살육을 경험한 뒤 큰집 어른 누군가가 그 꿈 이야기를 들먹이며 나더러 말했다.
　"참 이상한 놈이여!"

43_ 우리집

　아버지가 드디어 집을 짓기 시작했다. 우리집, 우리집, 간절한 소원이던 우리집. 평생 그 후로 가져본 적이 없는 단 한 번뿐이었던 우리집.
　왕자회사와 영산강이 환히 내다보이는 산어덩이었다. 방 두 칸, 부엌 두 칸, 기역 자 마루에 동남향으로 아담한 일자 기와집. 마루 뒷벽에 문을 내 바람길을 터서 시원하기 그지없었다. 앞뒤, 양옆으로 낮은 토담을 쳤고 토담 위엔 새끼기와를 얹었다. 앞마당에 흙을 일궈 채마밭을 만들고 상추와 쑥갓, 둥근 양무를 심었다. 채마밭 귀퉁이엔 석류나무와 여자나무를 심고 대발로 집을 지어놓았다. 어머니는 쉴새없이 크고 작은 항아리에 밑반찬이며 젓갈을 마련하셨고, 아버지는 매일같이 올망졸망한 세간을 사 나르셨다. 그리고 또 나를 위해 사 나르셨다.
　아, 그 온갖 화구며 장난감 연장이며 아름다운 그림책들! 화란의 풍차와 튤립과 행주치마 두른 꼬마 아가씨들, 하와이의 푸른 파도타기를 그린 멋진 그림들! 섬세한 날개그물만 남은 수십 종의 꿈결같은 색색의 나비를 끼워둔 사향내 나는 그 채집본들, 수백 종의 식물채집본, 내 키만큼 쌓인 심포니 앨범, 짠짠 바라바라 수동식 영사기, 온갖 등산 장비와 수없는 등산 기념사진첩, 은은한 스탠드 불빛, 흰 레이스 커튼, 오붓한 밥상머리, 편안한 잠자리, 그치지 않는 웃음소리, 행복했다. 나는 드디어 완전히 안정을 찾았고 마침내 세계와 화해했다.

그 무렵 예쁜 작은고모 선본 사건이 기억난다. 상대는 해군 일등 수병이었는데 그날 우리집에서 저녁을 대접하기로 했다. 집 자랑할 의도도 있었던 것 같다. 집에서는 음식 준비를 하고 고모와 나는 초대 연락을 하기 위해 째보선창 옆 해군 삼바시 뒤쪽 다순구미의 높은 산꼭대기에 있는 병영 근처로 갔다. 병영이 보이는 산등성이 한 자그마한 고모 친구 집이었다. 마당의 손바닥만 한 화단 위에 꽃들이 만발해 있고, 낮은 돌담 너머로 푸른 바다, 그 너머 용당반도가 훤히 보이는 곳이었다.

건너편 산 위 병영에서 뛰뛰떼떼 나팔 소리가 울리며 푸른 작업복의 수병들이 이리 뛰고 저리 뛰는 모습이 보였다. 고모와 그 집 주인은 방안에서 연신 까르르 까르르 웃어대며 이야기하고 있었다.

그때 나보다 더 조그마한 한 아이가 뒤꼍에서 나와 내게로 슬슬 다가왔다. 다리를 심하게 절고 있었는데, 허약한 몸, 노오란 얼굴에 두 눈만 새카맣고 번들번들하고 커다란 아이였다. 멈춰서서 나를 한참 노려보더니 대뜸,

"얘!"

서울 말씨였다. 나는 순간 움찔했다.

"얘! 너 바다 밑에서 사는 새 봤니?"

나는 대답 대신 고개만 가로저었다.

"병신! 나는 매일 밤 본다. 밤에 말이야, 저기 저 바다에 하얀 파도가 생기면 말이지, 나와 하늘로 날아간다구. 날개가 새빨갛고, 눈이 새파란 게 세 개가 달리구, 발은 열 개야 열 개! 노오란 발이 열 개!"

나는 가슴에 무언가 어둡고 참혹한 그늘이 스며드는 걸 느끼며 몸을

한 번 부르르 떨었다.

"얘! 너 바다 우는 소리 들어봤니? 바다가 어떻게 우는지 아니?"

나는 몸이 얼어붙기 시작했다. 웃었다. 그애가 순간 헤헤 웃었는데 똑 진구렁 바가지 늙은이 같았다.

"이렇게 울어. 봐! 어허야 어허어야 어와넘차 어허어야."

상여 소리를 내고 있었다. 그러다 느닷없이 소리를 꽥 질렀다.

"바다에 송장이 꽉 들어찼어!"

나는 완전히 질려버렸다. 어떻게 그 집을 나왔는지 모르겠다. 자꾸만 발을 헛디디며 넘어지면서. 지금까지도 그 아이의 어둡고 기괴한 영상이 지워지질 않는다.

그날 노을 무렵, 산정식당 앞 신작로에 나와 기다리고 있던 나는 새하얀 정장을 차려입은 참으로 미끈하게 잘생긴 젊은 수병을 만나 집으로 데려갔다. 어둠이 내리는 그 저녁 그 단란한 식사가 내내 잊히지 않는다. 허나 단란함 때문이 아니다. 이상하게 내려 쌓이기 시작하던 그 운명 같은 그날 땅거미가, 그리고 그 외로운 스탠드 불빛이…….

6·25가 다가오고 있었다.

44_ 방송

그날, 일요일, 나는 외가에 있었다. 외가의 차갑고 시원한 대청마루가 생각난다. 그 마루 위에 여럿이 모여앉아 참외를 깎아 먹고 있었다. 먼 친척 되는 한 젊은 군인이 외출 나와서 놀러와 있었다.

안방에 있는 라디오에서 문득 삼팔선에서 남과 북 사이에 교전이 있었다는 것과 휴가나 외출 나간 군인들은 즉시 본대로 귀대하라는 방송이 흘러나왔다. 친척 군인이 벌떡 일어나 옷깃을 여미고 돌아가겠다며 거수경례를 붙였다. 침묵이 뒤따랐다.

날카롭게 기억되는 것은 그때의 그 차갑고 시원한 대청마루의 시린 감각이다.

6월 25일이었다.

45_개 운동회

개 운동회를 본 적이 있는가?

6월 26일이던가, 27일이던가? 그 화창하던 날, 유달산 아래 한 숲속의 공터에서 보도연맹 주최로 열린 개 운동회를 잊을 수 없다. 개들이 모두 각각 제 번호를 달고 '준비, 탕!' 하면 서로 앞서거니 뒤서거니 트랙을 돌며 달리는 개 운동회를 잊을 수 없다. 본 적 있는가?

모두들 박장대소를 하며, '이겨라! 이겨라!' 응원들을 하며 야단법석을 떨던 화창한, 화창한 그날을 잊을 수 없다.

본능이었을까? 나는 그 요란함 속에서도 아버지의 일거수 일투족을 내내 지켜보고 있었다. 시끄러운 소음 속에서 아버지와 보도연맹 동료들은 한곳에 모여 머리를 맞대고 무엇인가를 내내 수군대고 있었고 왠지 핼쑥하니 심각한 얼굴들이었다.

뉘엿뉘엿 해가 기울고 있었다. 아버지가 시켜준 국밥을 먹으면서 나는 갑자기 운동회가 중지되고 주최측 사람들이 흩어져 어디론가들 바삐 가는 것을 보고 있었다.

"그거 묵고 집에 가거라, 잉."

한마디 남기고 아버지도 어디론가 바삐 가셨다.

아버지! 훗날, 아주 먼 훗날, 아버지는 그 뒷얘기를 들려주셨다.

그날 밤 보도연맹원들은 일제히 예비검속되어 목포경찰서 유치장에 모두 입감되었다. 저 유명한 보도연맹 사건의 시작이다. 그때 검속된 보도연맹원들은 본능적으로 죽음이 임박한 걸 느끼고 있었다고 한다. 목불인견의 아수라장!

그때 한 경찰 간부가 와서 유치장 자물쇠를 덜커덩 따면서 큰소리로 말했다.

"김맹모! 나와!"

그래서 아버지는 살아나셨다.

경찰은 기술자가 필요했고 아버지는 목포 제일의 기술자로 알려져 있었기 때문이다. 기술이 아버지를 살린 것이다. 전기나 기계기술을 신화처럼 숭배하던 시절이다. 그 뒤로도 여러 번 위험한 고비에서 기술이 아버지의 목숨을 살리는 효자 노릇을 다했다.

보도연맹 사건!

그날 밤과 이튿날 새벽, 연맹원들은 모두 엘에스티라는 거대한 해군 수송선에 실려 한 바다에 나아갔다. 둘씩 짝지어 철사로 묶인 채, 무거운 돌을 달아 바다에 밀어넣어졌다. 밤바다에서의 대살육! 아귀지옥이었다는 후문이다.

인공 치하에서 어느 날이던가, 나는 친구들과 영산강가 왕자회사 옆을 지나가다가 둘이 함께 묶인 시체가 갯가에 밀려온 것을 본 적이 있다. 그것은 사람이 아니었다. 물에 퉁퉁 부은 위에 고기들이 파먹어 괴상하게 일그러진, 그야말로 기괴한 물건에 불과했다.

그 물건! 두고두고 잊히지 않던 그 물건이 보도연맹원들의 시체였음을 알게 된 것은, 그러나 훗날 일이다.

"바다에 송장이 꽉 찼어!"

"너 바다 우는 소리 들어봤니?"

"날개가 새빨갛고, 눈이 새파란 게 세 개가 달리구, 발은 열 개야 열 개! 노오란 발이 열 개!"

"밤에 하얀 파도 속에서 기어나와 하늘로 날아가는 바닷새 봤니?"

"못 봤어? 에이, 이 병신! 병신! 병신!"

6·25 직전 해군사령부가 있던 다순구미에서 만난 이상한 서울 아이의 환영이 나를 그토록 괴롭힌 것도 역시 보도연맹 사건의 진상을 알게 된 훗날의 일이었다. 아는 것이 병이었다.

46_ 불빛

그날 밤.

높은 언덕 위에 있던 우리집 토담 너머로 머언 일로의 비녀산 아래 캄캄한 밤 속을 천천히 움직이는 불빛이 있었다. 멈췄다 움직이고 또 멈췄다 천천히 다시 움직이고. 불빛이 음산한 운명처럼 이쪽을 향하여 다가오고 있는 것을 우리는 담 너머로 내내 지켜보고 있었다.

캄캄한 대륙에서, 서울 쪽에서 거대한 파멸이 서서히 다가오고 있었다. 그때는 알 수 없었으나 그것은 분명 내 삶의 지도를 바꾸고 내 생애의 소망과 내면성이 생성될 시간을 역사의 이름 아래 왜곡하고 굴절시킨 파멸의 시작이었다.

누군들 그 파멸로부터 자유로웠겠는가? 한반도에 사는 자, 그 누구도 그로부터 자유로운 자는 없었을 것이다. 불빛은 산에서 내리는 귀신불 같기도 하고 어둠 자체에서 배어 나오는 도깨비불 같기도 했다. 그것은 분명 시퍼런 빛깔이었다.

시퍼런 귀신의 눈! 그것은 멀미 나는 저 표랑의 시절, 부평이었던가 캄캄한 어느 골목 저 먼 끝에서 명멸하던 괴괴한 불빛, 그것이었다.

나는 본능적으로 두려움에 떨고 있었다. 떨면서 불빛을 내내 지켜보고 있었다. 이 두려움을 깨트리고 유년의 장난기로 나를 돌려세운 사람은 재호 삼촌이었다.

"아야, 영일아! 저기 저 솔개산 성교당 聖敎堂에 멋이 있는 줄 아냐? 맛있는 서양 과자에 비단옷에 으리으리한 보석에다 왼갖 장난감이 그득그득이여! 안 갈래? 가지러 안 갈래? 코쟁이들이 지금은 다 도망가고 아무도 없당께!"

나는 끝내 가지 않았다.

그러나 내 마음만은, 내 유년의 장난기 많은 마음만은 재호 삼촌을 따라 솔개산에 올라간 동네 청년들과 함께 갔다.

인공 치하에서 연동 뻘바탕에는 난데없이 울긋불긋한 서양 옷들이 여기저기 나돌아다니고 서양 물건들이며 서양 약품 등속이 이집 저집에 퍼졌으니, 이것들이 모두 그날 밤 재호 삼촌 패거리가 훔쳐온 것들이다.

내가 그 무렵 내내 가지고 놀던 커다란 가죽 망치가 하나 있었다. 이것 역시 그때 물건으로, 소증 솟은 재호 삼촌이 어느 날 푹 삶아 도가니를 만들어서 초고추장에 뚝뚝 찍어먹은 사건이 일어날 때까지는 내내 가지고 놀던 누우런 가죽 망치였다.

47_ 만세

인민군 들어오기 바로 전날 저녁이다. 연동 산정식당 앞 신작로를 흙먼지 가득 일으키며 일로 쪽으로 달려가는 해군 스리쿼터 한 대가 있었다. 기관포를 앞세우고 선글라스를 낀 푸른 작업복의 수병들이 멋진 폼으로 내달리고 있었다. 시위였다.

그런데 내 친구 병헌이가 이 감격적인 시위에 그야말로 크게 감격하여 난데없이 두 손을 번쩍 치켜들고 만세를 불렀다.

"대한민국 해군 만세에!"

우스운 일이다. 왜냐하면 바로 그 다음날 오후에 인민군들이 산포山砲와 야포野砲를 앞세우고 진주할 때도 병헌이는 똑같은 몸짓으로 "인민군 만세에!"를 연거퍼 크게 불렀으니 말이다.

슬픈 일이다. 왜냐하면 6·25 전쟁 삼 년 내내 국군과 인민군이 번갈아 진주할 때마다 이 만세 저 만세를 영악스럽게 갈라 부르다가 깜빡 착각하여 만세를 거꾸로 불러 즉석에서 총 맞아 죽은 사람이 부지기수였으니 말이다.

민중! 이런 사람들이 다름 아닌 민중이었으니 참으로 우습고도 슬픈 일이다. 지식인 나부랭이들 어느 누가 무어라 게거품 물고 떠들더라도 전쟁은 민중을 위한 것이 결코 아니며, 민중의 삶을 말할 수 없이 황폐화시키는, 바로 민중의 원수였던 것이다.

48_ 깃발

인민군 들어오던 날 아침 연동에서다.

나는 친구들과 함께 다릿둑이 보이는 신작로에 나가 있었다. 누군가 내 옆구리를 쿡 찌르며 "느그 아부지 온다" 했다.

바라보니 목포 시내 방향의 길 저쪽에서 흰 와이셔츠에 검은 바지를 차려입은 아버지가 동네 청년들로 하여금 거대한 깃발을 네 귀퉁이에서 각각 붙들게 하고 우리들 앞을 지나 또닥또닥 일로 쪽으로 다릿둑을 넘어 행진해가고 있었다.

누군가 그 큰 깃발을 두고 "저것이 멋이라냐?" 했다.

또 누군가가 의기양양해서 "저것이 인공기란 것이여!" 했다.

그래, 그것이 인공기人共旗였다.

처음 보는 인공기!

푸르고 붉고 별 하나에 줄 두 개. 내 눈엔 태극기도 복잡했지만 인공기는 더 복잡해 보였다. 무슨 뜻일까?

흰 와이셔츠에 검은 바지를 차려입은 아버지의 모습이 저만치 멀어져가고 있었다. 생소한, 평소엔 보지 못하던 아버지의 모습. 얼굴도 달리 보였다. 그 이상한 느낌. 무엇을 뜻하는 것일까?

조금 있다 하늘에 비행기가 한 대 나타났다. 정찰기였다. 천천히 날고 있었다. 기총 소사도 폭격도 하지 않았다. 무엇을 하는 것일까?

정찰기가 사라지자 이윽고 다릿둑 너머로 사이드카, 그래, 나중에야 알게 되었지만, 그때 그 이상하게 생긴 사이드카가 역시 이상한 복장을 한 인민군을 싣고 들어오기 시작했다. 노란색과 갈색 중간의 초록색 군복 위에 시뻘겋고 샛노란 계급장을 단 인민군들이 뒤를 이어 계속 행진해 들어오고 있었다. 이름을 알 수 없는 별의별 무기가 다 있었는데 그 중에도 제일 이상한 것이 납작하고 짤막한 포신을 가진 산포, 산포가 제일 우스웠다. 저렇게 짧은 포신을 가지고 어떻게 포탄을 멀리 날려 보낼 수 있을까? 나의 의문은 끝이 없었다.

더욱 이상한 것은 소와 말, 달구지와 마차 등으로 이루어진 군대 행렬이었다. 당시의 전쟁을 모르는 내겐 군대 같질 않고 똑 무슨 산적 떼 같은 느낌이었다. 만화에서 보던, 번쩍번쩍하는 금속으로 가득 찬 미국 군대와는 아주 달랐다. 그 중에도 가장 이상했던 것은 웬 텁석부리 군인 하나가 인공기를 망토처럼 등에 휘감고 말을 탄 채 행진하는 것이었다. 깃발을 등에 휘감고 다닌다? 무슨 뜻일까?

나는 친구들과 함께 인민군 행렬을 조금씩 조금씩 뒤따라가다 결국엔 목포 시내까지 들어가고 말았다.

목포경찰서 앞. 한 인민군이 따콩총을 들고 지키고 섰는데 나이가 열대여섯 살쯤 될까? 자그마한 키에 보송보송 어린 얼굴로 키 큰 따콩총을 앞에 들고 땀을 뻘뻘 흘리고 있다가 구경꾼들이 좁혀 들어오자 총부리를 겨누며 소리를 꽥 질렀다.

"야! 이 간나새끼들! 저리 가지 못하간?"

따콩!

드디어 공포까지 쏘았다.

따콩!

또 쏘았다.

나와 친구들은 총바람에 그만 혼비백산해서 달아나 연동으로 내처 돌아오고 말았다. 총까지 쏘다니 무슨 까닭이었을까?

그날 저녁, '호줏기'라 불리던 제트기 편대가 날아와 목포역과 선창, 미창 창고와 기관고에 대대적인 기총 소사를 해댔다.

연동 사람들은 모두들 집에서 나와 뻘바탕에 가 엎드렸고 어머니와 나도 그곳에 가 엎드렸는데, 엎드려서 치어다보니 아버지가 우리집이 있는 목포 시내 방향의 흙언덕 높은 곳에 올라가 두 손을 옆구리에 짚고 서서 비행기들을 쳐다보고 있었다. 무슨 철학자나 과학자 같았다. 무엇을 생각하는 것일까?

뚜렷이 기억에 떠오르는 것은 저 유명한 기본 중의 기본 출신인 '뚜갱이'가 아버지 주변을 위성처럼 빙빙 돌며 호위하던 모습이다. 두 사람은 노을을 받으며 내내 거기 서 있다가 태양과 함께 내 눈에서 사라졌다.

사라졌다!

그 뒤 한참 동안 나는 아버지를 보지 못했다. 어딘가 다녀오신 게 분명했다. 어딜까?

그날 그리고 뒤이어 그 며칠 동안 모든 것이 의문투성이였다. 그저 바라만 보고 하라는 대로 따라만 하는 날들이 시작되었다. 머언 산정리 검은 산 그림자 위를 붉고 푸른 불빛들이 탄환처럼 불연속적으로 지나가며 '쓰쓰 또또 쓰쓰또또' 신호음을 내고 시커먼 다릿둑 밑에서 시뻘건 관을 지고 웬 남자가 피투성이로 거꾸러졌다 일어섰다 하며 그 자리에서 허우적거리는 환영이 꿈인지 생시인지 분간 안 되는 중에 거듭거듭 내 시야에 출몰하던 날들이었다.

49_ 유희

많은 사람이 잡혀갔다. 솔개재 오동나무 거리 교화소는 반동분자로 가득 찼다. 연동 뻘바탕 가난뱅이 동네에서는 잡혀간 사람이 많이는 없었지만 내 주변엔 변화의 바람이 불었다.

문태 숙부가 반동부화분자反動浮化分子, 즉 인민을 괴롭히는 깡패로 몰려 잡혀가 오동나무 거리에 갇혔고, 외할아버지와 큰외삼촌이 반동으로 몰릴까 두려워 영산강가 부춧머리로 피신했다. 그리고 목포중학교 학도호국단장을 하던 큰고모의 아들 태환 형이 무안 시골로 깊이 몸을 감췄다.

여기저기서 인민재판이 시작되었고 돌과 죽창으로 사람을 때려죽이고 찔러죽이는 증오와 원한의 피투성이 보복이 되풀이되었다.

밤낮으로 폭격이었다. 고무공장이었던 영산강가의 거대한 왕자회사를 폭격하기 위해 산정 동쪽에서부터 저공 비행해 야차 같은 굉음과 함께 넘어오는 폭격기 바람에 머리가 날아가버릴 듯한 충격을 몇 차례 받은 뒤로는 으레껏 저공 비행하는 비행기의 조종석까지 훔쳐볼 정도로 나는 담대해졌는데, 그때마다 친가와 외가 사람들의 태도에 웃음이 나오곤 했다.

어머니와 이모들은 비행기만 나타났다 하면 대낮에도 구석에 포개둔 이불 속에 머리만 틀어박고 온몸을 훤히 드러낸 채로 덜덜덜 떠는 모양이 똑 꿩 같았고, 큰집에선 반대로 옥삼이 할아버지가 마당까지 일부러 나와 비행기를 쳐다보며 마치 비행기 조종사가 들을 수 있기라도 하듯이 주먹을 휘두르며 "쾅쾅 때려부셔라! 쾅쾅 때려부셔라!" 소리소리 지르셨다. 사랑하는 문태 숙부가 잡혀가 숱하게 고생하고 있었기 때문이다.

폭격이 있는 날 밤의 그 환하고 찬란한 밤하늘. 그리고 그 빛 속의 찬란한 유희! 수십 개의 조명탄이 떠 있는 밤의 오로라 속에서 우리는, 그렇다! 중학교 1, 2학년에서 초등학교 3, 4학년까지 연동 뻘바탕의 '아그들' 패거리, 그러니까 우리 대장 만열이의 이름을 따 '만열네'로 불리던 열 명 안팎의 악동들(?), 바로 그 우리가 그 빛 바람에 왕자회사 그 큰 공장 건물 안에까지 들어가 둥그렇게 앉아서 위태위태한 시국회의까지 개최했었으니……. 그 회의에선 쉬쉬하며 보안을 당부하면서도 실제로는 노골적으로 반동적인 발언에서 친공적인 발언까지 서슴없이 했었으니……. 우리 자신의 눈으로 보건대 트릿하면 트릿하다, 좋으면 좋다고 우리 스타일의 인민재판을 서슴없이 해댔으니……. 가히 유희삼매遊戱三昧였다!

훗날 질 들뢰즈를 읽으며, 역사에서 시작되고 역사로 돌아갈 운명이지만, 그 자체로서는 역사가 아니고 역사와는 반대되기조차 한 민중의 카오스적 내면성과 삶의 소망으로서의 생성에 대해 말할 때, 또 해월 최시형 선생의 '향아설위' 법설을 감옥 안에서 읽으며, 근본적인 자기회귀적 시간관에 관해서 생각하면서 탈춤과 시나위판의 열두 거리, 그 율리시스적 시간을 떠올렸을 때, 그리고 미셸 세르의 비선적非線的, 역류적逆流的 시간에 관해 읽을 때, 그때마다 내 가슴에 꽉 차오르던 눈물이 애당초 바로 이때의 그 유희삼매에 선을 대고 있음을 이제 깨닫는다. 이 유희삼매의 반대편에 또한 한 소년의 역사가 버티고 서 있으니 바로 학교와 소년단이 그것이었다.

50_ 학교

하늘에서는 미군 비행기가 설쳐댔고 땅에서도 나무 그늘에서는 인민군이 깝쳤다.

우리 학교는 인민군에게 점령되었으나 교실 안엔 인민군이 없었고 인민군과 차량들은 모두 나무 그늘에서 쉬고 있었고 숲 그늘에서 잠잤다.

학교에 나가면 친공적 교사들의 지휘·통솔하에 학교 운동장을 빙빙 돌며 행군하는 것이 다였다. 그때마다 노래를 불렀는데 기억나는 것은 "장백산 줄기줄기 피 어린 자욱" 하는 김일성 노래와 학교 교사 정면에 붙여놓은 거대한 김일성 초상과 스탈린 초상이다. 새파랗게 젊은 김일성을 원수님이라 부르는 것도 이상했지만 코쟁이 스탈린을 대원수님이라고 부르라 하는 건 더욱 이상했다.

교사 안엔 들어갈 수가 없었고 운동장 이외엔 못 가게 했다. 나의 소감엔 간 지 오래되었지만, 참으로 이상한 것은 왠지 신이 나서 '만열네' 패거리와 돌아다니느라 외롭고 서러운 일이 별로 없었다는 점이다. 가난하고 외로운 사람들, 아이들과 불행한 이들에겐 전쟁이나 천재지변이 기이하게도 축제처럼 다가오는 이유를 지금도 모르겠다.

가끔 오대현 선생님의 모습이 잠깐 보이기도 했고 우리 학교의 유명한 공산주의자인 박선생이 땀을 닦으며 교장실로 바삐 들어가는 것을 몇 번 보았을 뿐이다.

기억에 생생히 남는 학교의 모습은 인민군이 누워 잠든 그 큰 나무 그늘들뿐이다. 말없는, 그러나 할말이 많을 듯한, 그리고 우리들 애갱치들의 저 가공할 부역 사실을 모두 다 환히 알고 있을, 그래서 언제든 우리를 목조를 수 있는…… 허허허.

51_ 소년단

자주 끼지는 않았다.

그러나 나는 아버지 덕택에 명목상으로는 소년단 간부였다. 공습이 있어 등화 관제로 캄캄한 어느 날 밤, 나는 소년단 사무실에 아이들 여럿과 함께 있었다.

연동에서 가장 미남이고 로맨티스트로 소문나 있던 영진 형이 한 갓난쟁이를 무릎에 올려놓고 캄캄한 중에 이야기를 하고 있었다.

하나는 적 앞에서 끝까지 조국에 대한 충성을 지키기 위해 제 팔을 불에 태우는 한 군인의 애국심 이야기였고, 다른 하나는 화란의 한 소년이 저지대의 제방에 바닷물이 새어 들어오는 것을 막기 위해 제 손가락과 손과 팔이 다 못쓰게 될 때까지 분투·노력하는 눈물나는 이웃사랑 이야기였다.

밖에서는 훤한 조명탄 불빛 속에서 폭격음이 연거퍼 들려왔고 캄캄한 소년단실 안에서는 어린 마음속에 국가란 무엇이며 사회란 무엇인가에 대한 초발심初發心, 그렇다, 초발심을 자극하는 선전宣傳이 진행되고 있었다.

나는 그 말 잘하는 멋쟁이 영진 형을 생각할 때마다 한 포스터를 떠올린다. 흰눈 쌓인 높은 산맥을 배경으로 푸른 스즈키 작업복을 입은 젊은 남녀가 손을 잡은 채 먼 미래를 미소 띤 채 바라다보는 공산주의 포스터다. 그 무렵 만화 같은 숱한 포스터들, 〈타도하자 미제!〉 같은 엉성한 선전물들 홍수 속에서 그런 수준 높은 포스터가 있었던 것이 희한하다. 그 포스터의 낭만성, 특히 그 배경의 흰눈 쌓인 산맥의 모습과 젊은 남녀의 사랑이 영진 형의 기억과 연결되고 또 훗날 산악 게릴라들의 이미지와 연결되는 것도, 생각해보니 모두 다 저 캄캄한 공습의 밤에 들었던 애국심과 사회사랑에 관한 이야기와 그로 인해 촉발된 어린 가슴속의 초발심 때문인 듯하다.

  6·25 이전의 남한의 포스터들, 〈파쇼를 몰아내자!〉나 〈너는 조국을 위해 무엇을 하였는가?〉도 좋은 포스터들이었지만, 그러나 이 포스터처럼 정치적으로 로맨틱한 것은 없었다. 어린 눈에는 바로 이런 것들이 어떤 의미에서는 양식糧食이 되기도 하는 것이다.

52_ 인민군

나는 시간에 대해서, 역사와 구별되는 생성에 대해서, 민중의 내면성과 소망의 카오스적 시간에 대해서 내 생각을 말한 바 있다. 그런데 또 한 가지 내 기억 속에, 민중과 역사, 즉 살아 있는 민중의 소망과 공산주의가 첨예하게 대립하는 한 사건이 내 기억 속에 그야말로 시커먼 카오스처럼 크게, 깊게 자리잡고 있다.

인민군들은 그때 길을 지키고 있었다. 수송로로서도, 행군로로서도 길은 중요한 자본이요, 시설이니까. 구멍가게나 사탕집 안에 둘씩 짝지어 앉아서 길을 지키며 우리 같은 애들에게 이야기도 해주고 노래도 가르쳐주곤 하였다. 스물 전후의 까까머리 인민군들은 엄격한 군율 탓인지, 철저한 교육 탓인지 소위 인민이요, 민중인 우리에게 따뜻했고 폐를 끼치지 않았다. 하긴 죽은 국군이나 미군의 송장에서 빼앗아온 시계를 네다섯씩 팔목에 차고 다니는 희극을 연출하고 말투와 행동 역시 낯설고 노래란 것도 대개 러시아 것이었지만.

국경을 지키는 용사
카츄샤와 좋아해……

카츄샤 가는 높은 언덕길에

노랫소리 좋아해……

　　　사과꽃이 만발하게 피는……

　이 노래는 아마도 우리 나이 또래 사람들은 거의 다 기억할 만큼 6·25 이후 널리 퍼졌었고 아름다운 민요로 기억돼 있을 것이다.
　그런데 그날! 공습이 있었고, 비행기들은 터진목 너머 지금의 통운미창, 즉 쌀창고를 때리고 있었다.
　사람들이, 그렇다! 인민들이, 하나둘씩 길에 나오기 시작했다. 웬일일까? 누구 지휘도, 선구도 없이 그저 자연발생적으로 꾸역꾸역 몰려나와 일제히 터진목 너머 쌀창고로 가기 시작했다.
　사과꽃이 만발한 높은 언덕, 국경을 지키는 카츄샤의 연인인 인민군 병사들은 따콩총을 겨누고 위협하며 소리소리 질렀다.
　"쌍 간나들! 집으로 돌아가지 못하간!"
　소용없는 일이었다.
　인민들은 비행기의 쉼없는 폭격, 폭발, 불꽃과 연기 속에서도 아랑곳하지 않고 미창에서 쌀가마를 끌어내 남녀노소 할 것 없이 한 가마씩 지고 이고 끌고 낑낑거리며 사력을 다해 집을 향해서 내뺐던 것이다. 폭격도 죽음도 따콩총도, 그 어느 것도 쌀 앞에서는 무서울 것이 없었다.
　인민군들이 드디어 따콩총을 쏘기 시작했다. 물론 공포였지만 인민군의 총은 분명 인민을 향해 있었다. 그것은 무엇을 의미할까? 그 총부리가 겨누어진 방향에 우리 가족도, 나도 있었다.

마르크스주의자들의 말처럼 그것은 그저 룸펜 프로의 폭동일 뿐인가? 그래서 룸펜 프로는 혁명과 무관한 것인가? 그뿐인가? 지금 몇 해째 북한에서 일어나고 있는 일들은 무엇인가? 그것도 룸펜 프로의 무질서한 폭동일 뿐인가?

러시아에서, 동구라파에서 진행된 역사, 그 찬란한 공산주의 혁명의 역사와 카오스 같은 내면성의 소망의 생성과 막을 길 없는 갈증으로 인한 인민의 반역 사이의 시간이 뜻하는 것은 무엇인가?

인민을 향해 총부리를 겨눈 인민군. 공산주의자를 아버지로 두고 나 자신이 소년단 간부이면서도 이 사건은 나의 감성 안에서 내 가족, 이웃, 인민, 민중, 그 가난한 연동 뻘바탕의 삶 자체와 인민군 사이에 놓인 커다란 거리를 인식시켰다. 물론 폭격기와 우리의 거리 역시 거리라기보다 삶과 죽음의 문제였지만.

그래, 그 무렵 '만열네' 패거리에서는 이 쌀 사건이 흥분과 토론의 주제였던 것이 날카롭게 내 기억 위에 떠오른다. 우리들 얘기를 다 들었을 연동의 붉은 어른들도 아무 말이 없었다. 연동은 그런 동네였다. 중력과 은총의 관계를, 천민과 성자의 관계를 탁월하게 분석한 시몬 베유의 깊은 시각 정도가 아니면 연동 뻘바탕은 절대로 이해 못 한다. 하물며 책 몇 권으로 공산주의자가 된 자칭 진보적 지식인 따위가 뭘?

53_ 영채 형

나를 사랑했고 내가 사랑했던 아름다운 사람 영채 형.

나는 영채 형의 흰 이마와 꿈꾸는 듯한 검고 깊은 눈동자, 그리고 그 그늘져 서글한 목소리와 미소를 사랑했다. 우리집 바로 윗집 사는 승철이 외삼촌인데 목수였다.

나에게 나뭇결의 신비로운 아름다움을 깨우쳐준 이도, 나무 중에서도 제일 귀한 데는 뿌리이며, 뿌리를 재목으로 만든 목공예품이 가장 품위 있고 향기롭고 귀중하다는 것도, 나무는 죽어서도 생성을 계속한다는 것까지도, 이 모든 비밀을 가르쳐준 이가 바로 영채 형이다.

영채 형은 한때, 우리가 참으로 행복했던 때 군산동 제3수원지 벚꽃동산에 놀러 갔을 때에도 내 손을 붙잡고 일일이 벚나무의 종류와, 이제는 다 잊었지만, 그 생리들을 가르쳐주었다.

그 형은 달이 떴을 때는 윗집에서, 자기 목수 방에서 살며시 내려와 나를 데리고 뻘바탕에 있는 원둑 내수면으로 물에 비친 달구경을 갔고, 문저리철에는 왕자회사 앞 수로에 데리고 가 낚시를 가르쳤다. 뻘바탕에서 갯당근을 뽑아 갯물에 씻어 씹어먹으며 형이 내게 한 말이 있다.

"영일아, 니는 커서 멋이 될라냐?"

"나는, 나는…… 저……."

"니는 멋이 될라는 생각은 하지 마라."

"으째서라우?"

"좋은 사람이 되겠다는 생각만 해!"

"좋은 사람?"

"그래, 그것이 제일이여!"

영채 형은 공산주의자는 아니었다. 그러나 옆에서들 자꾸 떠밀어서 연동 민청 간부가 됐다.

그리고 기억난다.

그날, 국군 수복 후 형사와 방첩대원이 우리집을 덮쳤을 때 우리집 구석방 부엌 아궁이에 숨어 있다 잡혀간 뒤 이 지상에서 떠났다. 강제로 국군에 징집당해 전선에 나갔다가 총에 맞아 떠났다. 영원히 떠났다. 그 아름다운 젊은 사람이 참으로 허망하게 이 세상을 떠나버리고 말았다.

최근 일본에 세 번 가서 세 번이나 만난 한 아름다운 청년이 있다. 교토의 해맑은 크리스천 청년 다카하시 다다시高橋正! 혹시 영채 형의 부활 아닐까? 그렇게 쏙 빼닮았다. 내게 주문하는 내용도 비슷했으니 이상하고 이상한 일이다.

54_ 뚜갱이

6·25 하면 유난히 짙게 기억되는 이가 바로 '뚜갱이'다. 성도 이름도 없이 그저 뚜갱이였다. 참으로 기본 중의 기본계급 출신이다. 공산주의자가 되기 전까지 그저 종에 불과했다. 동네 종! 동네 머슴!

대한민국에서 가장 가난하고 천대받은 곳이 전라남도, 그 중에서도 가장 가난하고 천대받은 곳이 목포, 그 중에서도 가장 가난하고 천대받은 곳이 연동, 연동 중에서도 뻘바탕, 뻘바탕 사람 중에서도 가장가장 가난하고 제일제일 천대받은 사람이 바로 뚜갱이였다.

낳아놓기만 하고 버리고 달아나 부모도 없고 피붙이조차 일절 없는 뚜갱이. 친구도, 어울리는 친구 한 사람도 없는 동네 머슴 뚜갱이.

그 뚜갱이에게 의식과 자존심을 넣어준 아버지에게 지금 이 글을 쓰면서 무한한 박수를 보낸다. 박수라니 좀 건방지지만 아버지의 착안과 결심이 놀라워서다.

그 뚜갱이는 당과 조직, 아버지가 시키는 일이라면 그야말로 물불을 가리지 않았고 밤낮없이 헐레벌떡 뛰어 돌아다니면서도 늘 벌쭉벌쭉 만족스런 웃음을 웃었다.

기억난다. 뚜갱이가 비행기에서 살포하는 선전 삐라를 일일이 주우러 다니면서, 남의 집 안채에까지 그억그억 들어가 삐라를 찾아내 빼앗아 오면서 꼬박꼬박 한 말이 있다고 한다.

"살기 좋은 세상 만들라고 이라요."

살기 좋은 세상!

그렇다. 저 혼자 복수심을 채우거나 자존심을 살리고 프롤레타리아 우선주의에 빠져서가 아니라는 뜻이다.

그저 건성으로 지나칠 수 있는 이 이야기를 가만히 두번 세번 되풀이하여 곱씹어보면 결국은 또다시 시몬 베유에 가닿는다.

"천민賤民이 가장 성자聖者답다."

그 뚜갱이도 국군 수복 때 월출산 입산에도 끼지 못한 채 경찰에게 총살당해 죽었다. 그것으로 끝이다. 그 뒤 뚜갱이를 기억하는 사람은 아무도 없었고, 아버지조차도 그를 기억하지 않았다.

그런데 왜 내가 그를 유난히 기억할까? 그는 대진이 삼촌 이래 두번째로 나를 무등 태워준 사람이기 때문이고, 아무런 사설이나 가식 없이 그저 은인의 아들로서, 동네 동생으로서 사랑스런 마음 하나로 만날 때마다 무등을 태워주었기 때문일 것이다.

무등!

내가 군신의 이미지 같은 국방경비대 대진이 삼촌을 기억하듯이 그 천민 공산주의자 뚜갱이를 기억하는 것이 바로 무등 때문이라면 어린이가 생각하는 사랑에서 무등이란 무엇일까?

한 걸음 더 나아가자. '어린 사상', 좌우를 함께 넘어서려는 새 사상의 유년에서 무등, 스킨십의 일종이라 할 수 있는 그 무등은 대체 무엇일까? 참으로 무슨 관계를 갖는 것일까?

55_ 서만열

동네 아이들 총대장 서만열.

그는 그 무렵 중학교 2학년이었다. 여위고 가냘픈 몸매에 눈초리만 날카로웠다. 저보다 어린 애들은 물론 동갑쟁이나 손위의 큰애들도 졸졸졸 따르는 그야말로 타고난 '보스'였다.

소년단에서 데려가기엔 너무 크고 민청에서 불러가기엔 너무 어렸다. 그래서 그는 초보적인 공산당 교육이나 애국적인 민족교육에서 자유로웠던 것 같다. 그의 판단은 그야말로 자유, 그것이었다. 그리고 그 자유의 배후에는 그의 사람됨에서 흘러나오는 어떤 신비스러움이 있었다. 그것이 무엇인지 지금도 잘 알 수 없다.

잘난 것도 아닌데 사람을 홀리는 데가 있었다. 억압적인 데는 전혀 없었고 그렇다고 방만한 것도 아닌, 그 나름의 통제력이 있어서 아이들은 제 스스로 자신의 속이야기를 찾아가 다 꺼내놓았고 무슨 일이 생기면 모조리 보고하곤 했다. 그렇다고 쉽사리 이래라 저래라 명령하는 것도 아니었다. 중요하다고 생각되는 사안은 반드시 전체 회의에 부쳤다. 모두들 빠짐없이 실컷 제 의견을 털어놓게 한 뒤에 맨 마지막에 가서 자기 소견을 나지막하게 들릴락말락, 연약한 목소리로 남의 이야기하듯, 때로는 속담을 들춰가며 핵심적인 몇 마디를 할 뿐이었다. 그런데도 아이들은 그것으로 의견의 통일을 보곤 했고 그 뒤에 전혀 불만이 없었으니 참으로 전원일치, 만장일치였다.

직접 민주주의, 전원일치, 만장일치!

훗날 '상고사'를 읽거나 화백和白에 대해 묵상하면서 서만열의 영상을 떠올린 것을 나는 결코 우연이라 보지 않는다. 서만열이 그때 이미 화백을 알고 있었다는 말이 아니라, 영리하고 현명한 고대인들과 같이 지금도 그러한 사람, 그것도 기존의 대의민주주의에 오염되지 않은 사람이라면 화백에 저도 몰래 접근하는 것은 본능적 정치의식의 자연스러운 과정이 아닐까 생각한다는 뜻이다.

그러나 화백 비슷하던 우리들의 그 발랄한 분위기가 병정놀음의 형태로 변질한 것은 국군, 즉 해병대 상륙 이후의 일이었다.

왜 그랬을까?

서만열은 떠받쳐져 대장이 되었지만 실제로 아이들에게 명령을 내리고 통제한 아이는, 지금은 그 이름을 잊어버린 덩치 큰 두 아이였다. 군대와 똑같은 계급장을 만들고 대나무와 송판 등속으로 소총과 기관총을 만들어 가지고 놀았으며, 그때 많이 쏟아진 '무시고무'로 새총 줄을 만들어 '새총부대' 놀이도 했던 것인데, 다른 동네 애들과 서로 쏘아대며 언덕 위의 텅 빈 우리집을 본부로 하고 주로 밤에 모여 군대놀음을 하였고 우리집 채마밭에 있던 여자막, 나무로 얽은 넝쿨집을 영창으로 정해놓고서 규칙을 어긴 아이는 하룻밤쯤 가두어두기도 하는…… 보초도 서는…… 그런 식의…….

왜 그랬을까?

모방! 연약하나 지혜로운 자유를 버리고 전쟁을, 군인을, 그 강하고 딱딱한 곤충적인 소경동맹을 모방했던 것이다. 실제로 그때부터 서만열은 모임에 잘 나타나지 않았다.

그 무렵 만열에 관한 마지막 기억은 성자동이다. 시뻘건 흙벼랑 중간에 시뻘건 어린아이 시체가 하나 눕혀 있었다. 시뻘겠다. 피투성이였다. 쳐다보기만 하고 아무도 어찌하려 하지 않았는데 만열이 비탈을 오르기 시작했다. 그의 왼손엔 어디서 구했는지 가마니 조각이 쥐어져 있었다. 만열은 그 아기 시체를 가마니에 싸서 가지고 내려왔고 우리는 그것을 조금 떨어진 하당리 붉은 황토흙에 묻어주었다. 만열은 주머니칼로 조그마한 비목碑木을 깎아 무덤 앞에 꽂아놓는 걸 잊지 않았다.

한 귀여운 아기의 무덤!

돌아오는 길. 해는 이미 지고 별들이 돋아오는 짙푸른 초저녁 하늘 아래 황톳길을 말없이 이상한 감회와 어떤 공포 비슷한 외로움을 느끼며 걷고 있을 때, 뒤쪽에서 만열의 나직한 노랫소리가 들려왔다.

가을 밤 외로운 밤

벌레 우는 밤

초가집 뒷산길

어두워질 때

엄마 품이 그리워

눈물 나오면

마루 끝에 나앉아서

별만 셉니다.

내가 길고 긴 옥살이에서 풀려난 1980년 이후 첫봄, 그러니까 1981년 봄 어느 날 불쑥 그 서만열이 강원도 원주집으로 나를 찾아왔다. 생활에 찌든 검은 얼굴에서 이미 '아우라'는 떠나고 없고 경련하듯 엷은 미소 한 가닥만이 움직이고 있었다. 많은 이야기를 나눴고 여러 차례 만나 술도 마셨지만 지금은 아무것도 기억나지 않는다. 오로지 전쟁 전후한 그 시기의 기억만이, 그 서만열의 나긋나긋한 이미지와 겹쳐지는 유사類似 화백의 장면들, 또 그 슬픈 노래만이 남아 내 마음에 어떤 의미심장한 울림을 울리며 '에코'하고 있다.

비록 나는 그 무렵에 군인 흉내와 전쟁놀이에 열중했지만 만열과 관련된 그 부드럽고 지혜로운 기억들은 이제와서야 비로소 생생한 색채로 되살아나고 있으니, 그리고 계속 마음의 허공에 '에코'하고 있으니 알 수 없는 일이다.

56_부춧머리

요즈음은 라디오가 식은 밥이다. 그러나 그 무렵 라디오는 신기神器였다. 어느 날 저녁 무렵 소리없이 돌아오신 아버지는 아무 말씀도 없이 그날부터 라디오 청취에만 몰두하셨다.

단파 라디오. 미국에서 발신하는 '한국의 소리' 방송이나 기타 한국어 방송을 통해 미국과 동아시아 전체의 뉴스를 거의 다 들을 수 있었으니, 아버지의 거동이 이상한 것일 수밖에 없었다. 자기 세상이 왔는데, 천지가 빨개졌는데 일절 시내 출입이나 동네 출입을 삼가고 집에만 칩거했으니 이상한 일일 수밖에 없었다.

훗날, 아주 아득한 훗날 알게 된 것이지만 당시 목포시당의 당성 심사위원이라는 서슬 푸른 지위에 있던 로선생에게 부탁해서 정세 파악 임무라는 명분으로 현장의 일에서 떠나게 되었다는 것인데, 과연 그런 판단을 내리고 로선생에게 칩거를 허용하도록 부탁할 만한 어떤 사건이 있었던 것일까? 그러나 그것에 대해서 아버지는 끝끝내 함구령이었다.

언덕 위 우리집의 여름날들. 아버지는 항상 집에 계셨고 간혹 시당이나 연동, 그러니까 북부 지구당 간부들이나 인민군 장교들이 찾아오곤 했다.

한번은 이런 일이 있었다. 하당리와 일로면 근처 과수원을 관리하는 인민군 장교 한 사람이 아주 복잡하게 고장난 라디오를 고쳐갔다. 그러고는 그 뒤 어느 날 라디오 수선비로 달랑 배 두 개를 가져온 적이 있다.

물론 그 중 하나는 내가 먹었는데 그때 아버지는 왈,

"그 사람 군대 나오기 전에 염전에서 일했을 것이다."

밤낮으로 공습이 심해졌다. 그냥 눈치지만 아버지의 단파 라디오 뉴스가 심상치 않은가 보았다. 아마도 전쟁이 불리해진다는 뉴스를 늘 듣고 계셨던 것 같다. 하루는 어머니더러 외가가 피해 가 있는 부줏머리로 날 데리고 피난하라는 말씀을 했다. 이유는 앞으로 공습이 더 심해진다는 것.

어머니와 나는 바로 그날 저녁 무렵 차남수 방죽과 일로를 지나 갓바위 호풍이네 과수원길을 지나가게 되었다.

노을 무렵의 과수원 숲길. 붉은 햇살에 빛나는 짙푸른 나뭇잎새들의, 그 이 세상 빛깔 같지 않은 기이한, 기이한 그늘! 그리고 그 아래 짙어지는 황톳길의 우중충한 흙빛깔! 집으로 돌아가며 우짖는 새들과 갓바위 바로 밑 물 위로 뛰어오르는 돌고래 떼 위에서 번뜩이는 저녁햇살. 멀리 벽돌섬 붉은 기슭 너머로 푸른 영암 월출산맥, 흰 돛단배들.

갓바위에서 소풍하던 소중한 기억을 떠올리며 어머니와 나는 바삐 숲을 지나고 하당도 지나 첫 별이 돋을 무렵엔 하당 둑도 지나서 부엉산 밑에 이르렀다. 부줏머리 입구가 보이고 그 건너 둥구섬의 검은 모습이 요요히 물 위에 떠 있었다.

부줏머리! 나의 맨 첫번 시로 알려진 〈황톳길〉의 배경이다. 영산강가의 작은 마을. 바로 이웃한 오감리가 경찰관 몇 사람이 출신해서 우익 동네로 찍힌 데 비해 부줏머리는 공산당에 친척 몇이 연줄이 있어 좌익 동네로 꼽혔었다. 실제로 두 동네 사이에 보복극이 있었다곤 하나, 언젠가 한 번 오감리 입구의 감나무 밑에 갓난아기 송장이 가마니에서 삐죽이 나와 있는 것을 보았고, 부줏머리 갯가에서 또 가마니 덮인 송장을 본 것 외에 부줏머리 학살극을 직접 본 적은 없다. 그러나 어른들은 쉬쉬하면서도 두 동네가 철천지 원수지간이란 말을 터놓고 하는 것을 여러 번 들었다.

산천에도 역사가 있다. 인간의 피비린 비극이 있어온 산천, 그리고 있게 될 산천은 다른 산천과 달리 음산한 기운이 가득 서리는 법이다. 풍수가 묫자리나 찾는 유복한 사람들의 호사스런 취미만은 아니다. 인간과 자연을 일치시켜 파악하는 초생태학超生態學으로 거듭나야 할, 기막히게 효력 있고 놀랍도록 심오한 학문이 곧 풍수학인 것이다.

물론 내가 풍수를 아는 것은 아니다. 그리고 그때 나는 어린애였다. 그러나 뭐라 할까? 그저 단순한 기감氣感이라 할까? 어둑어둑한 초저녁 땅거미 속에서 드러나는 부엉산과 부줏머리 입구의 밭길과 검은 둥구섬, 검푸른 영산강과 머언 영암 월출산의 시커먼 그림자를 처음 바라보는 내 마음에 어떤 스산함이, 기괴한 불길함이 가득 찼던 것을 지금도 기억한다.

마치 에드거 앨런 포의 어느 작품에서처럼 산천 자체가 비극으로 느껴졌던 것은 아니었을까? 이 첫 느낌의 연장선 위에 나의 시 〈황톳길〉의 이미지 체계가 서 있다.

죽음과 반역의 땅, 부줏머리!

57_뱀과 개구리

큰 뱀이 큰 개구리를 삼켰다. 개구리는 발만 안 들어가고 온몸이 뱀에게 삼켜졌다. 삼켜진 채로 독을 뿜는가 보다. 뱀이, 그 큰 뱀이 동시에 죽어간다. 몇 시간, 아니 하루 종일 걸리는 것 같다.

우리가 피난온 집의 큰 마당 한 귀퉁이에서 뱀과 개구리가 그러고 있다. 그것을 보고 있던 나는 연신 큰 집 대청마루를 흘끔흘끔 돌아다보곤 했다. 어쩐지 거기 그 대청마루에서도 또 하나의 살육 사건이 진행되는 듯해서였다.

목여중이었던지 검은 세일러복을 입은 중학생인, 한 말만 한 처녀가 마루 위에 갓난쟁이 어린애를 앉혀놓고 큰집 부엌에서 얻어온 밥을 물에 말아 떠먹이고 있었다. 어떤 사이일까? 자식일까? 조카일까?

여학생은 예쁘게 생겼는데 불행한 마음 탓인지 누우렇고 헬쑥했다.

그런데 대청마루 저만큼에 캡을 쓰고 탱크바지에 흰 와이셔츠를 입은 한 남자가 마당에 서 있는 한복 입은 다른 한 남자와 이상하게도 불량스런 눈짓을 서로 주고받으며 여학생의 젖가슴이나 엉덩이께를 핥듯이 집요하게 쳐다보며 거듭거듭 질문을 퍼붓고 있었다.

"어디서 왔다냐?"

"신분이 무엇이여?"

"여학생은 맞어?"

"저 아이는 누구 아이여?"
"직접 낳은 아이 아니지?"
"왜 여길 왔어?"
"혹시 반동가족 아니여?"
"왜 대답을 시원시원 못 혀?"
"여기 오늘 어디서 잘 거여?"
"어디로 갈 거여?"
"너 도망온 거지?"
"솔직히 말해! 너 반동이지?"
"저애 니가 낳은 아이지?"
"저애 애비는 지금 어디 있어?"

개구리의 다리마저 삼켜졌다. 그러나 뱀은 이제 거의 죽어가는 듯했다. 저녁 그늘이 마당에 넓게 드리워지기 시작했다.

조금 떨어진 모퉁이에서 건너다보아도 여학생 콧잔등에 땀방울이 송송 맺힌 게 보인다. 남자들은 떠나지 않고 있다. 먹이를 발견한 날쌘 짐승처럼 눈빛을 번뜩번뜩 빛내고 있었다.

왠지 알 수 없으나 이상하게 마음이 아파왔다. 불행의 감각. 여학생이 불쌍하다. 그리고 개구리가 불쌍하다. 그러나 뱀도 죽어간다. 모두 다 불행하고 어둡고 사악하다.

그 큰 집은 부줏머리 인민위원장 집이었는데 훗날 소문에 의하면 국군 수복 후 그 집 식구들 전체가 몰매를 맞아 죽었다고 한다.

오감리 입구의 그 시커먼 감나무. 그 밑에 함부로 쌓인 돌덤부락. 돌덤부락 위에 아가리 벌린 가마니 속에서 반쯤 나온 피투성이 어린아이의 시체. 여기저기 찢어지고 으깨진 살점이 너덜너덜한 그 시체, 그 어린애 시체. 그때 들은 기억으로는 오감리 경찰 집구석의 아이라 했다. 옹이 돋친 솔 몽둥이로 때려죽여서 갖다 버린 것이라 했다.

그러면 국군 수복 후 부줏머리 인민위원장 집 식구들의 시체는?

혹시 그 무렵 언젠가 둥구섬 건너 갯가에서 보았던, 가마니로 덮인, 그 파리 떼, 구더기 떼 들끓는, 그때 보았던 그 송장? 그 송장처럼?

58_휘파람

강은 어머니.

강가에 마을과 숲과 시뻘건 황토 언덕들이 이어진 것을 보면 어머니 젖을 빨고 무릎에 앉고 또 손을 잡고 있는 아이들 생각이 난다. 어머니는 그 모든 아이들을 보살핀다. 강은 말없이 그 모든 마을과 숲과 황토와 사람들을 보살핀다. 그래서 강가에 있거나 먼 곳에서 강을 보면 안심이 된다. 근심 걱정이 강과 함께 사라진다.

뜨거운 여름 낮. 부엉산에 올라가 희디흰 삐비(삘기)를 뽑아 먹거나 둔덕 위 참외밭에서 참외 서리를 하면서도 문득 강물과 강물 줄기 위에서 반짝이는 태양을 보면 왠지 안도감이 왔고 세계와의 불화로 인한 쓰라림이 흐뭇한 장난기로 변하곤 했다. 그리고 저 푸른 강에는 없는 것이 없어 보였다.

한번 하당 둑길을 지나 숲에 가까이 갔을 때 그 짙은 숲 그늘에 수많은 인민군 부상병들이 앉아 있거나 누워 있는 것을 보았다. 모두들 스물 안팎의 청년들로 눈이 에미령하니 착해 보였고 거기 서서 빤히 보고 있는 나에게 저마다 하얀 미소를 보내곤 했다.

지금도 기억한다. 나는 하당 숲에서 돌아오면서 마음이 너무 아파 강물에 대고 연신 빌었다.

'저 인민군들을 고쳐주소서.

다아 낫게 해주소서.'

그럴라치면 푸른 강물이 똑 해남 산이면 큰이모할머니네 집 뒷어덩의 늙은 솔님처럼 '괜찮다, 괜찮다, 괜찮다' 하는 것 같아서 마음이 아주 편안해져 그날 밤은 깊이 잠들어 큰 부엉이 꿈을 꾸다가 오줌을 싸버렸다. 오줌을 싸고서도 드물게 그 이튿날 아침 나는 갯가에 나가 만열이에게 배운 휘파람을 마냥 불었다.

훗날, 아주 먼 훗날. 어두운 해남 남동집 귀퉁이방에서 깊이 앓았던 그 무서운 전율과 매혹의 날들! 해월 최시형 선생이 눈물 흘리는, 집 잃은 두 아이를 끌어안고 옛 휘파람을 불어 달래는 환영에 싸여, 싸여 크게 아팠던 기억이 되살아온다.

휘파람!

옛 휘파람!

59_ 상리

부줏머리가 불안해서였을 거다. 외가는 그곳에서 더 깊은 시골인 상리로 옮겨갔다. 옮겨간 집은 아주 큼직한 초가로 연밭 곁에 있었다.

가던 날로 연밭에 들어가 연뿌리를 잔뜩 캐어다 간장에 조려 먹었는데, 처음 먹어보는 연뿌리 맛이 어찌 그리 맛있고 향그러웠는지 지금까지도 잊히지 않는다. 그 집 주인네 계집애 일품 노래도 이어서 생각난다. 북한 국가였는데, 이런 거였다.

아침에 일어나서 밥 묵고
저녁에 밥 묵고 잠자고.

딱한 것은 틈만 나면 고래고래 돼지 먹따는 소리로 종일 불러댄다는 것이다.

죽을 놈은 일부러 죽을 자리 찾고, 가는 날이 장날이라더니 옮겨간 지 며칠 안 돼서 동네에 두 가지 사건이 한꺼번에 일어났다. 하나는 나 다니던 산정초등학교의 유명한 공산주의자 박선생의 시국강연이고, 다른 하나는 같은 날 그 동네 출신 전직 경찰관에 대한 인민재판이었다.

동네 방죽 옆에 있는 너른 마당에서 박선생 강연이 먼저 열렸다. 한창 더울 때인데도 박선생은 검은 중절모에 검은 양복을 반듯이 차려입고 연신 손수건으로 이마의 땀을 닦으며 피를 토하듯 열정적으로 강연을 했다.

"영용한…… 영웅적인…… 위대한…… 쓸어버립시다…… 만세, 만만세……."

이런 단어들밖엔 기억이 없다.

그러고는 박수 또 박수…….

인민재판은 끔찍했다. 어린 나에겐 잘 이해 안 되는 논고와 동의, 동의의 함성이 지나고 죽창으로 처형을 할 차례인데 아무도 나서질 않았다. 피고의 얼굴은 백지장 단계를 지나 송장모냥 시커멨다.

한 사람이 불쑥 앞에 나섰다. 술에 취한 것 같았다.

"눈을 질끈 감고 요렇게만 하씨요. 죽창을 저놈 아랫배때기에다 요렇게 대놓고 눈을 질끈 감고 기합을 준단 말이시! 요렇게! 야아아앗!"

나는 눈을 질끈 감고 내빼 버렸다. 도망가는 내 뒷등어리에 갑자기 솟아난 네 개의 눈동자에는 모두들 눈을 질끈 감고 죽창을 피고의 아랫배에 갖다대고 '야아아앗!' 기합을 넣고 힘을 주는 모습이 선명하게, 붉은 피 번지듯 선명하게 비쳤다.

그래서 나는 지금껏 인민재판의 실상을 꼭 눈으로 본 것처럼 기억한다. 그것은 한마디로 천 길 구덩이 속에서 솟아오른 도철의 얼굴들이었다. 사람은 이미 그 자리에 없었다.

실제로 본 것이 아니다. 나처럼 방상씨方相氏의 네 눈이 상상으로 본 것. 그것이 인민재판이다.

그것을 실제로 본 사람들은 다 죽었다. 혼이 죽어버린 것이다. 그것을 보고 나서도 혼이 살아 있는 사람은 이 세상에 아무도 없다.

그렇다. 그것은 죽임이 아니라 산 자에 대한 검은 저주였다.

60_ 대공습

그날.

그날 공습은 그야말로 대공습이었다.

그 저녁녘 상리에서 본 목포 하늘은 시뻘건 불바다였다. 불바다! 아니 불바다 이상이었다. 한자의 '황荒'이라는 단어의 지옥의 이미지로밖에는 그날의 불바다를 묘사할 재간이 없다. 그 불바다 속에 아버지가 있는 것이다.

"아버지!"

불바다는 점점 더 치열해졌고 황막해졌다.

'아버지가 죽는다!'

이 한 생각, 일념 외에는 아무것도 없었다. 아무도 말릴 수 없었고 말릴 틈도 없었다. 나는 갑자기 뛰기 시작한 것이다.

"아버지!"

아버지를 내내 부르며 이십여 리 시골길을, 자빠지며 엎어지며 논두렁·밭두렁 길로, 둑으로 언덕과 둔덕을 넘고 넘어 나는 목포를 향해 뛰었다. 여기저기 찢어지고 깨지고 멍들고 얼들면서도 오로지 한 생각뿐이었다.

'아버지를 살리자!'

그날 저녁과 밤의 하늘빛을 기억한다. 짙푸른 동시에 시뻘건 지옥.

허겁지겁 뛰어든 언덕 위 우리집 대청마루에서 아버지는 부채를 부치며 라디오를 듣고 계셨다.

"니 으짠 일이냐?"

아버지가 무사한 것을 확인하고 안심하면서 그 길로 나는 기절했다.

사랑.

나는 그것을 잘 모른다. 나는 그것을 이렇게 원색적으로밖에 표현할 줄 모른다.

언젠가 에리히 프롬 왈, 사랑에는 테크닉이 절실히 필요하다고 했것다. 아버지가 할아버지에게 무뚝뚝한 사랑밖에 할 줄 몰랐으니 나도 아버지에게 무뚝뚝한 사랑밖엔 할 줄 몰랐다. 그러하매 내 아들들이 내게 무뚝뚝한 사랑밖에 할 줄 모르는 것은 당연한 일!

내 아들과 나 사이를 표현하는 가장 적절한 말은 '소 닭 보듯, 닭 소 보듯'인데, 올해 삼월 내 환갑 생일에 밖에서 돌아온 내가 내 책상 위에 덩그마니 놓여 있는 조그마한 케이크 상자 하나를 발견하고 '아하, 원보 녀석이로구나!' 했다.

뭐 이렇다.

테크닉이 없으니 집안이 쓸쓸할 수밖에 없다. 무뚝뚝하고 쓸쓸한 것, 그리 좋은 일은 못 된다. 사랑에는 테크닉이 절실히 필요한 것이다.

61_ 뒷방

그날 이후 나는 고집을 세워 목포에 그냥 눌러 있기로 했는데, 바로 그 다음날 큰집 돌담 너머 봉제 삼촌네 집 뒷방에 갔다.

머리는 빡빡 깎은 채 바지저고리를 입은 문태 숙부가 들어서는 나를 보고 환하게 웃었다. 악질 부화분자, 즉 깡패로 찍혀 교화소에 갇혀 있다가 정일담이 손을 써 풀려난 것이다. 황량한, 황량한 얼굴에 환한 웃음이 번진 것은 그나마 천만다행이었다.

내가 앉자마자 다짜고짜 숙부 왈,

"영일아! 니 나한테 노래 가르쳐주라! 장백산 줄기줄기! 비겁한 자야 갈라면 가라! 응, 해주지?"

그러면서 노래를 자꾸만 자꾸만 해대는데, 두 눈에 겁이 잔뜩 실려 있었다.

노래를 부르지 않으면 다시 가두겠다고 한 걸까? 아니면 정말 공산주의 교육을 단단히 받은 것일까? 아니면 정신이?

계속 노래 얘기만 하고 노래만 불러대서 이상한 기분이 들어 조금 있다가 슬며시 나와버렸다.

그 후 며칠 안 있어 숙부는 다시 끌려가 오동나무 거리 교화소에 갇혀버렸다. 국군이 다가오고 있었던 것이다.

62_ 신호

산정리 시커먼 뒷산에 붉고 푸른 분점이 무수히 지나가며 '쓰쓰또또 쓰쓰또또' 무선음을 다시금 내기 시작하고 연동 다릿둑 밑 시커먼 뻘밭에 붉은 관을 등에 진 웬 사내가 피투성이가 되어 거꾸러졌다 일어섰다 하며 허우적거리는 영상이 다시금 나타나기 시작했다.

사람들은 삼삼오오 떼를 지어 밤마다 수군대기 시작했다. 쌀 알갱이까지 낱낱이 세어 현물세를 매기니 일본 놈들 공출하던 때보다 더하다는 것이었고, 밤마다 집집이 돌아가며 울력 동원을 하여 유달산 너머 해안에 시커멓게 먹칠한 통나무를 꽂아놓고 토치카를 사방에 파서 바다 위에 뜬 배에서 보면 꼭 대포를 숨긴 양 보이도록 위장하는 것이 영락없이 일본 놈들 망할 때와 비슷하다는 것이었다. 여기서 수군수군 저기서 두런두런이었다.

또 바다에서 사람 우는 소리가 밤마다 들린다는 소문이 나돌고 고하도高下島 이순신 기념비가 피땀을 흘린다는 소문도 나돌았다. 끝인가?

63_ 달밤

그러던 어느 날 밤이었다.

나는 휜한 보름달이 휘영청 비치는 큰집 마당에 앉아 있었다. 갑자기 비녀산 쪽에서 콩볶듯 총소리가 계속 들려왔다. 그러자 할머니가 달을 쳐다보며 벌떡 일어나 큰소리로 울부짖기 시작했다.

"아이고오오오, 문태야아아! 아이고오오오, 문태야아아!."

오동나무 거리 교화소에 갇혀 있던 반동분자들을 비녀산 뒤로 모조리 끌고 가 총살한 뒤 집단 매장한다는 소문이 그날 낮부터 온 동네에 이미 다 퍼진 뒤였다. 할아버지는 방에서 나오시지 않고 할머니만 계속 울부짖고 계셨다.

좌우익 양쪽에 아들을 둔 한 어머니의 울부짖음. 한 아들이 총살당하는데 다른 아들은 빨치산으로 입산하는 그 비극적 교차점이 어찌 우리 곰보 할매의 그 휘영청 밝은 달밤의 통곡뿐이었겠는가! 한반도의 도처에서 그와 같은 얄궂은 비극이 똑같이 되풀이되었던 것이니, 훗날 나는 수차례에 걸쳐 바로 이 어머니의 아프고 안타깝고 찢어지는 마음이 새로운 논리가 되고 근본적 사상이 되고 첨단의 철학과 문화가 되어 좌익의 큰아들이 승리할 때 우익의 작은아들을 걱정하고, 우익의 작은아들이 진주할 때 좌익 큰아들의 입산을 근심하는 모성의 압도에서 완전통일 조국과 새 문명의 핵을 찾자고 강론한 적이 있는데, 바로 이날 밤, 그 휘영청 달 밝은 밤의 긴긴 통곡 속에 내 생각의 뿌리가 내려 있는 것이다.

　달빛. 이 일을 기억할 때마다 그 밝고 밝았던 그날 밤 달빛이 생각난다.

　그런데 그날 밤 달빛을 유난히 날카롭게 기억하는 사람은 사실 내가 아니라 바로 문태 숙부였다. 그 밤, 비녀산 뒤편 산기슭에 끌려가 구덩이를 파던 숙부는 등뒤에서 총성이 시작되자마자 본능적으로 몸을 날려 구덩이에 뛰어들었다. 한참 있다 총성과 아비규환이 지난 뒤 피범벅의 송장들 틈에서 더듬더듬 기어나온 숙부에게 산 내려오는 길을 찾도록 도와준 것이 바로 그날 밤의 그 밝은 달빛이었다.

　숙부는 친척집에 숨어들어 골방에 몸을 숨겼다가 거기서 국군 수복을 맞았고 그 길로 공비 토벌하는 전투경찰에 곧바로 입대했다.

64_ 입산

국군이 들어오고 있었다. 나는 그날 집에 있지 않고 '만열네'와 함께 집 뒤 산비탈에 올라가 있었다. 천지를 뒤흔드는 함포艦砲 사격 소리와 함께 씽씽거리며 포탄과 총알이 귓곁을 스쳐갔다. 산비탈 아래 저만치 영산강가의 길에는 목포 시내로부터 수많은 사람들이 몰려나와 영암 월출산으로 건너는 명산明山나루를 향해 뛰어가고 있었다.

인산인해, 그 새하얀 사람 물결 속에 아버지가 있었다. 그리고 역시 남로당원이었던 백부가 있었다. 얼마 안 있어 어머니는 한 친구와 함께 아버지를 찾아 명산나루를 향해 떠났다.

날이 저물고 있었다. 나는 혼자였다. 텅 빈 집안에 나는 혼자였다. 인민군은 후퇴해 나가고 없고 국군은 아직 목포 변두리까지는 채 진출하지 않은 공백 속에서 부모님 다 떠나고 나 혼자였다. 유리창 밖의 새카만 어둠을 내다보며 내 유년과 성년기를 일관한 그 두려움, 버림받을지도 모른다는, 혼자 내버려질는지도 모른다는 그 두려움에 몸을 떨고 있었다.

밤은 새카맣게 썩어 있었다. 마치 만지면 손도 썩어버릴 것 같았다. 밤이 그렇게 보였던 적은 그 이전에도 그 이후에도 없었다. 오직 그날 밤 기이하게도 그랬다.

새카맣게 썩은 밤.

그 이튿날 아침부터 가까이서 총소리가 계속 들려왔다. 내다보니 우리집 건너편, 그러니까 나 다니던 산정초등학교 뒷산에 흰옷 입은 사람들이 하얗게 쓰러져 쌓여 있고 또 끊임없이 그 위에 쓰러지고 있었다. 쓰러지고 나서야 총소리가 쾅하고 울리곤 했다.

기이한 죽임의 광경이었다. 흰옷이 흰옷 위에 쌓였다. 그것은 그림이었다. 피와 눈물과 외침이 소거된 메마른 그림으로서의 죽임이었다. 코리아의 학살! 대학 시절 보게 된 고야의 〈학살〉이나 피카소의 〈코리아의 학살〉의 구도 그대로였다.

죽임은, 특히 학살은 그것을 본 사람을 부패시킨다. 잊고자 애쓰는 동안 인간성을 잃어버리게 되는 것이다. 그래서 그날 밤처럼 새카맣게 썩은 밤을 몇날 며칠이고 지새우게 되는 것이다.

죽임은, 특히 학살은 어린이 안에 허연 영감을 들여앉힌다. 그리고 그 영감은 온갖 스산한 불행의 감각과 현실이 증발한 미신과 바보 같은 망각을 불러오는 것이다.

전쟁은 어린이에게 맞지 않는 옷만을 입히는 게 아니다. 전쟁은 어린이에게 알맞지 않은 생각도 들씌워준다. 생각! 삶의 기술이자 삶의 주체이기도 한 그 생각을, 그 숱한 잘못된 생각들을!

65_ 해병

그날 밤, 나는 그 무서운 해병대를 보았다. 외갓집 큰방에서 이모들과 이야기를 하고 있는데 갑자기 방문짝이 쾅 하고 넘어져 들어오며 휙 하고 뛰어든 시커먼 사람이 있었다.

"손 들엇!"

총부리를 겨누고 있었다.

우리는 모두 손을 쳐들고 벌벌 떨었다. 그 사람은 여자와 아이들뿐인 걸 알고 총부리를 내리며 "손 내리시오"라고 정중하게 말했는데 그가 바로 해병대였다.

키가 작고 얼굴이 새카맸다. 종완이라는 수병이었다. 상륙한 해병 여단은 외가 바로 곁에 붙어 있는 산정초등학교에 진주했다. 외가와 해병대의 인연이 시작된 것이다.

그 다음날 피난갔던 외할아버지와 외할머니, 외삼촌이 돌아오고, 외가는 예전의 활기를 되찾았는데 해병들이 학교 담을 넘어 들어와 김치며 반찬이며 장 등을 끼니 때마다 얻어갔다.

외할머니는 "더 가져가라, 더 가져가라" 하며 듬뿍듬뿍 퍼주셨고 해병들은 "어머니, 어머니" 하며 외할머니를 자식들처럼 따랐다. 외할머니는 대여섯이나 아들을 삼아 친아들과 같이 대접했고 이들은 목포를 떠난 뒤, 그리고 외할머니가 돌아가신 뒤에까지도 외가나 어머니와 연락을 했다.

지금도 생각난다.

나와 똑같은 '영일'이란 이름을 가진 얼굴 예쁜 수병이 있었는데 그를 졸졸 따르며 "영일아! 영일아!" 하고 불러대던 한 못생긴 수병이 있었다. 인천 상륙작전에서 부상당한 덕에 외할머니의 특별 대접을 받았는데 닭을 한 마리 삶아주자 저는 그저 먹는 시늉만 하고 영일이란 수병에게 다 가져다주는 것이었다.

그것이 무엇일까? 호모일까? 그러나 내 기억에는 참으로 깨끗하고 순진한 청년들이 전장에서 나눈 우정이었다.

그 주둔 해병대의 일부가 영암 월출산의 빨치산을 토벌하고 있었다. 그러니까 아버지와 큰아버지를 향해 총을 쏘고 있었던 것이다.

그러나 멀리서 매일 쿵쿵거리는 포소리를 들으면서도 아버지 걱정을 한 적은 별로 없었고 '만열네'와 놀기 바빴으니, 어린애는 그저 어린애에 불과했다.

뭐랄까, 어린애의 인식이나 사유는 아날로그가 아닌 디지털적이라고 할까? 형광등 스타트 전구 같다고나 할까? 어떤 때는 이 생각이 툭 불거졌다가 또 어떤 때는 저 생각이 쾅 터진다 할까?

하긴 "기리니깐 기리티, 기리티 않으면 기릴 리가 있잖서?"라는 서북 농담처럼 어린 시절을 낙원이라 부르는 까닭도 그처럼 집요하게 한 생각만에 묶이지 않는 유목민 같은 그 어린 성정 때문이라 하겠다.

그러나 그럼에도 불구하고 해병대와의 인연은 나의 그 집요한 버릇의

하나인 '군인 그림'의 원인이 되기도 했다. 종이고 마루고 벽이고 마당이고 간에 나는 끊임없이 철모 쓰고 총 들고 제복 입은 군인 그림을 내내 그렸으니 말이다.

66_ 체포

언덕 위의 우리집에서 나는 여러 사람이 체포되는 것을 목격했다.

영채 형이 부엌 아궁이에서 체포되어 끌려갔고 재호 삼촌과 근태 숙부가 철삿줄에 묶여서 끌려갔고 또 인민군에 의용군으로 나갔다가 낙동강 전선에서 부상당한 뒤 우리집에 세들어 살던 억수 씨네 방에 와 잠시 엎혀 있던 이름 모를 청년이 한 사람이 그 무렵 어느 날 마루 밑에 들어가 숨어 있다가 오후에 체포되어 끌려갔다.

체포되어 철삿줄이나 노끈이나 수갑에 묶여 끌려가는 사람들의 모습은 내게 다 한가지의 똑같은 모습으로 각인되어 있다. 뭐랄까, 아직 태를 끊기 이전처럼 어머니 몸과 탯줄로 연결되어 웅얼거리며 끌려다니는 갓난아기랄까?

훗날, 체포되고 체포되어 맨날 끌려다니다 보니 묶여 끌려갈 땐 누구나 어린애처럼 되는 이유를 알 것만 같았다. 스산한 상심과 허무를 뒤에 남기고 사라지는 늙은 갓난아기!

67_병정놀이

숨어 있던 사람들까지도 모두 잡혀간 뒤 텅텅 비어 아무도 없는 우리 집. 우리는 그 집을 본부로 하여 병정놀이에 열중하였다. 만열이가 여전히 대장이었지만 잘 나타나지 않았고 덩치가 큰 나이배기 형들 두 사람이 대장 행세를 했고 온갖 명령이나 갖은 작전이나 기합을 늘 주곤 했다. 계급장이 있었고 명령이나 규율을 어길 때는 우리집 채마밭 귀퉁이에 있던 여자 덩굴막 안에 들어가 몇 시간이고 갇혀 있다 나오곤 했다.

그 무렵 '무시고무'라는 철사 빼낸 얇은 고무가 유행했는데 그 고무줄로 새총을 만들고 철사를 'U'자 형으로 구부려 그 총에 끼워 쏘곤 했다. 얼굴이나 특히 눈에라도 맞으면 치명적이었던, 좀 위험한 병정놀이었다. 이웃 동네와 전쟁도 하고 멀리까지 정복여행을 떠나는 일도 있었다.

아아!

지금 와 생각하니 유치하고 졸렬해서 하품이 나기는커녕, 어린 삶에서 딴에는 격렬했던 바로 그 의사擬似 전쟁이 아버지, 잃어버린 아버지, 무기력하게 실종된 아버지와 힘없는 어머니에 대한 대리전쟁 같은 것은 아니었던가 싶다.

'새총부대'라는 말이 있을 정도로 그 유행이 극심했는데 후에 이 때문에 그 무렵의 담임 선생에게 끌려가 슬리퍼로 얼굴을 여러 차례 세차게 얻어맞기도 했다.

이상한 것은 초등학교 선생님을 생각할 때면 반드시 다른 인자한 선생님들은 뒷전으로 가고 꼭 바로 그날 때린 선생님이 떠오르곤 하는 것이다. 혼에 자취를 남길 만큼 마음에서 아프게 느낀 매질이었던가 보다. 왜냐하면 그때 난 이미 공부와는 멀어져 있었으니까.

68_ 하산

어느 날 큰집에서 작은고모가 나를 데리러 왔다. 가까운 길을 버리고 일부러 먼 길을 돌아 큰집으로 조심조심 데리고 갔다. 이상한 느낌을 받았는데도 아무 소리 없이 따라갔다.

큰집 어둑한 뒷방에 흰 한복을 입은 아버지가 웃으며 앉아 계셨다. 두려운 중에도, 그 어둠침침한 골방에서 드디어 나는 해방되었다.

지금 생각하니 사랑의 결실이 해방이라는 그 흔한 사상을 이제야 이해하겠다. 아버지는 나 때문에, 조그마한 아들 하나 때문에 이념을 버리고 동지적 신의를 저버린 것이다. 아버지에게 그것이 무엇이었을까를 깨닫기 전에 그것이 분명 내겐 해방이었음을 그때 나는 알았다. 왜냐하면 병정놀이니 새총부대니 하는 거친 유희중독에서 다소곳한 슬기로움으로, 의젓한 미소로 돌아와 있었으니까.

목포에서부터 륙색에 가득 넣고 간 당 자금인 지폐가 있어서 한복을 사 입고 또 장작 쌓은 지게도 사서 지고 먼 무안 길로 돌아서 오는 길엔 지방 유격대에게 수상한 자로 체포되어 처형 일보 전에 또 그놈의 전기기술 때문에 신분이 드러나 목숨이 살아난 적도 있고, 산에서 들로 내려왔을 때 추석 직후의 들판에 코스모스가 가득 피어 눈부시더라는 것, 코스모스 밭에 주저앉아 한없이 울었다는 것, 이런 얘기들도 훗날 듣게 되었다.

아버지는 그 길로, 큰고모의 아들로 국군 수복 후에 군 방첩대에서 일하고 있던 태환 형의 중개로 방첩대에 출두하여 며칠 동안 진술서와 전향각서 등의 형식을 마친 뒤에 아주 폭삭 늙어버린 얼굴을 하고 어느 날 밤늦게 큰 눈깔사탕 두 봉지를 사들고 집에 돌아오셨다. 오셔서 나를 보며 싱긋이 웃으셨다.
　　그 웃음과 눈깔사탕!
　　그것은 무엇을 뜻했을까?

69_ 음독

그 웃음과 눈깔사탕!

그것은 음독 자살의 시작이었다.

아버지는 이튿날 방첩대에서 돌아올 때 사가지고 온 양잿물을 눈깔사탕과 함께 나 몰래 마시고 자살을 기도했다. 심부름을 시키는 아버지가 아무래도 이상해서 담 너머로 흘긋 넘겨봤을 때 아버지가 무엇을 입에 물고 얼굴을 잔뜩 찌푸린 채 또 무엇인가를 마루 기둥과 서까래 사이에 끼워넣는 것을 보고 큰집으로 달려가 알린 것이다. 아버지가 이상하다고.

의사가 오고 어머니가 오고 위 세척을 다 끝낸 뒤에도 사흘낮 사흘밤을 아버지는 헛소리와 후유증으로 고생하셨다.

그 헛소리들!

헛소리? 과연 그것이 헛소리였을까?

"영일이가 죽었다고…… 순철이 지가 봤다고…… 영일이를 때려죽여서…… 죽였다고…… 죽여서 가마니에 넣어갖고 똥섬 앞바다에 처넣는 것을 지가 봤다고…… 죽어갖고 가마니에다…… 똑똑히 봤다고…… 영일이가 죽었다고…… 으흥흥…… 똑똑히 알아보고 나도 죽어불라고 그랬제…… 알아보고 나도 바다에 빠져 죽어불라고…… 으흥흥…… 영일아! 영일아아아!"

사흘낮 사흘밤을 혼수 상태에서 헤매던 아버지가 드디어 깨어나셨다.

그러고는 나를 보자 또 씨익 웃으셨다. 그뿐이다.

그러나 그날 밤 아버지는 양잿물을 또 잡수셨다. 그리고 어머니에게 발견되어 또 토해내고 깨어나셨다. 주위에서 독하다고들 모두 수군거렸다.

독하다? 아버지는 어눌한 분이다. 그래서 표현은 못 하셨지만 방첩대에서의 취조가 아버지의 사상과 투사로서의 자존심을 여지없이 짓밟았음이 틀림없다. 아마도 아버지에게는 내가 살아 있는 것만이 위안이었을 것이다. 그리고 자살로써 자존심의 상실을 넘어서려 한 것일 게다.

두번째 자살마저 실패로 돌아가자 아버지는 살기로 작심하신 것 같았다. 밥을 드시고 몸도 움직이셨다. 특히 늘 따뜻한 웃음을 웃어 그 웃음으로 걱정하고 있는 내게 말씀을 대신하였다.

물론 훗날에야 안 사실이다. 아들의 죽음에 대한 슬픔 때문만으로 산을 내려올 아버지는 아니라는 것, 이른바 '청산투쟁'에 대한 반발로 비판을 받았던 것.

'청산투쟁'이란 이런 것이다. 산은 비좁고 빨치산은, 특히 산악 게릴라는 정예이고 소수이어야만 한다. 보급조차 문제가 아닌가! 그런데 목포 일원에서 월출산에 따라 들어온 사람의 숫자가 엄청났다 한다. 그들을 당성을 기준으로 고르고 가려서 나머지는 산에서 내려 보내는 투쟁이 벌어졌다는 것이다.

새하얗게 모여든 사람들을 거의 다 내려 보내는 그 일이 그리 쉬운 일은 아니었을 것이다. 더구나 산을 내려가 들에 나가면 바로 그들을 기다리는 것은 해병대와 전투경찰대의 기관총뿐이었다. 영암 월출산 아래 벌판에는 그렇게 해서 사살당한 사람들의 시체가 새하얗게 쌓였었다 한다.

아버지는 바로 이 '청산투쟁'의 비인간성에 반대했다 한다. 당성 대신 인민성人民性을 주장하며 산악 게릴라와 함께 평야와 마을에서의 어떤 독특한 게릴라 계획을 배합·진행시켜 많은 인민에게 삶의 노선과 투쟁과 용기를 주어야 한다고 주장했고, 지도부는 지금 그럴 형편이 못 되는 만큼, 일단 청산했다가 다음 기회에 생존자를 다시 접선, 조직한다고 달랬다 한다.

거기에 대해 아버지는 "전쟁 전에는 간부들이 모두 월북하고 선線을 끊어버려 수많은 투사들이 보도연맹 속으로 절망적 투항을 하게 만들어 죽이고, 지금은 청산투쟁으로 남한 인민을 쓰레기 취급한다면 도대체 앞으로 그 누가 우리를 옳다 따르겠는가"라고 원론적인 반발을 계속했다고 한다.

지도부는 골치가 아팠을 것이다. 특히 당성 심사위원이었던 로선생은 중간에서 고민이 많았다 한다. 그러나 아버지는 평소에 그처럼 인자하고 섬세하던 로선생 같은 당 사람들이 시퍼런 일본도를 빼들고 눈에 핏발을 세워 위협하는 등 공산주의와는 하등 인연도 없는 빨치산의 저 기괴한 마성魔性에 조용하나 고집스런 비판과 반대 의사를 품었던 것이다. 바로 그럴 때에 나의 죽음 소식을 접한 것이다.

내가 이런 까닭을 자세히 알게 된 것은 4·19가 나던 해 봄이었다. 그 이후 내게는 아버지의 그 하산 사유가 늘 가슴에 맺힌, 풀길 없는 의혹이 되어 그리 격렬하게 행동을 선택하면서도 좌익에 대해서는 동반자적 관계를 크게 넘어서지 않는 태도를 지니게 된 것이다.

70_ 나산

그 무렵 공비 토벌대로 나가 있던 문태 숙부가 자기 있는 나산羅山지서로 나를 놀러 보내라는 연락이 왔다. 나는 좋아서 가겠다고 했다. 어린애는 어린애였다. 그때의 아버지, 서투른 말솜씨로 몇 마디 하셨는데 그곳은 전투가 심해서 사람들이 안심하고 다닐 수 없는 곳이라는 말씀이었다. 나는 그래도 괜찮다고, 구경보다도 숙부가 보고 싶다고 대답했다. 그때 아버지 눈에 눈물이 어렸던 것 같다.

그날 밤 나는 한숨도 못 잤다. 술을 드신 아버지가 노래를 작곡·작사해서 밤새도록 나에게 따라 부르게 했기 때문이다.

영일아
영일아
나산 갈라냐
총알이 비 오는데
나산 갈라냐
아부지 엄마 두고
나산 갈라냐.

나는 웃고 또 웃었다. 밤새도록 웃었다. 왜냐고? 행복했기 때문이다.

아버지의 그 서투른 노래와 몸짓은 나에 대한 아버지의 깊은 사랑이었기 때문이다.

하긴 서툴긴 해도 아버지는 아마추어 작곡·작사자였다. 일제 치하에서 한때 돈 잘 벌고 놀기 좋아하던 때 백두산을 등반하고 돌아오던 길에 함흥인지 단천인지에서 풍랑으로 길이 막혀 여관 신세를 질 때였다고 한다.

그때 단천의 한 여관에서 기막힌 연애 사건도 있었다고 하는데 그건 잘 모르겠고, 그 무렵 신세자탄의 노래를 지어 불러 나에게까지 전해졌으니, 객지의 쉰내 나는 향수가 밴 그 노래는 다음과 같다.

> 푸른 바다 보이니
> 내 고향 그립노라
> 유달산 산허리에
> 얽혀 매인 배들아
> 똑딱선도 좋으니
> 쉬지 말고 어서 와
> 향수에 실은 이 몸을
> 실어가다오.

71_ 입대

　며칠 안 있어 아버지는 육군 군예대軍藝隊에 조명과 영사 기술자로 입대하여 군 트럭을 타고 전선으로 떠나야만 했다. 이미 방첩대에서 강제로 입대시켰던 것이다. 기술이 또다시 아버지를 살린 것이다.
　그날, 누우런 티끌바람이 눈 못 뜨게 불어대고, 무대 세트와 소도구를 잔뜩 실은 육군 군예대의 트럭이 연동 신작로에 잠깐 멈춰섰다. 재호 삼촌과 함께 아버지가 올라타자 트럭은 바로 떠났다.
　아버지는 세트 위에서 몸의 중심을 잡지 못한 채 흔들리며 얼굴이 검누렇게 변한 채 극도의 절망적인 표정으로 손을 흔드셨다. 광주 쪽으로 향하는 신작로로 트럭이 아득히 멀어질 때까지 나는 그 자리에 서 있었다.
　입대.
　아버지는 군속이 되신 것이다. 그 뒤로 전선에서 위문공연도 하고 전투가 심할 때는 포탄도 져 나르며 온갖 잡역을 다 하셨던 것이다.
　그 무렵, 전선에 투입된다는 것은 곧바로 죽음을 뜻했다. 그렇기 때문에 전향자는 곧 총알받이로 내보내졌던 것이다. 영채 형이 그랬고 영진 형도 그랬다.
　그 후 한동안 아버지의 소식을 들을 수 없었다. 간혹 재호 삼촌 집으로 잘 있다는 소식이 있었던 것밖에는. 그렇게 세월이 흐르고 전쟁은 막바지를 향해 가고 있었다.

72_흉년

전쟁은 인간과 인간 사이에서만 진행되는 것은 아니다. 그렇게 생각하는 사람은 전쟁이 무엇인지 모르거나 형편없는 구닥다리 유물론자, 그것도 관념적 유물론자에 지나지 않는다.

전쟁은 인간과 신 사이는 물론이고 인간과 자연 사이에서도 진행된다. 전쟁 때는 반드시 흉년이 겹쳐 들고 자연의 재난이 기필코 따라온다.

삼 년 동안의 흉년이었다. 갯벌에 그 숱하던 꼬막마저 집단 폐사하고 뒷산의 솔껍질마저도 말라붙었다. 쌀은 구경할 수조차 없고 보리기울에 보리떡이 고작이었으며, 그것도 하루 한 끼나 두 끼였다. 굶주림이 상습이 돼 있던 연동에서도 죽겠다는 소리가 연이어 터져나왔다.

머얼건 보리기울죽 한 그릇 먹고 학교엘 가면 눈앞이 샛노오래서 선생님 목소리가 잘 안 들리고 쉽게 지쳐 엎드려버린다. 그런데도 시내 쪽에서 오는 애들은 어디서 났는지 허연 쌀밥을 싸오는 애들이 있었다. 내 짝 행식이도 그랬다.

하루는 점심시간이 되자 행식이가 펼쳐놓은 자기 도시락을 곁눈질하는 나의 목젖이 침을 삼키는 데에 따라 오르락내리락하는 것을 눈치챘는지 허연 쌀밥에 새빨간 멸치볶음과 노오란 계란말이를 곁들인 도시락을 내 앞으로 밀어놓으면서 "먹어!" 했다.

나는 도시락을 슬그머니 싸 들고 일어서 교실을 나가 뒷산으로 올라갔다. 바쁘면서도 신중한 걸음이었다. 보리밭 한 귀퉁이에 살며시 앉아 그 귀한 도시락 뚜껑을 젖히고 흰 쌀밥을 한 입 잔뜩 집어먹었다. 천천히 계란말이와 함께 조금씩 씹었다.

아아, 꿀맛이었다. 나는 이제껏 그토록 맛있는 밥을 먹어본 적이 없다. 그때를 생각할 때마다 행식이가 고맙고 그 뒤 그애를 다시 찾아보지 못한 나 자신이 미웠다.

또한 그 무렵의 일이다. 굶주림이 새카만 파리새끼처럼 인간의 존엄을 여지없이 낮추는 예가 내 주변에 있었다. 나는 거의 외가살이였는데 친가보다는 조금 나은 편이었던 외가에서도 내 조카 진국이의 분유나 우유 따위를 사기는 힘들었던 것일까? 우리가 먹는 보리죽 따위를 먹이는데, 젖도 없고 밥도 없어 해골만 남은 갓난쟁이가 내내 징징대고 울고만 있었다. 죽을 떠먹일 때 외에는 내내 울었다. 내내다.

전쟁 뒤의 인심은 유년마저도 거칠고 잔혹한 것이어서 외가에서는 집안에서까지 피골상접한 진국이를 두고 "실락콩 모가지, 장구통 배야지!"라고 놀려먹었다.

그애, 내내 울기만 하고 보리죽에 껄떡거리던 그애 진국이는 마침내 영양실조로 굶어죽고 말았다. 그날 밤 뻘밭에 진국이의 송장을 묻고 온 외할아버지는 마루 끝에 앉아 숨죽여 우셨다.

잔혹한, 잔혹한 그 흉년이 삼 년을 내리 계속되었다. 갯벌에 그 숱하던 꼬막마저 집단 폐사하고 뒷산의 솔껍질마저도 말라붙었으므로 이것은 곧 전쟁 때문이었고, 결국은 인간 자신 때문이었다.

73_ 광인

그 사람. 그 사람이 산정식당 고개를 넘어 천천히 학교 정문 쪽으로 걸어오고 있었다. 실 한 오리 걸치지 않은 벌거숭이 그 사람, 미친 사람이었다.

내 앞에 가던 여고생들이 소리를 지르며 흩어져 달아나고 난 뒤 뻣뻣하게 굳어 서 있는 내 앞을 지나 천천히 그 키 큰 벌거숭이 미친 사람이 시커먼 불알을 흔들거리며 뿌우옇게 초점 흩어진 눈, 산발한 머리채로 목포 시내 쪽으로 걸어가고 있었다.

싸늘한, 한 줄기 퀴퀴한 바람결이 내 몸을 스쳐 지나는 것 같았다. 가까이서 보니 어디서 맞았는지 어디서 당했는지 모를 흉한 생채기가 이곳저곳에 나 있고 핏물·진물이 더덕더덕 묻어 있었다.

공산당 했다고 몰매를 맞아 미쳐버렸다 한다. 묶인 채 보는 앞에서 자기 아내가 강간을 당해 미쳐버렸다 한다. 빨갱이라 해서 집은 불을 질러 한참을 타는데 그 집안에서 시커먼 숯이 되어 벌벌 기어나온 뒤 울다 울다 마침내는 미쳐버렸다 한다.

'무얼 하러 시내 쪽으로 가나?'

내 의문은 그것이었다.

'가지 말지. 가면 또 매맞을 텐데······.'

내 걱정은 그것이었다.

어렸을 적 치렁치렁한 무슨 물체가 천천히 내게로 다가오는 듯 세계와의 불화와 분리가 깊어지던 그 불행과 소외의 감각이 그대로 내 앞을 가까이서 가까이서 가까스로 가까스로 지나가고 있었다.
 미친다는 것, 미친 사람, 그것이 결코 남의 일이 아님을 그때 그 무렵의 어린 내가 어찌 알았으리?

74_전쟁

전쟁은 계속되고 있었다. 유엔군이 진주하고 중공군이 개입했다. 6·25는 한마디로 제3차 세계대전이었다. 다만 그 형식이 국지전이었을 뿐이다. 그것은 미국과 러시아의 사상적 적대, 즉 자본주의와 공산주의의 대립을 골자로 하는 전 세계적 갈등의 뜨거운 표현이었다.

전선은 유엔군의 인천 상륙으로 북상했다가 중공군의 개입으로 또다시 남하했다. 그러고는 내내 삼팔선을 사이에 두고 남북을 오르락내리락했다.

그 무렵 아이들이 부르던 동요가 있었다.

올라갔다 내려갔다
우스워 죽겠네.

우스워 죽겠네!

과연 우스운 일일까? 민간인까지 합쳐 사백만이 죽었고 부상자는 이루 헤아릴 수 없었다.

우스운 일일까? 아니라면 이 전쟁의 의미는 무엇일까?

우리는 알 수 없었다. 누구도 알 수 없었다. 남북 양쪽의 이데올로그들이나 광신자들 이외에 이것을 아는 사람은 아무도 없었다. 다만 훗날 해월 최시형 선생의 문답을 통한 한 가르침 가운데서 그 의미를 희미하나마 깨달

앉을 따름이다.

"후천개벽, 후천개벽 하는데 후천개벽은 도대체 언제 오는 겁니까?"

남계천의 질문에 해월 선생이 답한다.

"만국의 병마가 다 이 땅에 들어왔다 만국의 병마가 모두 다 이 땅을 떠날 때."

그리고 또 답한다.

"장바닥에 비단이 깔릴 때."

장바닥에 비단이 깔릴 때!

아마도 그것은 상고에 있었다는 신령한 호혜시장互惠市場인 신시神市가 현실에서 실현되는 때일 것이다.

인간과 인간이, 인간과 자연이 인간과 신 사이의 근본적 화해에 의해 경제사회적 혜택을 선물처럼 서로 주고받는 그 아름다운 이상사회는 그럼 언제 이루어지는가?

그때가 바로 이때다. 만국의 병마가 다 이 땅에 들어왔다가 만국의 병마가 모두 다 이 땅을 떠날 때.

그렇다면 다 떠나고 남은 것은 미군뿐이다. 미군이 최종적으로 이 반도를 떠날 때가 곧 신시가 이루어지는 때인가? 정말로 그러한가? 6·25 전쟁의 의미는 여기에 있는 것인가? 알 듯도 하고 모를 듯도 하다. 나 역시 그 무렵 그 동요를 가끔 불렀고 아무 뜻도 모른 채 킥킥거리며 불렀었다. '만열네'가 모이면 그 노래를 부르며 내내 킥킥댔으니 어른들의 전쟁 장난이 우스꽝스러워서였을 것이다.

나는 그 무렵 외가에 얹혀살았다. 아버지가 안 계신 우리 가족은 생계가 막연했기 때문이다. 텅 빈 우리집은 '만열네'의 군사본부였고, 우리의 병정놀음은 계속되었으며 대나무와 송판 등으로 무기를 만들고 전쟁 흉내를 내는 것은 여전했으나 나의 군인 중독이 슬그머니 사라졌고 군인 그림도 뜸해졌다.

내 마음 안에 그 누우런 티끌바람 이는 날, 아버지의 떠날 때 그 모습이 좀체 사라지지 않았다. 가족이 서로 다시 만날 날을 기다리고 있었다. 아버지도 어머니도 나도 헤어진 채 서로 그리워하고 있었다.

전쟁. 그렇다. 다름 아닌 그 이별이 곧 나의 전쟁이었던 것이다. 촛불처럼 영혼이 애태우고 애태우고 있었으니까.

75_ 대구

드디어 아버지에게서 소식이 왔다. 기다리고 기다리던 소식이었다. 대구에서였다. 대구로 곧장 오라는 것이었다. 전쟁은 아직 끝나지 않았고 도리어 날이 갈수록 더 치열해졌으나 아버지가 소속된 육군 군예대 극단은 대구에 장기간 머물러 정규적으로 연예활동을 하고 있었던 것이다. 방까지 마련해놨다는 것이다.

어머니와 나는 곧장 목포를 떠나 대구로 향했다. 꿈꾸듯 꿈꾸듯 대구로 갔다. 길고 긴 낙동강의 왜관다리를 건널 때의 덜커덩거리던 그 기차 소리를 잊을 수 없다.

한겨울의 대구, 몹시도 추운 대구였지만 내겐 아버지, 어머니와 함께 지내는 매일이 꿈결같았다. 대구에서도 유명한 미나카이三中井, 그러니까 백화점 뒤편 동네 향촌동, 저 유명한 음악다방인 '돌체'가 있는, 지금은 장관동인가 하는 그 골목 안 일제 목조가옥 이층방이었다. 한 집에 육군 군예대 극단의 단장인 극작가 김석민 씨네와 무대미술가 정우택 씨네가 함께 살았다.

대구의 추위는 남쪽 태생인 내게는 살인적이었다. 매일같이 눈보라에 꽁꽁 얼음 속을 극장으로, 역전으로 싸돌아다니는 게 일이었다. 어머니에게 타낸 몇십 원의 돈으로 대구역전 광장의 좌판장수 아주머니에게 이미 딱딱하게 굳어버린 구운 오징어 토막 몇 개를 사 들고 그것을 입안에 넣고 침을 발라 녹이며 거리를 헤매고 다녔다.

무슨 구경거리가 있어서도 아니었다. 집안에 있어도 할 일이 없고 불도 없이 추워서 차라리 나돌아다니는 거였다. 극장에 가서 상연하는 악극 〈물새야 왜 우느냐〉를 본 기억도 나고 뭘 하는 데인 줄도 모른 채 '자갈마당'을 돌아다니거나 그 앞 거대한 카바레 앞에서 멋쟁이 여자들과 코쟁이들이 팔짱끼고 드나드는 것을 멀거니 바라보던 생각도 난다.

그리고 생각난다. 추운 밤에 메밀묵 장수가 기인 소리로 "메미일묵 사려어" 외치는 소리도, 그리고 시뻘건 영덕 대게를 팔러 다니는 사람들. 팔공산 가까운 벌판에 놀러 갔던 일, 김석민 씨네 아들 꼬마가 앙칼지게 나를 구박하던 일, 무대미술가 정우택 씨가 술 취해 눈이 시뻘게가지고 야단법석 떨던 일 등이 생각난다.

아버지가 당초 계획했던 대로는 나의 전학이 이루어지지 않았다. 나는 목포로 돌아오고 말았다. 낙동강의 왜관다리를 건널 때의 퉁퉁거리던 기차 소리가 내내 기억에 남고 아버지와 헤어질 때 울었던 것, 목포역에서 내려 연동으로 돌아왔을 때 기쁜 것이 아니라 도리어 쓸쓸하고 서먹해서 도무지 이상하던 일들이 생각난다.

76_ 연극

학교에 재입학해서 배정된 반에 갔을 때, 그 반은 학예회를 위한 연극 연습이 한창이었다. 국군과 인민군이 싸우는 연극인데 주제가 이런 것이었다.

> 형님은 인민군으로
> 동생은 국방군으로
> ……
> 승리는 아우에게 있다.

연극을 보면서도 그랬고, 연극이 끝나고 담임 선생님이 아이들에게 반공의식을 강조할 때에도 역시 나와는 상관 없는 먼 피안의 일 같았다. 이미 나는 대구에서 어른들의 연극을 여러 번 본 것이다. 어른들의, 뭐랄까, 슬프고 서먹서먹하고 몰인정한 삶의 세계가 내 정서에 무거운 돌을 가라앉힌 것이다. 몇 개월의 대구여행이 몇 년은 된 것 같았고 고향의 낯익은 풍경이 도리어 낯설기조차 했다.

77_ 장미집

해병대 병조장이 선물한 셰퍼드 개에게 물려 외할머니가 돌아가신 뒤 외가는 급속히 기울기 시작했다. 인근에서 '꽃피는 장미의 집'으로 알려졌던 외가는 스산한 기운이 둘러싸기 시작했고, 어느 날 커다란 검은 구렁이가 마당에 나와 딩구는 걸 동네 사람들이 때려죽였다. 집지킴이였던 셈인데, 구렁이가 죽은 뒤 지붕이 내려앉기도 하고 기둥이 기울기도 했다.

불교식 상방喪房에 매일 향을 피우고 독경을 했지만 이상하게 썰렁한 집으로 변해 나는 밥만 먹으면 큰집에 가 있거나 언덕 위 우리집에 죽치고 앉아 중학교 1학년 역사책을 줄줄 외울 때까지 읽고 또 읽었다.

그리고 다시 공부를 시작했다. 어린 마음에서였지만 공부를 해야 아버지와 함께 살 수 있다는, 막연하지만 거의 확신에 가까운 생각으로 열심히 공부했다. 차차 성적이 오르고 중입 시험에 합격하여 들어가기 힘든 목포중학교에 무난히 입학하게 되었다.

집안이 불행하거나 스산한 아이들일수록 공부를 열심히 하는 것은 그저 흔한 보상심리일까, 아니면 더 깊은 어떤 다른 심리적 원인이 있는 것일까?

78_유달산

중학교 1학년에 입학해서였다. 만열네의 형들과 함께 유달산 일등바위에 오른 적이 있다. 아슬아슬한 절벽을 간신히 올라가 널찍한 일등바위 위에 올라섰을 때, 아! 그 넓은 전망에 가슴이 탁 트이던 기억이 난다. 부두와 해안선 너머 큰 바다와 영산강 하구가 보이고 먼 월출산과 용당리 너머 화원 반도까지, 희미하지만 다 보였다.

어떤 씩씩하고 낭만적인 모험심 같은 것이 가슴속에 치밀어오르고 아득히 먼 곳으로 훌쩍 떠나고 싶은 충동이 출렁거렸다. 내려오는 길에 유달사 변소에 들어가 대변을 눌 때다. 나무 판장에 연필로 여기저기 낙서들이 쓰여 있었는데 시 형식이었다. 연애편지 같은 것이었는데 아마도 중학교 선배들의 짓 같았다.

> 아득한 산모퉁이 너머로
> 네 흰 얼굴이 어리고
> 너를 찾아 떠나는 먼 길에
> 코스모스 피어 할랑거린다.

뭐 이런 것들!
그러나 내게 시라는 것이 다가온 첫 경험이었다. 뽀오얀 안개 같기도 하고 아슴푸레한 연기 같기도 한 낭만이 내 가슴에 적셔드는 순간이었다. 연애감정과 아득한 여수旅愁와 자연에 대한 순결한 미적 감정이 하나로 얽힌 그런 것이었다.

지금도 나는 그날의 경험, 그날의 뽀오얀 낭만이 내 문학의 첫 발걸음이었다고 생각한다. 왜냐하면 그날 유달산을 내려와 시내에 있는 과학상점에 갔을 때 갖가지 깃발을 꽂은 모형 기선들을 보면서 또 아득히 머언 항구로 떠나고 싶은 충동을 느꼈으며, 내내 기이한 감정을 품은 채 집에 돌아와 뭐라고 되지도 않은 시 비슷한 것을 밤새 끼적거렸으니까 말이다.

그렇다. 김내성의 《청춘극장》을 읽은 것이 그 무렵이었다. 큰이모의 책을 아무거나 이것저것 가져다 읽었으니 아마 그것이 또한 내게는 첫 문학수업이었을 것이다. 《철가면》을 읽고 밤에 검은 유리창에서 뭔가가 슬그머니 나타날 것만 같은 공포심을 느낀 것도 그 무렵이었으니, 과연 문학과 가까워지긴 가까워진 것이겠다.

79_채석장

학교 갔다 오는 대성동 고갯길 곁 깊은 골짜기 너머엔 큰 채석장이 있었다. 간혹 그곳에서 시퍼런 옷을 입은 죄수들이 돌을 깨곤 했는데, 돌 깨는 소리와 소리 사이의 침묵이 유난히 기이하게 느껴지고 죄수들의 발목에 매인 검은 연쇄連鎖들이 참혹하게 느껴지곤 했다.

그리고 그들이 없을 땐 채석장 전체를 지배하는 큰 적막, 흰 바위들을 때리는 눈부신 햇살의 아득한, 그러나 한없이 쓰라린, 고독한 지옥……. 그래, 그 느낌은 지옥이라고밖엔 표현할 도리가 없다. 고요하고 흰 고독지옥.

반대편 언덕 위 높은 솔개산 마루엔 주교당이 서 있었는데, 그렇다면 그 검붉은 벽돌의 첨탑이 흰 채석장의 지옥에 대비되는 천당이었을까?

내 유년의 기억으론 그 첨탑 역시 또 하나의 지옥, 숨막히는 압도의 지옥이었다. 하늘도 땅도 모두 지옥이었던 것이다.

그렇다. 하늘과 땅의 분열을 통일할 인간만이 구원이었다.

80_ 양비와 옥청

그애 이름이 양비였다. 외가에서 신작로로 나가는 골목에 버티어 선 커다란 정미소 친척집에 얹혀살던 시골 출신의 중학 2년생. 그리고 또 한 아이는 그 정미소 한 방에 세들어 살던 옥청이라는 외자 이름의 동급생 아이. 이 두 아이가 그 무렵 내가 새로 사귄 아이들이었다.

양비는 생김새가 둥글둥글한데 무뚝뚝하나 조그만 일에도 얼굴이 새빨개지며 수줍어하는 전형적인 시골 아이였고, 옥청이는 큰 눈에 항상 물기가 어린, 여위고 조그마한 외톨이였다. 양비는 목포 인근인 무안군이 집이었고, 옥청이는 아버지를 일찍 여읜 뒤 어머니와 함께 사내동생 하나 데리고 사는 목포 시내 출신이었다.

옥청이 어머니는 요즘 같으면 시민운동가로서 가끔 트럭을 타고 다니며 마이크로 무슨 선전 내용을 방송하곤 했는데, 기이한 것은 옥청이가 그것을 못내 부끄러워하던 것이다.

그 옥청이가 사는 정미소 앞방에 놀러 들어갔다가 일본 잡지책을 한 권 본 적이 있다. 지금도 잊히지 않는 것은 그 잡지에 실린 삽화 한 컷이다. 일본식 가옥의 다다미방 안에 앉아 있는 일본 여자의 연필 데생인데, 그 그림의 쓸쓸함, 스산함이 내내 잊히지 않고 남아 그림을 그릴 때마다 되살아나곤 했다.

데생은 물론 채색화의 밑그림이다. 그러나 동양에서의 수묵처럼 그 자체로서도 그림으로서 독립성을 갖는다. 데생의 그 기이한 울적함에서 독자적인 미학적 특질, '흑과 백의 미감'을 파헤친 이가 앙드레 말로였던가?

양비와 옥청이, 그애 동생과 나, 이렇게 넷이서 양비네 시골집에 놀러가 하룻밤을 자고 온 일이 생각난다. 대숲에 둘러싸인 커다란 초가 위에 짙푸른 밤하늘이 있고 큰 마루에 동네 사람들이 모여 앉아 시절 얘기를 하고 있었는데, 아아! 그 주먹만 한 별 떨기들! 마치 손을 내밀면 닿을 듯 가까이 보이던 그 별 떨기들! 그리고 흙내 나는 뒷방에서의 하룻밤. 또 그 이튿날 내가 좋아하는 나무인 대를 몇 개 얻어서 질질 끌고 넷이 함께 기찻길 철둑을 따라 목포로 돌아오던 길, 그 길가의 씀바귀들!

그때 양비의 그 수줍음 잘 타던 얼굴 위에 떠오른 이상한 존엄성을 잊을 수 없다. 꼭 어른 같았다. 무엇이 그를 그런 표정의 어른스러운 존엄으로 끌고 간 것일까? 지금도 잘 알 수 없다.

그러나 옥청이는 왠지 초조해하고 불안해했다. 집에 돌아왔을 때 저희 어머니가 집에 오지 않은 걸 알고 난 뒤 옥청이 얼굴에 떠오르던 쓸쓸함. 그리고 큰 두 눈의 물기!

옥청이는 그날 이후 집에 돌아오지 않는 어머니를 찾는다고 제 동생을 데리고 티끌바람이 몹시 불던 날 시내 친척집에 간다며 떠나간 뒤 내내 돌아오지 않았다. 내내.

81_ 쌀

홍석이를 생각하면 대번 떠오르는 것이 쌀이다. 본디 쌀은 귀한 것인데다가 삼 년을 내리 흉년이 들었으니 왜 안 그러랴! 그 귀한 쌀을 과자 삼아 씹어먹으며 놀던 생각이 난다.

내 짝꿍 홍석이는 하의도 섬 출신의 자취생이었다. 정직하고 의젓하고 열심히 공부하는 홍석이가 하루는 자기 자취방에 가자고 초대했다. 나보다 나이가 세 살이나 위였는데 뒷개 가는 길가에 방을 얻어 살고 있었다.

그날 우리는 여러 가지 이야기를 했다. 홍석이는 큰 기선의 선장이 되고 싶다고 했다. 그리고 둘이서 기선이 얼마나 멋있게 생겼는지에 대해 끊임없이 떠들었다. 둘 다 기선 마니아였다. 주위에서, 그리고 지리 시간에, 특히 음악 시간에 주위들은 먼 항구 이름들을 들먹이며 그곳에 갈 수 있기를 기원했다.

어려서 나는 붙박이였다. 그러나 대구를 다녀오고 중학생이 되었을 때는 많이 떠돌이가 되어 있었다. 낭만이 속에 들어온 것이리라.

집밖에선 뒷개에서 불어오는 세찬 서북풍에 흰 구름 송이들이 빠르게 빠르게 솔개산에 그림자를 드리우며 지나가고 있었다. 그 푸른 저녁녘, 압해도 상공의 짙푸른 하늘을 배경으로 나와 홍석이는 작별했다.

그래, 그날이 겨울방학 날이었고, 그 뒤 나는 홍석이를 다시 볼 수 없었다. 홍석이를 생각하면 흰쌀이 떠오르고 뒤를 이어 흰 갑판에 붉고 푸른 깃발을 단 큰 기선이 생각나고 낭만적인 이야기로 유명했던 음악 선생과 먼 이국의 항구 이름들이 생각난다. 그는 선장이 되었을까? 아니면 하의도 섬에 그대로 눌러살며 농사나 짓고 있을까? 홍석이에 관한 회상은 꼭 수많은 기선이 정박한 목포항 제1부두의 광경으로 클라이맥스에 이른다.

〈목포는 항구다〉 이런 이난영의 노래도 있지만 목포 부두에 서면 그쩍에도 아득한 여수에 잠기던 일이 생각나고, 내 운명은 끝없이 붙박이를 바라면서도, 그리고 한없이 깊은 노스탤지어에 잠기면서도, 가슴 한켠엔 마치 바람기처럼 낭만이 끼어들고 끊임없이 이 항구 저 항구를 떠도는 '선원증 없는 뱃사람'일 것이란 생각을 했던 것이 기억난다.

82_ 천승세

여기까지 이르니 기억의 한 모퉁이에서 중학생 모자를 쓰고 자전거를 타고 우리 살던 연동에 바람처럼 나타났다 또 번개처럼 사라지곤 하던 한 소년이 떠오른다.

천승세千勝世. 소설가 천승세 씨다. 내가 초등학교 6학년 때 중학생으로 내 작은외삼촌 정일성의 동급생이었다. 말투가 괴상하고 표정이 재미있어 늘 반가워했던 기억이 난다.

내가 집앞에 서서 칡뿌리를 질겅질겅 씹어먹고 있을 때 휙 나타나 대뜸 물었다.

"니 머 묵냐?"

"칡."

"임마, 나무 뿌리 아니여?"

"왜?"

"임마, 뿌리는 못 묵는 것이여. 니 같으면, 뿌리가 말하자믄 부모님인디, 부모님을 씹어묵어? 나무가 살겄냐? 죽제!"

"어?"

"니 주뎅이가 그것이 멋이냐?"

"칡물."

"임마, 천하의 환쟁이 김영일이가 주뎅이가 그것이 멋이여?"

"히히히."

"칠하는 것만 그림이 아니여, 닦는 것도 그림인께, 닦아라 닦아! 아나, 손수건!"

또 이런 일도 있었다.

내가 길가에 앉아 작대기로 땅바닥에 새를 그리고 있을 때 어느새 나타나 나의 새 그림 주둥이에 비행기 프로펠러를 얼른 그려넣고 저만큼 물러났다.

"새가 먼 프로펠라랑가?"

"임마, 요즘 새는 다 그래!"

"나는 못 봤는디……."

"니만 못 봤제, 나는 봤다. 다 봤다."

"옴메, 새가 으뜨케 기계가 된당가?"

"요 새끼 보소! 꽤 똑똑헌디! 임마, 똑똑할라면 아조 똑똑해부러! 요즘 기계는 모두 다 살아 있어야! 산 것도 진짜 산 것은 기계여, 기계! 기계도 상등 기계는 모두 다 산 것이여, 산 것! 알겄냐? 요 맹초야!"

"어?"

이런 일도 있었다.

"영일아! 니 국군 수복 때 서부학교로 공부 댕겼지야? 느그 학교 해병대 줬응께?"

"응."

"서부를 꺼꿀로 읽으면 멋이여?"

"부서(물고기 이름)."
"이런 노래 들어봤냐?
요번 공습에는 부서 허리가 끈지러지고……."
"부서 허리?"
"그래 서부학교 중간이 폭격 맞았제, 잉. 봤지, 잉?"
문제는 그 다음에 있었다.
"영일아! 서부학교 뒤에, 뒷개 앞에, 압해도 바다 한복판에 멋이 있디?"
"몰라."
"임마, 거기 흰 돛단배 있디, 안!"
"그래, 맞어."
"그 돛단배 주인이 누군 줄 알어?"
"몰라."
"임마, 나여 나! 이 승세 성님이 그 흰 돛단배 주인이여!"
"……."
"니 이런 노래 알지야?
푸른 하늘 은하수
하얀 돛대에
계수나무 한 나무
토끼 한 마리
돛대도 아니 달고
삿대도 없이

가기도 잘도 간다
서쪽 나라로."

 나는 아직도 잘 모른다. 승세 형의 가족관계를. 그러나 형이 불운하다는 것만은 안다. 그러나 아마도 그것이 형 문학의 밑거름이 아닐까? 더욱이 자기 불운 앞에서 그렇게 늠름했으니 그 불운이 제가 거름이 안 되고 배기겠냐? 안 그래, 잉!

83_ 대전

전쟁은 끝이 났고 휴전으로 남북은 항구적 분단 상태에 들어갔다. 아버지는 그 무렵 강원도 원주에 정착하셨다. 육군 군예대에서 직영하는 원주 군인극장에서였다.

아버지를 보러 원주로 가는 길에 꼭 하룻밤 묵어가야 했던 대전의 한 허름한 역전 여인숙이 생각난다. 다른 것이 아니다. 캄캄한 밤, 마루에 나앉아 어머니와 그 여인숙 주인 아주머니의 이야기를 들으며 졸던 생각인데, 한 이야기 내용 때문이다.

소문인데, 한 여자가 개울에서 목욕을 하던 중 커다란 뱀에게 감긴 뒤 지금까지도 그렇게 감겨 있다는 거며, 뱀의 생식기가 여자의 그것에 들어가 여자가 뱀을 뱄다는 거였다.

끄벅끄벅 졸면서 캄캄한 밤중에 들은 얘기라서 더욱 그런 것인지, 도무지 음산하고 칙칙한 느낌을 지울 수가 없었다. 꼭 그 무렵의 시절 같았다. 아무 희망도 없고, 그저 목숨 하나 사는 것이 유일한 목표였던 시절의 캄캄한 정신 풍경이 그런 소문을 낳았을 거란 생각을 한다. 꼬리 여럿 달린 여우 얘기며 귀신 얘기며 그 무렵은 왜 그리도 기괴한 소문들이 많던지!

원주는 허허벌판이었다. 융단폭격과 남북의 끊임없는 쟁탈전으로 인한 포격 바람에 남아난 집이 없었고 군부대와 판자집들뿐이었다. 극장도 나무로 지어올린 판자집이었다. 아버지는 그 극장 앞 쬐끄만 판자집 한 귀퉁이방에 묵고 계셨다. 쬐끄만 판자집 한 귀퉁이방.

극장의 딴따라들이 모두 모여 미군의 고기 통조림을 풋고추에 섞어 난로에 볶아대면서 위스키를 마시던 그 쬐끄만 방 한 모퉁이에 끼어앉아, 아아! 나는 그러나 고향에 온 것을 알았다. 아버지 계신 곳이 내 고향이었던 것이다. 한없는, 한없는 안도감 속에서 빙긋이 미소짓는 한 쬐끄만 소년의 얼굴이 떠오른다.

나는 중학교 1학년 겨울방학 때 아버지가 계시는 원주로 전학하게 되었다.(1955)

그러기에 떠날 때는 퉁퉁 부어 인사도 제대로 안 하고 연극 세트를 실은 군예대 트럭 뒤에 타고 청주까지 가면서 내내 엉엉 울었던 것이다. 사태가 심각함을 눈치챈 군예대 아저씨들에 의해 나는 돌아가는 차 편으로 다시 원주에 가게 되었다.

이 사건이 아버지에게 큰 충격을 주었던 모양이다. 아버지가 2학년부터 원주로 오도록 나의 전학을 결정한 것이다. 나는 중학교 1학년 겨울방학 때 강원도 원주로 전입하게 되었다.

84_ 여자들

나의 목포 시절 주변엔 여자들이 많았고, 이모할머니들과 이모들, 고모 모두들 내게 깊이 영향을 준 사람들이다. 나는 어쩌면 어머니보다 고모와 이모들에게서 더 깊은 모성애와 자애로움을 느끼고 자랐는지도 모르겠다. 심지어 유행가까지도 웬만한 건 다 배워 부르고, 그것과 함께 대중소설과 애정소설들을 읽은 것도 모두 다 큰이모 덕이었다.

고모에게서는 또 다른 어머니의 모성을 느꼈는데 서민적이고 생활적이며 노동하는 여성 대중의 그것이었다.

나는 어머니보다 고모나 이모의 빤빤한 젖가슴을 더 자주 만지며 자랐으니 내 안에 있는 아니마는 젖가슴이 빤빤한, 올곧은 소년티 나는 소녀이기 쉽다.

그러나 나는 이모나 고모들과 어울려 놀며 대지와 자연과 삶의 침침하면서도 익숙한 아름다움에 눈떴고, 마치 캄캄한 한밤중의 반딧불처럼 소리없는, 그러나 깊고 깊은 생명의 비밀을 모르는 사이에 체질 깊숙이에 받아들이게 됐는지도 모르겠다.

대학 2학년 때 노자의 《도덕경》을 읽으며 전혀 낯설지 않고 오히려 익숙한 느낌에 잠긴 것도 바로 이 유년기와 소년기의 쓸쓸한 모성과 활달한, 그러나 아직은 소년 같은 여성성으로부터 습윤濕潤이 있었기 때문은 아니었을까?

85_미술

그때 중학 1학년 무렵, 예술이라기보다 예술의 예감, 예술의 조짐 같은 것이 있었다.

유년기에 그림에 대해 한 같은 것이 있었는데 중학에 가면서 모르는 새 억압이 되었다. 그래서 그리 심하게 그림에 기울지는 않았다. 그러나 가끔 그리기는 그랬다. 우선 미술 선생이셨던 양수아梁秀雅 선생님이 생각나고 미술반장이었던 김용기 형이 생각난다.

농구화 한 켤레를 수채로 그린 것이 목포지구 중학생 전시회에 입선되었는데, 그 무렵 죽동 유달산 밑에 있는 양선생님 댁에 놀러간 적이 있었다. 거기서 김용기 형을 만났다. 양선생님은 이름처럼 우아하고 청결하게 생긴, 그야말로 예술가였고 김용기 형은 우락부락한 체육 기질인데도 정이 많고 재주 많은 재담가였다.

자그마한 일본식 목조가옥의 안방이었다. 거기서 양선생님의 젊은 부인과 그 부인의 누드화를 함께 보았다. 나는 그 때문에 내내 어쩔 줄을 모르고 당황했던 것이 기억난다. 저녁 무렵 붉은 노을이 창으로 비껴 들어와 커다란 누드 화면에 비쳤는데 누드가 곧 살아나 춤을 출 듯 생생해지는 것이었다. 크게 당황하면서도 예술이란 이런 것인가 내심 크게 놀라고 있었다. 김용기 형이 눈치채고 떠들어댔다.

"왔다! 참말로, 예술이란 것은 무서워라우, 잉! 무서워, 잉!"

양선생님이 눈치채고 빙긋이 웃으셨다.

"영일이는 앞으로 그림 할라냐?"

"아니요."

"그래? 소질은 있는데, 잉!"

"……."

훗날 내가 서울대학교 미술대학 미학과에 입학한 뒤 회화과에 있는 한 친구와 함께 이화동 입구의 한 음식점에서 양선생님을 만났을 때도 똑같은 말씀을 하셨다.

"영일이는 그림에 소질이 있는데, 잉!"

김용기 형은 미학과 선배였다. 용기 형은 배고플 때 밥도 사주고 출출할 때 술도 사줬으나 무엇보다도 고마운 것은 내가 절망할 때 그 부리부리한 눈에 불을 달고 그 능란한 언변으로 내게 희망을 퍼부어 주었던 것이다. 용기 형도 또 그 말을 했다. 침침한 어느 닭도리탕 집에서였다.

"영일이는 그림을 했으면 좋았을 텐데, 잉!"

미술, 그것은 어른이 되어서도 내겐 한인가? 결국 그림으로 돌아가고 말 것인가? 비록 문인화지만 요즘 난초에 열중하여 하루 한 시간, 두 시간이라도 난 치는 일을 못 하면 무엇을 크게 잃어버린 것 같은 상실감이 드는 것도 그 때문인가?

알 수 없다. 예술이란 것이 삶과 맺는 관계가 무엇인지 날이 갈수록 더 알 수가 없다.

86_ 문학

중학 1학년 여름방학 무렵, 학교 교지에 수필 한 편을 거의 강제로 써서 실린 적이 있다. 외할아버지가 그것을 보셨다. 외가에는 그렇지 않아도 항도여중의 조희관 선생이라는 유명한 수필가와 예총의 차재석이란 분이 발간하는 시 동인지 《시정신詩精神》이란 앤솔러지가 늘 증정돼 오곤 했다. 미당 서정주나 신석초, 신석정, 김현승 등의 이름을 안 것도 그 책을 통해서였다. 그리고 우리의 토박이말과 미묘한 전라도 사투리의 매력을 처음 깨달은 것도 조희관 선생의 그 무렵 수필집 《철없는 사람》에서였다.

그랬다. 아마 외할아버지는 조선생과도 친분이 있었던 모양이다. 외할아버지가 나를 앞에 앉혀놓고 다음과 같이 말씀하셨다.

"큰 배포에 예쁜 마음씨가 항상 같이 있어야 글이란 게 되는 거란다. 사람을 대하는 태도하고 같은 것이지."

아마 이 무렵이 내 문학의 배태기였을까? 그러나 이런 미학적 크기로 본다면 〈오적〉과 〈대설〉 외엔 별로 참문학의 성취랄 것이 없었던 것 아닐까?

87_ 연극열

한동안 내겐 지독한 연극열이 붙어다녔다. 차차 말하게 되겠지만 그 씨앗이 이 무렵에 싹트지 않았나 싶다.

'만열네'의 연극이었는데 내 작은외삼촌인 정일성이 대본을 쓰고 만열이가 연출하고 공수라는 키 큰 형이 임금을 하고 내가 간신배로 출연하는 사극이었다. 외가의 그 큰 대청마루를 무대로 하고 안방을 입장하는 박스로, 건넌방을 퇴장하는 박스로 해서 동네 애갱치들과 아주머니들을 상대로 딱 하룻밤 논 적이 있다. 그 이상은 기억나질 않는다.

그리고 또 하나〈마굴의 도피자〉.

큰외삼촌 정세환 씨가 대본과 연출을 다 맡고 동네 청년들이 대리 출연한 반공연극이었는데, 역시 외가 대청마루에서 발표한 것으로 줄거리는 기억이 안 난다.

그렇다. 연극은 일종의 광기다. 왜냐하면 차원이 달라지기 때문이며 실존적 전환이 일어나기 때문이다. 그래서 무대에 서는 사람 자신이 이상해지고 무대를 바라보는 사람도 근본적으로 자기를 이탈하는 기이한 경험을 하게 되는 것이다. 배우야말로 수많은 종류의 실존을 사는 사람일 것이다. 운명을 넘어서는 일종의 탈출인 셈이다.

어렸지만 연극의 이런 이상스러움이 내 가슴에 들어오고 있었다. 그러나 지금 생각해봐도, 대학 때, 대학 뒤의 저 삼십여 년 전의 열풍과도 같던 그 문화운동을 생각해봐도 내게는 연극이 적실하게 알맞지는 않은 것 같다. 그것은 내가 조금은 기민하지 못한 촌놈이기 때문이고 늘 낙지같이 못났기 때문이다.

하긴, 연극 때문에 멍청한 촌놈이 조금은 말 잘하는 도시놈이 되긴 했지만, 아직도 나는 연극으로부터는 멀리 있다. 틀림없다. 연극을 보러 가면 우선 막 열리기 전에 가슴부터 뛰니까. 그것이 흥분 때문이 아니라 당황감 때문이니까.

88_ 음악

음악이야말로 나는 잘 모른다. 악보 읽을 줄을 모른다. 콩나물 대가리 말이다. 대학에서 이혜구 선생님께 음악 미학을 공부했고 학교 앞 별장다방과 학림다방에서 지겨울 만큼 긴 세월을 지겨울 만큼 넌더리나게 넌더리나게 클래식을 들었지만, 볼프나 바그너, 베토벤과 모차르트 등 몇 사람 외엔 이해하지도 못했고 좋아하지도 않았다.

내 음악은 유행가나 가요가 전부다. 그러니까 노래는 두 이모에게 배운 것들이다. 백기완 선생이 어디에선가 나를 한자리에서 수백 곡을 불러제치는 '노래 노동자'라고 말한 적이 있다는데, 그리 틀린 말은 아닐 것 같다. 그 숱한 노래를 거의 모두 큰이모에게 배웠다. 필요하면 손바닥만 한 유행가 책을 보면서 2절, 3절까지 익혔다.

작은이모에게 배운 것도 있다. 목포의 항도여중 음악 선생이었다는, 이름도 모르는 한 전설적인 월북 예술가의 작곡으로 전라도 사람들이나 6·25 때 상처받은 그 부근 사람들 외에는 잘 모르는 노래다. 〈부용산〉이나 〈양귀비〉 같은 곡이었다. 내가 이 노래를 부르면 그 부근 출신 사람들은 금방 나와 친해진다. 그것이 무슨 이유일까?

동병상련. 아마 그것일 게다. 폐결핵으로 죽어가는 애인을 위해 썼다는 첫 노래와 마약으로 인해 죽은 애인을 위해 썼다는 둘째 노래가 다 같이 깊은 감상感傷과 비탄의 노래다. 조금은 도를 넘은 센티멘털리즘인데, 그쪽 사람들의 짙은 감성, 6·25 전후의 슬픈 기억에는 적합성이 있었나 보다.

예술에서는 감상과 비탄이 절실할 때가 있다. 그러나 그것은 잠시다. 감상과 비탄이 지나치면 그것은 곧 부패한다. 그런데도 전라남도 쪽 나의 동포들은, 요즈음은 또 달라졌겠지만, 감상과 비탄을 '즐긴다'라고까지 할 정도로 깊이 침윤되어 있다. 왜일까?

한. 그것 때문일 게다.

집권까지 했던 지난 무렵에 그것은 많이 가셨을까? 아니면 지금도 원천적인 한은 그대로 남아서 술에 취하면 광주사태에 관련된 슬픈 노래들을 〈부용산〉이나 〈양귀비〉 부르듯 부르고 있을까? 아직도 전라도는 '밤'인가?

아마도 이 '밤의 의식'이 내 시의 출발점일 게다. 이 '밤의 의식' '슬픔'이 없었다면 나의 저항적 감성의 싹이 틀 수 없었을 테니 〈부용산〉〈양귀비〉도 한몫은 한 셈일 게다. 공초 선생은 '밤은 아시아의 미학'이라고까지 하지 않았던가!

89_ 밤

원주로 떠나기 며칠 전 밤이었을 게다. 언덕 위의 우리집으로 가던 길인지, 아니면 우리집에서 외가로 가던 길인지 모르겠다. 하여튼 열두 시가 넘은 캄캄 밤중에 나는 검은 골목길에 홀로 서 있었다.

바람이 불고 하늘에 달이 떠 있었는데 새카만 집들이 울렁울렁 숨을 쉬고 있었다. 다 죽은 듯 고요한 속에 빛이라곤 달빛뿐이었다.

그렇다. 그것이 밤이었다. 그리고 자궁이요, 어머니였다.

나는 숨도 안 쉬고 가만히 서서 그 대지의 광경을 내 안에 새기고 있었다. 나는 자주 그 밤의 검은 풍경을 생각한다. 그러면 하등의 갈등이나 불만 없는 고요와 평화에 잠긴다. 즉 죽음이다.

나는 그 기억과 함께 죽는 것이다. 일체의 환상이나 기대, 망상도 버리고 그저 그 캄캄한 대지의 호흡에 몸을 맡기는 것이다. 지금도 나는 내 방을 '검은 방'이라 하여 새카맣게 해놓고 잔다. 그러면 잠을 푹 자게 된다.

그러나 생각이 여기까지 미치면 꼭 뒤따르는 우스꽝스러운 얘기가 이 밤의 영상을 깨트려 버린다. 우리 어머니 얘기다.

우리 집과 외가 사이에 신작로, 즉 국도가 있었는데 거기 통금 시간이 넘으면 방위대 아저씨들이 보초를 섰다. 외가에서 밤늦게 놀다가 우리집으로 가기 위해 길을 건너려면 보초에게 들키게 된다.

그런데 한번은 어머니가 외가에서 나와 길가에 이르자 보초가 저 건

너 있는 것을 보고 옆집 담벼락에 붙어 몸을 숨겼던가 보다. 보초가 이것을 보고 있다가

"거기 왜 붙어 서 있소?"

하고 물었던가 보다. 성미 급한 우리 어머니가 즉각 대답하기를,

"당신 지나가면 건너가려고 그랬소."

보초가 왈,

"별 사람 다 보겠네!"

이것이 나의 새카만 밤의 기억 그 마지막이다.

90_사투리

그 해 겨울 원주는 몹시 추웠다. 대구처럼 고원분지인 원주는 매서운 눈보라를 견디고 있었다. 나는 어쩌면 남쪽에서 지니고 온 동백꽃 냄새 나는 사투리로 그 첫겨울을 포도시포도시(겨우겨우) 견뎌냈는지도 모른다. 목포는 눈도 잘 오지 않는 따뜻한 곳이었기 때문이다.

치악산이 바라보이는 허허벌판에 원주중학교의 바라크 건물이 서 있었다. 그 한 교실에 들어선 나는 담임 선생이 맡은 첫 시간인 수학 시간에 인사말을 해야만 되었다.

왠지 몰랐다. 아이들이 킬킬거리며 웃고 야단이었다. 왠지 모르고 엉겁결에 자꾸 이어서 말을 해댔다. 아이들이 배꼽을 움켜쥐고 강그러졌다.

내 말투 때문일 것이라는 생각이 얼핏 들면서도 그렇게까지 웃을 줄은 상상 밖이었다. 윗녘의 그들에게 아랫녘의 끝, 전라도 사투리는 참으로 낯선 것이었을 게다.

"나는 목포중학교 다녔는디라우, 잉. 이름은 김영일이라고 하는디라우, 잉."

아마도 이랬을 것이다.

그러나 이번엔 자리에 가 앉은 내가 도리어 웃음을 참지 못하고 끅끅대야 했다. 담임 선생인 수학 선생의 함경도 사투리 때문이었다.

"무스거 수학 책 배웠음?"

이게 무슨 말일까? 아마도 무슨 수학 책을 배웠느냐는 물음 같았다. 나는 얼버무려 대답을 하느라고 더욱더 아이들을 웃겼다.

사투리의 거리. 그것이 나와 아이들을 분리시키고 있었다. 쓸쓸했다. 그때 키가 큰 한 아이가 내게 성큼성큼 다가왔다. 검실검실하니 참으로 잘생기고 훤칠한 봉안鳳顔의 그애는 내게 책 한 권을 내밀었다.

"이것이지?"

수학 책이었다.

"응."

"나 전봉흥田鳳興이라고 해."

평안도에서 월남했는데 반장이었다.

그날, 나는 전봉흥을 만난 것이다. 훗날 대학에서까지 내내 서로 교류한 영혼의 친구, 나의 '데미안'을 만난 것이다.

91_치악산

원주중학교 뒤편은 미군용 비행장이 있는 허허벌판이었고 그 벌판 너머엔 눈 쌓인 치악산이 있었다.

은혜를 갚으려고 쇠북에 머리를 짓찧어 죽은 꿩과 뱀의 전설이 있는 산, 태백산중의 영검스런 봉우리들을 간직한 채 영월군과 원성군 중간에 불쑥 솟은 치악산. 양길과 궁예가 웅거했던 영원산성이 있고 고려 말, 이조 초의 시인 원천석元天錫이 은둔했던 산, 치악산.

나에게 치악산은 외로울 때마다 바라보고 찾아가는 '무지개 거울' 같은 산이었다. 새벽부터 온종일 수십 가지 빛깔로 변색하는 오묘한 산이었다. 금강산이 그가 품은 수십 가지 광석 때문에 햇빛에 수십 가지 빛깔을 반사한다는데 치악산 역시 그러하였다. 나의 여러 시에서 포옹과 위로의 산으로 이미지를 내준 그런 산이기도 하다.

그 산 중턱에서 고등학교 때 전봉홍과 함께 기이한 한 털보 도사를 만났고, 고등학교 때는 그 최고봉인 시루봉에 올라 영월 쪽으로 뻗어나간 굽이굽이를 보며 아득한 산악의 낭만에 젖었고, 대학 때는 그 산 반대편 신림神林 숲속에 들어가 여러 친구와 함께 천주학의 옛 자취에 관해 얘기를 나눴다.

그러나 치악산을 생각할 때면 마지막에 반드시 덮쳐오는 싫은 기억이 한 가지가 꼭 있다. 내 생애 최초로 학교 친구와의 싸움에서 목숨을 걸고 허공에 주먹질을 해대다가 도리어 몹시 얻어맞고 기절한 일이 바로 그 치악산

고등학교 시절 친구들과 치악산에 놀러갔을 때 모습. 오른쪽에서 두번째가 필자.

자락의 비행장 근처에서 벌어진 것이다.

나를 때린 녀석은 당시로도 학생깡패였는데 나를 '전라도 놈'이라고 끊임없이 놀려대며 사투리를 흉내내는 데 격분하여 눈을 딱 감고 사방을 향해 주먹질·발길질을 해대다가 스스로 자빠져버려 끝내는 오지게 얻어터진 사건이 전학한 지 얼마 안 돼서 일어났다. 창피하고 부끄러운 기억이다.

그러나 한 가지 기이한 것은 애들이 그 사건 이후부터 나를 존엄하게 대우하기 시작했으며, 다시는 사투리를 흉내내거나 놀려대는 일이 없었다는 사실이다.

'아아! 비록 얻어터지더라도 싸울 때는 싸워야 하는구나!'

고용기의 말. 그때 깨달은 것은 그것이었다.

치악산은 훗날 나에게 '투쟁의 불가피성'을 알게 해준 첫 자연이기도 했던 것이다.

92_ 극장

원주 시절의 내 정신은 학교보다는 극장에 더 매달려 있었다.

원주 전진극장은 판자집이었다. 판자집치고는 큰 판자집이었지만. 인근에 군부대가 지천이어서 그 군인들이 주요 관객이었다. 주로 영화를 상영했고 중간중간에 육군 군예대 소속의 악극단이나 창극단이 와 공연했다.

게리 쿠퍼나 클라크 게이블, 장 마레, 장 가뱅과 샤를 부아예, 수전 헤이워드나 마릴린 먼로 등의 이름이 늘 내 입에서 떨어지지 않았고 한국 배우로도 김승호·이예춘·황해·허장강 등이, 그리고 잇달아서 최무룡·최은희·김진규의 이름이 수시로 오르내렸다. 신카나리아니 박단마니 황금심, 고복수와 현인, 남인수 등의 가수들, 임춘앵, 김진진 등의 창극 소리꾼들까지 온갖 딴따라는 딴따라는 모두 다 알게 되었다. 훗날 내가 연극이나 연예 쪽과 긴밀히 결합된 문화운동의 방향으로 나아가게 된 데에는 이 시절의 배경이 결정적 작용을 하게 된 것 같다.

그러나 솔직히 말해서 나는 기질적으로 연예와는 거리가 멀다. 집단예술보다 개인 예술 쪽에 가깝다는 말이다. 비록 동네 아이들과 각목으로 펜싱 흉내도 내고 배우들의 몸짓을 따라하기도 했지만, 내 마음은 도리어 극장 간판을 그리는 선전부의 그림 그리는 방, 선전실에 가 있었다.

지금은 어떤지 모르나 그 무렵만 해도 극장이나 연예계에는 전문용어가 거의 다 일본 말이었다. 그 무렵에 나는 '보카시'나 '후카시' 같은 말과 그림 기술을 배웠다. 별 쓸모도 없는 기술이었지만, 그때는 그것들이 모두 놀랍고 신기할 뿐이었다. 그리고 '마치마와리'니 '이로코미'니 해서 호객 행위를 일컫는 일본 말도 알게 되었다.

과연 영화나 연극의 상영·공연 시간이 돼서 나팔을 불고 북을 칠 때는 스스로 영화의 주인공이나 극단의 단원이 되어 들뜨고 설레는 마음으로 어깨를 움찔해쌓기도 했다. 좋게 본다면 '신명의 인생'이고 나쁘게 말한다면 '하루살이 인생'이었다. 그리고 프로그램이 끝나면 술판이었다. 극장 어른들은 밤마다 우리집 그 쬐끄만 방에 몰려 앉아 통조림 베이컨을 전기풍로 위에서 오징어, 고추장, 김치와 함께 볶으며 그 독한 카나디안 위스키를 마셔댔다.

아버지는 이름을 바꾸어 쓰셨다. 본명인 김맹모를 김석주金石舟라 했다. '돌로 만든 배'다. 가라앉을 수밖에 없는 팔자라는 뜻일까?

지금도 방송국이나 연극무대의 세트를 그리는 전문가로 활약하는 최연호 선생이 그때 극장 선전부에 있었는데, 재치가 있는 분이라 아버지 성씨인 김씨를 금씨로 바꾸어 '금석주禁夕酒, 저녁술을 삼가라'로 지어 불러 사람들을 웃게 했던 것이 기억난다.

93_귀신

원주도 대구처럼 고원 분지다. 겨울엔 몹시 춥고 여름엔 몹시 덥다.

어느 해였는지 몹시 더운 여름날 밤이었다. 아버지와 극장 '기도'(입구에서 표 받는 담당)였던 신기철 씨가 선선한 무대에서 잠을 자다가 일어난 일이다.

무대 뒤편 화장실 가까이에 동네 우물이 있었는데 그 우물에서 한밤중에 물 긷는 소리가 들렸다. 아버지와 신씨는 이상하게 여겨 같이 나가보았더니 하얀 소복을 입은 웬 젊은 여자가 물을 긷고 있었다.

아버지가 한밤에 웬 물이냐고 물었더니 그 여자는 돌아가신 아버지 제사 때문이라고 대답했다. 아버지는 당신이 대신 물을 길어주겠노라고 팔을 걷어붙이고 나서서 물을 길었는데, 새벽 넘어 훤한 아침까지 혼자서 물을 열심히 열심히 길었다.

신씨는 어찌 되었을까? 신씨는 아버지가 그 여자와 첫 수작을 할 때 그 흰옷의 여자가 자기를 흘긋 돌아다보는데 얼굴이 똑 여우 같은 괴물임을 발견하고 그 길로 기절해버렸다. 그래서 최연호 선생은 신씨의 이름을 '신기절, 귀신을 보고 기절하다'로 고쳐 불렀다.

하기야 귀신은 귀신이었나 보다. 그 이튿날 환한 낮에 그 근처 동네에 샅샅이 물어봤으나 제사 있는 집은 없었으니까.

귀신은 과연 있는 것인가? 단언한다. 귀신은 분명히 있다.

94_ 벗들

김재수가 생각난다. 부모가 다 안 계신 아이다. 누님 집에 얹혀 있었는데 우리집 바로 옆집이었고 원주중학교의 동급생이었다. 늘 어떤 슬픔 같은 것이 맺혀 있었다. 그런 것을 가끔 내게 내비치기도 했었다.

지금까지도 조금 우스운 것은 그 김재수의 슬픔을 내가 소설로 쓴 적이 있었다는 것이다. 어떻게 썼는지 기억도 안 나는데 나로서는 그때 그애의 사고무친한 처지가 너무 가슴 아팠던 것 같다.

그런 것들이 문학의 출발이었을까? 하긴 중학교 2학년 때인지 3학년 때인지 국어 시간 숙제로 시를 한 편 썼는데 김소월을 흉내낸, 가을 코스모스에 관한 것이었다.

유기석이란 친구도 생각난다. 얌전하고 공부 잘하는 친구인데 독실한 가톨릭 집안으로 서울공대에 진학했는데 이후 못 만났다.

남영조란 잘생긴 친구도 있었고 모두들 내 이웃에 살던 친구들로서 동네 뒤 방죽 너머 봉천내에 나가 함께 멱감고 장난치던 사이다.

김창환이란 친구에게 누나

원주중학교 졸업 무렵 크리스마스 기념으로 찍은 사진. 뒷줄 가운데가 필자다. (1955)

가 있었다. 그 누나가 나에게 졸업기념 사인첩(그 무렵의 유행이었는데 졸업기념으로 종이에 그림을 그리고 추억의 사인을 해서 친구들에게 돌리는 것이다)의 그림을 그려달라고 밤에 자기 방으로 불렀던 일이 생각난다.

그 방에서 나는 초등학교 1학년 때 여선생님 방에 갔던 때를 기억했다. 그리고 뽀오얀 그리움 같은 것, 아련한 연정 같은 것이 싹트는 것을 느꼈던 듯하다. 창환이 아버지가 갑자기 방문을 열어젖혀 깨져 버렸으나 '누나'라는 호칭에 연속된 아리따운 감정이 그 무렵 한때 나의 정서를 사로잡았던 것이 기억난다.

95_ 포르노

아버지는 나를 많이 걱정하셨던 것 같다. 공부엔 취미를 잃고 영화·연극에만 빠져 있었으니 걱정될 수밖에.

걱정할 수밖에 없는 일이 실제로 일어났다. 그러나 나 스스로 비밀 속에 묻어버렸던 일이다.

어느 날 새벽녘, 나는 조그마한 창밖으로 동네 아주머니들이 극장으로 수군수군대며 들어가는 것을 우연히 보게 되었다. 무슨 일인가 호기심이 발동한 나는 나만이 아는 극장 통로로 해서 극장 영사실 위의 천장 서까래 위로 기어올라갔다.

나는 깜짝 놀랐다. 이미 시작된 영화는 과연 놀랍고 놀라운 내용이었다. 미국의 이른바 '에로 영화'였는데 지금 생각해보면 포르노치곤 지독한 '하드 코어'였다. 남녀의 성기가 모두 노출되어, 노출 정도가 아니라 클로즈 업되어 마치 기차의 피스톤처럼 왕래를 반복하는 것이었고 오럴 섹스가 끊임없이 계속되는 것이었다.

아주머니들은 낄낄대고 있었다. 그러나 그 높은 서까래 위에 도둑놈처럼 엎드린 열다섯 살 내 인생에는 청천벽력과도 같은 일대 사건이 일어나고 있었던 것이다. 섹스가 내 어린 뇌수를 점령한 것이다. 그것도 지독하게 노골적인 포르노가.

언젠가 구성애 씨의 '아우성'을 들으며 포르노야말로 건전한 성을 더

럽히는 최대의 적이라는 말에 내 마음에 밑줄을 그은 일이 있다. 그렇다. 포르노는 사실의 성이 아니다. 사실·현실의 성이 아닌, 과장되고 분식된 무책임한 포르노는 그래서 불륜이나 성매매까지도 부끄럽게 생각하지 않도록 만드는 반윤리적 폭력이 되는 것이다.

스물여덟이던가 한 번, 마흔 살엔가 또 한 번, 그리고 쉰 살에 다시 한 번 포르노를 본 적이 있다. '소프트 코어'였으나 역시 성을 왜곡하는 데엔 다름이 없었다.

나는 유년기에 악동들에게 성기를 매질당한 적이 있다. 그 뒤부터 이상한 분열에 시달린 적이 있다. 기이할 정도의 성 수치심과 역시 호색적일 정도의 성 집착이라는 상호 모순된, 얼크러진 성의식이 그것이다. 원주에서의 이 포르노 사건은 유년기의 성 분열에 다시 불을 붙였다.

돌이켜보건대 나의 성은 건강하지 못했다. 그 결정적 원인이 바로 이 포르노 사건에 있었다. 영사실 조수가 아버지 몰래 동네 아주머니들과 짜고 미군부대에서 빌려다 트는 그 포르노.

아버지의 걱정은 적중하였다. 왜냐하면 그 뒤 극장 판자집 화장실의 엉성한 판대기 사이로 가끔 여자들의 성기를 훔쳐보는 일이 있었기 때문이다. 내 소년기와 청년기의 음울한 성격 형성이 시작된 것이다.

96_무실리

그러나 원주에서의 나의 소년기가 이런 어둡고 음침한 측면만 있었던 것은 아니다. 투명하고 화창한, 아리따운 시절이 있었으니, 나는 그 시절의 영상의 이름을 '무실리의 날들'이라고 부르겠다.

'무실리'는 원주 교외에 있는 작은 마을이고 그 무실리에는 '배부른 산'이라는 우스운 이름의 둥근 산이 있고, 그리로 가는 길엔 히말라야삼나무가 밀집한 큰 숲이 있었다. 무실리에는 옻나무밭이 여기저기 많이 있었다. 또 흰 양 떼들도 많이 놓아 길렀다.

중학 2학년인지 3학년인지 가을소풍을 무실리로 간 적이 있다. 날씨는 화창하였고 눈이 시릴 만큼 녹색이 강렬하였다. 그 무렵 흔했던 미군의 통조림 B1이니 B2니 하는 깡통 박스를 점심밥으로 가져간 것이 생각난다.

밥을 먹고 보물찾기를 하고 또 무슨무슨 즐거운 게임들이 많았으나 그것보다 내 뇌리에 깊이 새겨진 것은 투명한 시냇물가에서 노닐던 흰 양 떼들과 옻밭의 녹색이다. 푸른 하늘, 흰구름, 울창한 히말라야삼나무 숲.

그러나 그 무엇보다도 더 깊이 내 기억에 새겨진 것은 히말라야삼나무 껍질을 벗겼을 때의 그 짙고 싱그러운 향기다. 이 향기의 기억이 이끄는 대로 내 소년기로 여행을 떠나곤 하는 것이 내가 흔히 불행할 때 내면에서 보상하는 한 행위였다. 이 무실리에 지금은 교도소가 들어서 있다. 그리고 그 아름답던 '무실리의 날들'은 이제 없다. 어두운 궤짝 집들만 가득 차 있다.

97_도벽

내 삶에 도벽이 붙은 한 사건이 그때 있었다.

아버지에게 누군가가 선물한 다이아몬드 축음기 바늘이 있었다. 내가 이것을 슬쩍 들고 나가 학교 친구들에게 자랑하다 잃어버렸다. 며칠 뒤 아버지가 사방 세간을 들쳐대며 이 바늘을 찾았다.

"너 못 봤냐?"

자꾸만 묻는데도 고개만 가로저었다. 그렇게 한 시간 가량 흘러갔을 때 나는 드디어 울음을 터트리며 고백해버렸다. 조용히 앉아 계시던 아버지가 말했다.

"세상에서 제일 나쁜 것이 물건 훔치는 것이고, 그보다 더 나쁜 것이 그 짓 하고도 숨기는 것이다."

아아, 그러나 나는 또다시 훔쳤다. 대학을 졸업하고 방황할 때 그림 그리는 한 여자친구의 집에서 조르주 루오의 귀한 화첩을 슬쩍 훔친 것이다. 그러고도 별 후회를 안 했다. 그 이유인즉 책도둑은 도둑이 아니라는 옛말 때문이었다.

그러나 책도둑 역시 명백한 도둑이다. 이제는 그 여자친구도 이 세상 사람이 아니니 고백할 수도 없고 그저 허공을 쳐다보며 웃을 뿐이다. 그나마 도벽이 상습으로 붙은 건 아니라는 생각에 스스로를 위로할 뿐이다. 얼마나 다행이냐!

98_미학

원주에서도 간혹 그림은 그렸다. 그러나 나 스스로 그림은 포기하고 있었다. 어머니의 간절한 마음, 그림 그리면 배고프다는 일념이 나를 마음속에서 바꾼 것이다.

그러나 미술 시간엔 역시 신이 났고 내 그림이 미술 선생님에게 인정을 받아서 강원도 중학생 미술전에 출품되어 가작 입상을 한 적도 있다.

그 무렵 미술 선생님의 자그마한 파스텔 그림에 매혹되어 몇 번이고 몇 번이고 크레파스로 그 언덕 위의 붉은 소나무 그림을 흉내낸 적이 있다. 그러나 결국 만족스럽게 흉내낼 수는 없었으니, 남의 그림은 결코 흉내낼 수 없는 것이고, 도대체 '흉내'란 것은 예술과 무관하다는 고집이 그 무렵에 생겨난 것 같다.

중학을 졸업할 때 공로상을 받았다. 그 상품들 속에 김태오金泰午의 《미학개론》이 있었다. 그 무렵에야 아무리 읽어도 그 뜻을 잘 알 수 없었으나 무엇인가 멋있는 학문이라는 것만은 희미하게나마 알 수 있어서 가끔 들춰보긴 했으나 본격적으로 본 것은 고등학교 3학년에 와서 진학을 결정할 때 완독을 하였으니, 그때 그림을 그려서는 안 된다는 강박 때문에 생활이 안정되는 대학 교수와 그림 따위 예술 전반에 가까이 갈 수 있는 미학이란 학문 사이의 절충책으로 미학과를 지망하게 된 그 첫 씨앗이 이 무렵에 심어진 셈이다.

미학은 어쩌면 나의 운명인지도 모르겠다. 지금은 거의 포기하고 있지만, 나의 나머지 생애가 아마도 미학과 결합되리라는 예감은 강하게 있다.

99_ 전봉흥

전봉흥을 만난 것은 나의 '데미안'을 만난 것이라 했다. 그러나 그와 내가 그리 가까웠던 것은 아니다. 다만 그의 그림, '북극의 오로라 속을 함께 가자'라는 그의 선물 그림을 받아서 보고 또 보고 흉내내서 그려도 보고, 그러니까 가까이 있으면서도 말은 안 하고, 그럼에도 내심으로는 그리워하는 그런 친구였다.

그의 그 오로라 그림은 기이한 것으로 펜과 수채물감을 아울러 그린 것인데, 아주 어두운 하늘에서 귀신 빛깔처럼 돋아나는 오색의 오로라가 마치 무슨 신비한 짐승처럼 다가오는 듯했다. 내게는 그것이 잘 알 수 없는 인생이라는 것 같기도 하고, 전봉흥이 함께 가자고 제안하는 이상적 삶의 모습 같기도 했으나 잘 알 수 없었고, 잘 알 수는 없었으나 그것 자체로서 매혹적이었다.

수업 시간에 나는 그에게 두세 차례 이상한 쪽지를 받은 적이 있다. 그 첫번째 기억은 대개 이렇다.

치악산은 눈이 올 때마다 운다. 그것은 그 산을 구성하는 물질들이 눈의 냉기와 안 맞기 때문이다. 제1봉인 시루봉이 보통의 최고봉답지 않게 평평한 것은 눈보라에 의해 무자비하게 깎였기 때문이다. 산에도 감정이 있다. 치악산엔 그래서 아직도 여름의 신神이 산다.

두번째 기억은 또 이렇다.

치악산 영원산성은 양길과 궁예의 옛 터전이다. 양길이 이곳에 주둔하기 시작한 것은 옛 예맥의 유민遺民들의 조직이 있었기 때문이다. 신라 통일과 함께 사라져버린 예맥은 도대체 어디로 갔을까? 일본으로 갔을까? 만주나 러시아로 갔을까? 아마도 태백산맥으로 갔을 수 있지만 내가 보기엔 치악산 영원산성이다. 영원산성엔 비록 산정임에도 우물 터가 수십 군데나 있다고 한다. 우물 터! 그것이 바로 그 증거다!

졸업을 하고 전봉홍은 서울의 경복고등학교에 진학했다. 그 뒤 서울공대를 거쳐 미국으로 떠났다. 그리고 내 삶과 시야에서 사라졌다.

그러나 지금도 생생히 기억나는 사건이 한 가지 있다. 내 인생의 오로라와 관계가 있고 그가 전공한 물리학과 관련해서 우리가 함께 걸어갈 북극, 저 생명과 지구 물질의 첫 기원과 인연이 깊은 그 사건을 생각만 해도 마음이 서늘해진다.

고등학교에 진학해서도 우리는 서울에서, 원주에서 가끔 만났다. 그 무렵 겨울방학 때 원元씨 성 가진 한 친구가 치악산 중턱 마을에 있는 자기 집으로 우리 둘을 초대했다.

전봉홍과 나는 눈이 깊이 쌓인 그 산중턱의 집에 가 막국수를 먹고 놀았다. 그러던 중 수염이 길고 엄장이 큰, 한복의 한 중년 어른이 있는 구석방으로 인도되어 들어갔다. 우리가 자리에 앉자마자 그분이 이렇게 말했다.

"베토벤이 죽어간 날 마르크스가 태어났다."

그러고는 중동무이였다. 무슨 뜻일까? 한동안 침묵이 흐른 뒤 그분이 다시 말을 꺼냈다.

"베토벤이 이루지 못한 꿈을 마르크스가 이루려고 했다."

그러고는 더 이상 말이 없었다.

도사일까? 산사람일까? 태백산에서 내려온 빨치산일까?

깊은 눈에 빠지고 또 서로 손을 잡아 일으켜세우며 돌아오는 길에 봉홍과 나는 그 어른에 대해 토론했다. 그때 봉홍이 한 말, 그 말이 영영 잊히지 않는다.

"베토벤과 마르크스 둘 다 실패. 베토벤은 부르주아의 문화영웅이고 마르크스는 프롤레타리아의 사상영웅이다. 둘 다 실패다. 이제 우리가 하자!"

'우리가 하자!'

나는 이 한마디에 함축된 어마어마한 역사적 의미를 잊을 수 없다. 지금 전봉홍이 어디서 무얼 하는지는 알 수 없다. 그러나 그가 지금도 역시 나의 '데미안'인 것은, 내가 지금도 그의 그 한마디, '베토벤도 마르크스도 아닌 우리가 하자!'의 테마를 좇고 또 좇고 있기 때문이다.

여기에 이른 나의 심안에 전봉홍의 그 봉황새를 닮은 눈매와 검실검실한 얼굴 모습이 뚜렷이 떠오른다. 그는 과연 누구일까?

100_ 미군

　　원주 주변은 미군부대 천지였다. 그리고 양공주들 천지였다. 또 미군 물품들의 천지였다.

　　내 몸과 마음을 구성하는 물질과 생각의 대부분은 무엇일까? 누군가 그런 말을 한 적이 있었던 것 같은데 아마도 우리의 몸과 마음의 99퍼센트가 양키들의 물건과 생각일 거라는 것이다.

　　맞는 말일까? 나머지 1퍼센트는 도대체 무엇일까? 그 숱한 깡통들, 초콜릿들, 술들! 그리고 그 화려한 색채의 미려한 잡지책과 그 책의 사진들, 그림들! 그 무렵 미국은 가히 천국이었고 우리에게 꿈의 나라, 이상적인 나라였다. 과연 우리의 지금의 삶의 기준과 가치 척도는 이 시절에 배어든 아메리카의 그것이 아니라고 감히 말할 수 있을까?

　　아버지가 미군 잡지에서 미군 계급 순위의 표정 변화를 그린 만화를 오려 벽에다 붙여놓은 적이 있다. 졸병 때의 유순한 얼굴이 계급이 높아짐에 따라 사나워져서 상사가 되면 사자나 호랑이처럼 되는데, 아버지는 어머니와 크게 다투실 때면 어머니의 기분 변화를 그 그림을 짚으며 우스갯소리로 표현하곤 했다.

　　잘라 말한다면 우리 삶의 금척金尺, 우리 사회의 잣대와 원형은 이 만화와 같이 미국에서, 그것도 미군 주둔 부대에서 흘러나온 것은 아닐까?

　　아니라는 단호한 한마디를 몹시 듣고 싶으나 그런 대답은 별로 들리지 않는다. 바로 이 같은 미군의 임나미국부任那美國府 같은 식민지적 존재가 원주였던 것이다. 그리고 지금까지도 용산이나 오산 등지가 그런 곳일 것이다.

나는 최근에 한 무속인을 만났는데 그가 다음과 같은 말을 했다.

"향후 십 년 동안 세상이 많이 변할 터인데 한국은 미국의 생활과 과학기술을 다 물려받아 자기 것으로 하게 됩니다."

그럴까?

101_서울

중학을 졸업하자 내 장래를 걱정하시던 아버지가 나를 서울로 유학시키기로 결정했다. 그때도 진학시험에 1차, 2차가 있었는데, 1차로 본 배재학교에 낙방하고 2차로 본 중동中東학교에 합격하여 백농白儂 최규동崔奎東 선생의 민족주의 색채가 짙은, '운동과 주먹의 학교' 중동에 진학하게 되었다.

운동과 주먹의 학교 중동?

그렇다. 사변 뒤 그 극심한 깡패들의 혼란 속에서 중동학교는 모표가 등록금의 반값이라 했다. 중동 학생은 어디 가서든 깡패에게 매맞지 않는다는 것이다. 그만큼 중동 학생 자신이 깡패 중의 깡패요, 주먹 중의 주먹이라는 얘기다.

중동학교는 축구로 유명했었고 그 밖에도 각종 운동으로 이름나 있었다. 중동 학생은 반드시 한 가지 이상의 운동을 해야 한다고 했다. 그리고 축구시합 응원을 공부보다 더 중요시했다. 언필칭 '라이언 스피리트', 즉 '사자 정신'이 중동의 혼이라 했다.

> 브이 아이 시 티 오 아르 와이
> 브이 아이 시 티 오 아르 와이
> 중동 중동 빅토리
> 라 풀라 씨스 품마

중동 중동 빅토리
와아아아!

이것이 땡볕·불볕에도 운동장에 나가 앉아 맨날 외쳐대는 구호였다. 조금이라도 응원에 게으름을 부리거나 공부를 핑계로 빠지는 경우엔 선생과 선배, 상급생 들에게 된통 혼이 날 뿐 아니라 오지게 얻어터지기 일쑤였다.

학교에 입학하자마자 나는 농구와 태권도 두 가지를 하도록 강압받았다. 본디 몸 움직임이 더디고 운동감각이 아둔한 내가 두 가지 운동을 함께 한다는 것은 도무지 무리였다. 나는 속으로 불만이 많았다. 그러나 고2, 고3으로 올라가면 자유롭게 풀어주고 공부도 열심히 시킨다고 했다. 고1 때는 정신훈련을 위한 기합을 넣는 과정이라 그런다고도 했다. 고2, 고3 학생들이 마치 군대의 상급자처럼 으스대고 폼 잡으며 고1 학생들을 마구 짓뭉개고 때리고 이잡듯, 쥐잡듯 하였다.

중동 체제라는 중동 정신, 모든 것이 마음에 들지 않았다. 시골에서 올라와 배재학교에 낙방한 것이 매우 창피했고, 가난한 부모님을 생각해서라도 이제부터 열심히 공부하겠다고 속으로 굳게 다짐하고 있었기 때문인데, 입학하고 얼마 안 있어 마침내 한 사건이 터지고 말았다.

102_ 어쭈!

고3 학생들은 으스대고 폼은 잡아도 좀 점잖을 빼는데 고2 학생들은 때를 만났다는 듯이 뻔질나게 고1 교실을 드나들며 장광설을 늘어놓거나 잔소리를 하거나 때도 시도 없이 기합을 넣곤 했다.

그런데 그날도 고2의 한 간부 학생이 하교 시간인데도 두세 시간씩이나 교실에 붙잡아놓고 장광설을 늘어놓았다. 얘기인즉슨 제가 공부를 하기로 맘먹으면 우등생이 되고도 남을 것인데 학교를 위해서 억지로 감투를 쓰고 있다는 거였다. 제가 얼마나 공부를 잘하는지를 예를 들어가면서 유세하는데 조금 우스꽝스러운 실례를 들어서 모두 웃음이 나는 걸 지그시 참고 있었을 때였다.

누구의 입에선가 마치 방귀 소리처럼 한마디가 흘러나왔다.

"어쭈!"

고2 학생 간부의 얼굴 모양이 순간 형편없이 일그러지며 얼굴빛이 샛노오래졌다. 독사같이 모난 눈을 들어 장내를 휘둘러보았다. 교실 분위기가 갑자기 싸늘해졌다.

"누구야? 나와!"

나는 순간 깜짝 놀라 당황하기 시

서울 중동고등학교 1학년 때 모습.

작했다. 왜냐하면 그 소리는 다른 사람 아닌 바로 내 입에서 튀어나온 소리였기 때문이다. 이걸 어찌하나?

"좋은 말로 할 때 앞으로 나와!"

나는 최면에 걸린 듯 나도 모르게 벌떡 일어서서 괜히 실실 웃으며 비실비실 앞으로 걸어나갔다.

"너야? 이 짜아식이 웃어?"

단 한 방에 기절해버리고 말았다. 간단해서 좋았지만 그 뒤로 나는 상급생들에게는 '꼴통'으로 찍혔고 동급생들에게는 엉뚱한 촌놈으로 따돌림을 받았다.

분명 중동 기질이란 것이 있기는 있었던 셈이다.

103_ 늑막염

아무래도 두 가지 운동을 함께 하는 것이 내게는 무리였다. 더욱이 열여섯 살의 객지살이엔 지나친 부담이었다. 개학 후 불과 두 달 만에 나는 늑막염에 걸려 원주집에 돌아가 쉬게 되었다.

병원에 가서 늑막의 물을 빼내는 일과 극장에서 영화·연극을 보는 것 이외엔 할일이 없었다. 그 두 달 동안에 나는 시시각각 빛깔이 변하는 치악산의 미묘한 아름다움을 알았고, 폭격에서 면제된 원주 남산 근처, 봉산동 배마을이나 우물시장 쪽의 구 시가지 옛집, 옛 골목을 어슬렁거리며 돌아다니는 게 일거리가 되었다.

자기 땅에 붙어살아 익숙한 토박이 사람들의 느긋하고 한적한 붙박이 삶을 부러워했고 눈에, 마음에 깊숙이 그 삶의 모습들을 담아두려고 했다. 그 낡은 집들과 낡은 삶의 모습은 강렬하게 내 심상 속에 새겨진 채 퇴색하지 않고 한두 해 뒤 나의 초현실적인 시작詩作들 속에 신화적으로 변형되어 나타나거나 대학 초기에 원주에서 벌인 시화전 속에서는 '그림시'들로 그 모습을 바꾸어 드러나기도 했다.

늑막염은 그 후 폐렴으로, 대학 시절엔 다시 폐결핵으로까지 진전되어 나의 청춘을 병색으로 어둡게 만들어놓았지만, 그 두 달 동안 내 안에서 공부에 대한 정성을, 공부를 통해 가난한 부모님께 은혜를 갚고자 하는 지극한 열성을 만들어주었다. 그리고 삶과 세계에 대한 이상하리만치 서글픈 정조를 빚어냈다.

"삶이란 슬픈 것이다."

나는 그 무렵 단호하게 이렇게 말하곤 했으니 그런 슬픈 마음에는 다시금 공부하러 서울로 떠나던 그날 새벽, 원주역에 나와 배웅하시던 어머니의 초라한 모습이 내 한 시절의 슬픈 인상화로 새겨져 지금까지도 누우렇게 빛바랜 서글픈 사진처럼 뇌리에 그대로 남아 있다.

104_ 삼청동

　　삼청동엔 그때 고검 검사장으로 재직중이던 외할머니의 동생 되는 친척 어른이 사셨다. 어머니의 간청으로 나는 그 집 사랑채에 묵으며 학교에 복학하였다.

　　하루에 꼭 서너 시간씩 잤을까? 학교공부 외에도 늘 혼자서 공부만 했다. 그것이 일단은 나의 정성이고 부모님에 대한 보은이었지만, 사실은 깊은 슬픔이었던 것 같다. 성적은 대번에 상승했지만 자주 코피를 쏟았고 얼굴은 누우렇게 시들었다.

　　아마 그 무렵부터 시를 끄적이지 않았을까? 슬프고 괴팍하고 어두운 낱말들을 끄적거리지 않았을까? 가끔 일요일이면 원주에 내려가는 대신 책을 들고 삼청공원에 올라 소나무와 전나무가 들어찬 숲속에 혼자서 가만히 앉아 있곤 했으니까.

　　가만히 앉아 무얼 했을까? 꿈을 꾸지 않았을까? 눈을 뜬 채로 꾸는 백일몽? 문학의 시발점이라고 불리는, 그 공포에 가까운 슬픔과 눈부신 백일몽?

105_ 명동

서울은 폭격으로 인한 폐허에서 벗어나지 못했다. 여기저기 부서진 건물의 잔해들이 널려 있었다. 그나마 큰 건물들이 남아 번화가의 모습을 겨우 유지하고 있는 곳이 명동이었다.

시집간 큰이모네가 큰외삼촌과 함께 명동에 한약방을 차리고 그 약방 건물 뒤채를 빌려 살림집을 차렸는데, 나는 삼청동에서 그곳으로 옮겨 몇 달을 지낸 적이 있다.

밤낮으로 들리는 것이 경음악이고 눈에 띄는 것이 모두 다 들뜬 풍속뿐이었다. 열여섯 나이에 무엇을 알았겠는가마는 어렴으로라도 감촉된 것은 환락과 소비적인 유행과 절망과 깊은 부패였다.

그 무렵 학교 국어 시간 숙제로 제출한 시 두 편이 선생님의 눈에 띈 것도 바로 그 시들이 열여섯 나이의 시치고는 엉뚱하게도 명동의 그 들뜬 풍속과 그 화려한 외면 뒤에 숨은 깊은 부패의 냄새를 바탕에 짙게 깔고 있었기 때문이다.

"김영일은 방과후 교무실로 와!"

국어 선생님은 이화여대 국문과를 나온 소설가 지망생 이인순李仁順 선생님이었다. 교무실에서 고개를 푹 숙이고 있는 나를 빤히 쳐다보며 부모님 직업과 함께 현재 살고 있는 환경 등을 꼬치꼬치 물어보던 이선생님을 향하여 건너편 책상의 영어 담당 김성모 선생님이 한마디 부조를 했다.

"그 학생 우수한 학생입니다. 잘 좀 봐주시오."

이선생님이 얼굴이 빨개지며 웃었다.

"잘못이 있어서 부른 게 아니에요. 하도 시가 괴상해서 환경을 알고 싶었던 것뿐이에요."

"어떻게 괴상해요? 괴상한 것은 요즈음 모더니즘 문학에선 흔한 거예요."

"글쎄, 어린 나이에 모더니즘 경향이 나타나니 이상한 일이잖아요."

"그래요? 모더니즘이?"

이인순 선생님과 김성모 선생님은 그때의 인연으로 내게 국문학과 영문학을 통해서 동양문학과 서양문학을 졸업할 때까지 거듭해 가르쳐주신 문학의 은사가 된 것이다.

이선생님은 그때 자기 서가에 꽂혀 있던 김성한의 《오분간五分間》이란 신간 단편집을, 그 뒤엔 손창섭의 《인간상실》과 이상과 김유정의 단편집들을 빌려주었고, 한두 달 뒤엔 한용운, 김소월, 김영랑과 서정주의 시집을 차례로 빌려주었으며, 또 꼬박꼬박 독후감을 받으셨다. 그런가 하면 김성모 선생님은 2학년이 되어서 나의 영어가 꽤 진척이 되었다 하며 키츠, 셸리, 바이런, 오든과 스티븐 스펜더를, 앨런 긴즈버그와 잭 케루악을, 그리고 엘리엇을 막 뒤섞어 빌려주었다. 이것이 바야흐로 나의 본격적인 문학수업의 시작이었다.

그리고 어느 날 이선생님은 방과후 나를 중국집에 데리고 가 맛있는 요리를 사주며 집안 형편을 자세히 묻고 웬만하면 명동을 떠나라고, 하숙이 힘들면 차라리 자취를 하라고 내내 권유하셨다. 그 뒤 나는 한동안 자취를 하다가 집안 경제 형편이 조금 개선되면서부터는 내내 하숙을 하게 되었다.

명동을 떠나라는 것, 그것은 김소월 등의 한국적 서정을 애써 간직하라는 말이었고, 명동을 떠나라는 것, 그것은 그 두 편의 시에서처럼 "김마담은 어젯밤 어디에 있었을까?"라고 겉만 보고 힐난하지 말고 좀더 객관적이고 구체적으로 그 마담의 내면의 삶을 살필 수 있는 판단의 성숙과 관찰의 거리를 확보하라는 것으로 내겐 해석되었다.

그리고 김성모 선생님의 도움으로 나는 국문학과 민족문화·동양문화와 전통 서정의 한계 안에 갇히지 않고 서양 및 현대에도 눈을 돌리게 된 것이다.

지금 생각해봐도 내가 동서양과 전통, 현대 어느 한쪽에 국집하지 않고 양측을 융합하는 입장을 되도록 항시적으로 유지하려고 노력하게 된 것은 전혀 두 분 선생님의 도움이라고 생각하고 깊이 안도하며 버릇처럼 가슴을 쓸어내리곤 한다.

106_ 백일장

내가 원주에서 돌아와 복학하고 이선생님을 만난 지 얼마 안 된 가을에 서울 시내 고등학생 백일장이 삼청공원에서 있었다.

나는 김 아무개라는 다른 친구 한 사람과 함께 참가해서 시를 썼으나 입상도 못 했고 시편 전체도 기억나질 않는다. 다만 기억나는 얘기는 '무풍지대無風地帶'라는 한 구절로 미루어 내 마음속엔 절망과 슬픔의 바람이 불고 있지만 이 공원의 자연은 그것이 없는 무풍지대라는 이미지였던 것 같다.

이선생님은 바로 그 마음속의 번뇌의 존재를 값있게 평가해주시고 공부와 함께 글쓰기를 열심히 하도록 격려해주셨다.

나는 그 뒤 문예반에 있으면서 2학년, 3학년 때도 가을마다 열리는 고등학생 백일장에 참가했으나 고3 때 비원에서 '궁중 쿠데타'의 반역적 이미지를 다듬어서 딱 한 번 가작에 입상한 적이 있을 뿐이다.

그때 내 인상에 깊이 새겨진 것은 가을 고궁의 아름답고 고답적인 이미지와 함께 기성의 유명한 시인들의 실제 모습이었다. 그곳에 서정주, 김남조, 노천명과 같은 분들이 보였으나 그 중에도 나의 관심을 가장 끈 분은 김관식 시인이었다.

술이 잔뜩 취한 채 흐트러진 옷매무시로 담배를 꽁초까지 빨아대며 학생시인들과는 너나없이 터놓고 말벗을 하면서도 나이 든 거물 시인들에게는 비아냥거리는 말투로 반말을 던지는 그가 그야말로 자유인 같았고 그야말로 무애인無礙人 같았다.

그러나 그가 노시인들에게 반말을 하고 비꼬는 그 태도가 그리 부러운 것만은 아니었다. 다만 문인의 기이한 생활 태도를 한번 크게 엿보았다는 신기한 느낌이었을 뿐이다.

고3 때 비원에서 가작 입상한 '궁중 쿠데타'의 이미지는 그 무렵 학교 교지에 게재된, 초현실주의적인, 어쩌면 마술적 리얼리즘 계통인 소설의 뼈대가 된 것으로 기억된다.

최근 몇 년 사이에 내가 신라 향가와 같은 자연과 초자연, 현실과 환상, 주관과 객관을 넘나드는 원융한 새로운 풍류문학, 우주적 율려문학에 관하여 말한 것이 최초로는 그 무렵의 이미지들에 잇닿아 있는 것이 아닌가 생각되기도 한다.

107_문학의 밤

　　백일장의 경우와 마찬가지로 나는 고3 때까지 한 해에 한 차례씩, 세 번을 7대 사립고등학교 '문학의 밤'에 참가하여 시낭독을 했다.
　　세 가지 장면이 떠오른다. 하나는 덕수궁 근처의 폭격으로 무너진 한 건물 터를 지나 내가 낙방한 배재학교의 그 오래된 미국식 교실에서 행사 준비에 관한 회합을 하던 일이다. 그때 중앙고 대표로 나왔던 최청림이라는 미소년의 모습을 잊을 수 없다. 지금 조선일보에서 일하는 그 최청림 씨다.
　　회합이 끝나고 먹을 줄 모르는 배갈을 몇 잔 먹고 정신이 나가 뿌우연 호박꽃 같은 중국집 방 전등 아래서 동료들의 얼굴이 탈바가지처럼 흔들리며 명멸하여 아주 혼이 났던 기억이 난다.
　　두번째 장면은 진명여고 근처인데, 그때는 중앙고에서 나보다 한 해 후배인 귀재 이수화 시인과 지금도 가까운 친구인 화가 심정수 씨가 대표로 나와 함께 문학을 토론하고 삶의 진실에 관해 함께 고민하던 기억이 난다. 한결같은 것은 모두들 천재 기질들로서 한가락하는 듯한 똥배짱을 보였다는 점이다.
　　생각난다. 그 재주꾼 이수화의 한 구절.
　　"살다 살다 못 살면 지옥에나 가라지!"
　　그래, 중앙학교와 나는 아무래도 인연이 깊은 모양이다. 왜냐하면 세번째 고3 때의 준비 모임인 동숭동 서울대학 앞 어느 이층 과자점에는 훗날

고등학교 3학년 때 친구들, 선생님과 함께. 아랫줄 왼쪽이 필자.

나의 든든한 사형이요, 절친한 친구이기도 한 저 유명한 드라마 작가 김기팔金起八 씨가 나와서 중앙학교가 왜 이번에 참가하지 못하는가를 직선적으로 웅변했던 것, 그래서 모두들 분격했지만, 그 문인 특유의 똥배짱에 매혹되어 불평이 그저 투덜거리는 정도로 그쳤던 생각이 난다.

김기팔 씨는 이미 그때 백기완 선생이 이끄는 학생산림녹화대에 가담하여 나라를 걱정하는 작은 웅지를 불태우고 있었고 얼마 안 있어 라디오 방송극 〈해바라기 가족〉으로 공모에 당선하여 돈도 벌고 이름도 유명해졌지만, 무엇보다도 트릿하면 트릿하다고 들이대는 그 서북 기질의 배짱과 말술로 더 이름이 났던 한 시대의 걸물이었다.

마지막 장면은 배재학교 강당에서 문학의 밤이 열린 날이다. 다른 일들은 모두 자취없고 김관식 시인이 등단하여 서정주 시인이 자기 동서라고 자기 소개를 하며 대한민국에는 서정주와 자신밖엔 시인이 없다고 강변하여 느닷없이 학생들의 박수를 받은 일과 이화학교의 가녀리고 어여쁜 얼굴의 오혜령 씨가 재치 있게 수필 낭독을 했던 것밖엔 생각 안 난다.

그러나 그날은 바로 내가 〈난파선〉이라는 초현실적인 시를 낭독했던 날로서 그 이미지는 훗날 대학 시절에 〈두 개의 창窓〉이라는 희곡으로 드라마화한, 끈질기게 지속된 몇 가지 해양 이미지 가운데 하나였던 것이다.

이어서 생각한다. 이런 일련의 행사들에 이끌려 나는 글을 쓰게 되었고 글을 읽게 되었다는 것.

그러나 참으로 문학에 깊숙이 파고들게 된 것은 첫째 객지의 외로움과 존재의 어려움, 삶의 슬픔 때문이었고, 둘째는 문예반의 절친한 친구들 때문이었고, 셋째는 이인순 선생의 지속적인 지도를 상징하는 선생님의 노트 세 권, 어려운 우리 토박이 어휘들을 모두 수집하여 거기에 뜻을 일일이 달아놓은 귀중한 노트 세 권을 내가 물려받았기 때문이다.

이 노트를 가지고 나는 우리말 공부를 조금이라도 구체적으로 하게 되었고 거기서 우리말의 깊이와 아름다움, 그 천변만화의 묘미를 깨닫게 된 것이다.

108_ 최초의 철학

　　내가 공부를 제대로 하기 시작한 것은 2학년 때부터다. 코피를 흘리며 잠을 쫓으려고 허벅지를 쥐어뜯는 세월이 얼마 만큼 지나자 공부에도 길이 열리고 습관이 붙고 재미가 나기 시작했다.
　　그러나 다른 과목은 다 높은 성적이고 기하까지도 우수했으나 대수만큼은 겨우 빵점을 면하는 정도였다. 취미가 없으니 그 시간엔 졸거나 대수책 여백에 낙서를 하기도 했다. 대수 선생에게 이 낙서를 들켰다.
　　"니가 변소 낙서 다 했지?"
　　머리를 때리며 이렇게 몰아붙이는 데는 정나미가 뚝뚝 떨어졌다. 정 떨어지니 성적이 나쁘고, 성적이 나쁘니 정이 더 떨어지고 그랬다. 대수와 함께 또 한 가지 취미 없는 게 있었으니 체육 시간이었다. 군인 출신의 체육 선생에게 이상하게 잘못 보여 내내 미움을 받았던 것이 기억난다.
　　그러나 그 밖엔 모두 잘했고 취미가 있었다. 역사·지리와 국어나 외국어 등이 특히 좋았다. 성적이 올라가면서 반을 이동하여 최고반까지 옮겨갔다. 그 무렵 중동학교는 성적순으로 반을 나눴으니 한 학년을 상, 중, 하 세 반으로 갈라놓아 성적에 따라 이동하게 되어 있었다.
　　나는 맨 아랫반에서 중간, 맨 윗반까지 옮겨가며 골고루 친구들을 사귄 셈이었다. 그래서 의외로 내게는 주먹 친구들이 많았다.

109_ 생활

한때는 화동 경기고등학교 밑에서 방을 얻어 자취도 했다. 한 학년 위의 원주 선배 김성식 형과 자취를 했으나 몇 달째 되었을 때 지독한 감기에 걸려 몹시 고생한 뒤 집에 사정을 얘기해서 하숙으로 옮겼다.

감기 걸렸을 때 생각이 난다. 중동학교 안국동 쪽 입구에 우동집이 하나 있었는데 그날 우동 한 그릇에 고춧가루를 잔뜩 부어 혀가 타도록 맵게 먹고 나서 비틀거리며 화동 집까지 어떻게 왔는지 모르게 돌아왔다.

가는 길에 풍문여고와 덕성여고가 있는데 기억나는 것은 비틀거리는 나를 손가락질하며 깔깔거리던 두 여학교 여학생들의 소란스런 놀림뿐이다. 무엇인가 내 젊음이 한없이 초래해지는 느낌이었다.

이 느낌, 허수아비처럼 한없이 가볍고 초췌한 느낌. 나는 그때 이 느낌을 견딜 수가 없었다.

자취를 걷어치우고 하숙으로 옮길 때의 그 날 것 같고 살 것 같던 마음도 이제 생각난다.

나는 하숙을 여러 군데 옮겨다녔다. 그 중에 고3 때 있었던 필운동 배화여고 아래켠 하숙집 가운뎃방에 제일 오래

고등학교 시절 친구 김원식, 김성식 형과 함께.

있었던 것 같다. 그 집, 자그마한 기역 자 한옥에 자그마한 마당이 있는 옴팡한 집. 그 집에서 나는 많은 책을 읽고 많은 글을 썼으며 그보다 더 많은 공부를 했고 그보다 훨씬 더 많은 초현실적인 꿈을 꾸었다.

나에게, 계속 생성중에 변하고 있는 유체 상태의 그 무렵의 나에게 그 집은 그 변화를 가둠이나 멈춤이 아니라 산 채로, 흐르는 채로 담을 수 있었던 아담한 골동품 그릇이었고 고마운 나의 '객지 속의 둥지'였다.

110_ 하숙집들

그 밖에도 몇 군데의 하숙집들이 떠오른다.

서대문에 있을 때다. 학교에서 돌아와 석양 무렵이 되면 저녁을 일찍 먹고 폭격에서 살아남은 옛 주택가의 오래된 골목을 천천히 거닐며 붉은 벽돌집을 기어오르는 푸른 덩굴의 기이한 빛깔을 보고 그 집들에서 울려나오는 해맑은 피아노 소리를 들으며 센티멘털리즘에 젖어들던 것이 생각난다.

이른바 소년기의 낭만이겠는데 학교의 독일어 시간에 배우던 〈임멘제〉라는 소설이나 영어 시간에 배우던 영국 낭만파 시인들의 서정시 또는 음악 시간에 배운 〈트로이메라이〉 류의 묵상적인 음악과 연계된 '동경'이었다고 기억된다.

그러나 지금 생각해도 그렇다. 그 동경에는 현실적인 근거가 없어서 아무리 치열하게 동경하더라도 현실적인 발상을 촉발하지는 못한다는 것이다. 도리어 사유와 정서가 공허해지고, 어떤 계기를 만나면 고답이나 그로테스크로 떨어져 위태로운 선민의식을 갖게 될 수 있다는 점을 막연하지만 그때 이미 느끼기 시작한 것도 기억난다.

재동에서 하숙할 때의 기억도 난다. 한 방에 웬 중년 어른이 함께 하숙을 했는데 그분은 학원을 경영하던 분으로 밥을 몹시 급히 먹고 성미가 매우 급한 분이었던 것이 생각난다.

그 재동 집 외동딸이 숙명여대 국문과를 다녔는데 내가 문학에 취미가 있다는 것을 알고 간혹 문을 열고 형편을 묻기도 하고 맛있는 반찬을 주곤 했던 것도 잊히지 않는다.

재동 집에 있을 때, 그러니까 고2 때였던가, 제가 무얼 안다고 글쎄, 하숙비를 절약해서 모으고 모은 돈을 한꺼번에 투자하여 미국의 모던 라이브러리 판 마르크스의 《자본론》 두 권을 광화문 범문사에서 사들인 적이 있다. 솔직히 말해서 지적인 사치였다. 왜냐하면 경제학 지식의 기초가 전혀 없었고 마르크스의 학문에 대한 입문 과정이 전혀 없었던 나에게 《자본론》이란 것은 아버지의 그 한 시절에 대한 추억과 이리저리 뒤적이며 '내가 드디어 《자본론》을 가까이 한다'라는 일종의 오만을 만족시키기 위한 허영심에 지나지 않았기 때문이다.

그 밖에도 소련 번역성에서 나온 영문판 막심 고리키의 《어머니》, 도스토예프스키의 《가난한 사람들》과 《카라마조프 가의 형제들》을 샀는데 《어머니》와 《가난한 사람들》은 사전 열심히 찾아가면서 겨우 읽었으나 《카라마조프……》는 내내 읽지 못하고 나중에 대학 때 한글판으로 읽었다.

이 일이 학원 경영하는 그 어른을 통해 주인집 따님에게 알려져 하루는 그 따님이 나를 안국동의 한 과자점으로 데려가 참으로 따뜻하고 친절한 우정과 깊은 관심으로 감싸주어 내 생애에서 별로 흔치 않은 호사를 한 적이 있다.

그러나 그 사건이 좋은 일만을 가져다준 것은 아니었다.

그 무렵 어느 날이다. 학교로 종로경찰서 정보과 형사가 찾아와 나를 종로서로 데리고 가는 일이 생겼다. 나를 아끼는 선생님들의 놀람은 말할 수

없이 컸고 나는 까닭을 알 수 없는 어리둥절함 속에서 희미하게나마 그 이유를 짚어낼 듯했는데 드디어 종로서의 형사가 그것을 알려주었다.

《자본론》이었다. 그 책을 사면서 책방 주인에게 이름과 신상명세를 적어서 아무 의심 없이 건네준 일이 있었는데 그 명세가 종로서로 보고되었다가, 어느 고등학생이 관련된 적색 삐라 살포 사건이 일어나자 보고서에 있는 대로 나를 수배하게 된 것이었다.

고2 때 남산 밑에서 하숙하던 시절.

나는 사건과 무관하며 다만 지적 호기심에서 책을 샀으나 읽지는 못했다고 대답했다. 그러나 나를 방면해준 것은 내 대답이 아니었고 이인순 선생님을 비롯한 몇 분 가까운 선생님들의 연대 보증이었다.

그 사건은 선생님들이 나를 엉뚱한 친구로서보다 공부하고 고민하고 사색하는 한 지적인 청년으로 높이 봐주게 만들었다. 매번 그런 표정과 언질에 부딪칠 때마다 당황하고 죄송할 뿐이었다. 그때 《자본론》은 종로서에서 압수해가지 않고 내 수중에 있다가 대학 때 상과대학에 다니는 한 친구에게 넘어갔고, 내가 막상 《자본론》을 실제로 읽은 것은 훗날 학생운동하는 친구에게 빌린 전석담 번역의 한글판 두 권으로다.

　　허영심!

　　이 사건은 내게 말할 수 없이 창피한, 내가 나 자신을 비난하고 평가절하하는 계기가 되었다.

111_ 빨치산

이 사건에 대한 기억은 또 하나의 사건을 바로 잇달아 기억나게 한다.

어느 날 학교로 한 아주머니가 찾아왔다. 나더러 대뜸 목포의 로선생을 아느냐고 물었다. 안다고 했더니 그분이 지금 중앙청 앞 중학동에 계시는데 날 보고 싶어하니 지금 곧 가자는 것이었다.

놀라운 일이었다. 도대체 언제 적 로선생인가? 내가 초등학교도 들어가기 이전의 그 한 시절에 만나뵈었던 분이 아닌가!

그 뒤, 그 그림자 둘이 벽에 어룽이던 그 밤 뒤로는 풍문으로만 들어오던 로선생, 유명한 공산주의자요, 목포시당의 당성 심사위원장이며 월출산에 이어 지리산, 태백산에서 일본도의 사나이로 날리던 저 유명한 빨치산 로선생이 아닌가! 그런데 그분이 어떻게, 지금 여기 서울에서 나를 찾는다는 것인가? 꿈결같은 이야기였다.

좌우간 나는 귀신에 사로잡혀 산으로 끌려가듯이 그렇게 그 아주머니를 따라 중학동 길가의 한 거대한 한옥집으로 안내되어 들어갔다. 그 집 문패에 '정병조'라고 돼 있는 것으로 모아 목포 갑부 그 사람 집임을 대뜸 알 수 있었다.

한 귀퉁이의 작은 방이었다. 손바닥만큼 비좁은 캄캄한 방안 저 안쪽에 두 개의 눈이 번뜩이고 있었다.

"영일아!"

내 손을 덥석 잡았다.

"영일아! 많이 컸구나!"

차차 얼굴에 바깥 빛이 비쳐들어 모습을 알아볼 수 있게 되었다.

수척! 그랬다. 수척했다. 봉두난발에 수척할 대로 수척했는데 두 눈만이 번뜩이며 살아 불타고 있었다. 로선생이었다.

부모님 소식을 묻는 것 이외엔 별로 말이 없었다. 계속 내 얼굴만 바라보고 있었을 뿐이다. 그러고선 이윽고 나는 돌아왔다.

그 뒤로 가끔 선생을 만나뵈었다. 뵈올 때마다 조금씩 주위들은 단편적인 이야기들을 꿰맞추어 내 나름으로 사연을 짐작했다.

월출산에서 지리산, 태백산으로 옮겨갔다. 태백산에서 전투중에 사로잡혔다. 경찰에서 사형을 집행하려 했다. 아마도 마지막 부탁으로 친분이 있던 정병조 씨에게 연락이 되어 정병조 씨가 보증을 서서 풀려났던 것 같다.

그 뒤 로선생은 건강을 회복하자 퇴계로에서 자그마한 기계수리 공장을 운영하였다. 나는 가끔 뵈오러 갈 때마다 쥐어주는 용돈을 받아 주로 책을 사서 보았다.

사상적 영향관계? 조직? 어림 반 푼어치도 없는 소리다. 그렇게 생각 없는 나도 아니거니와 그 정도로 소박한 선생도 아니었으니, 그저 공부와 건강만 걱정할 뿐이었고 다시금 살아보겠다고 노력했던 것뿐이다. 그러다 어쩌다 길이 끊겼고 선생은 이내 내 의식에서 멀리 사라졌다.

훗날훗날 내가 대학을 마칠 무렵에 살던 미아리 골목에서 한밤중에 갑자기 부딪쳤는데 결혼을 하셨고 아이들도 있다는 소식을 알려주셨고, 그러고는 오 년 전 아버님 돌아가셨을 때 분향하러 오신 걸 잠시 뵈었을 뿐이다. 잠시 뵈었을 뿐이었지만 여위고 날카롭고 날랜 몸짓으로 보아 로선생은 '영원한 빨치산'이라는, 움직일 수 없는 확고한 인상을 받았다.

    그런 사람이 있다. 자기의 신념 하나가 삶 전체를 관통하는 사람. 그 삶의 터전이 산이든 들이든, 높은 누각이든 낮은 거적자리든 불문하고 변치 않는 그런 사람. 로선생은 바로 그런 사람이었다.

112_ 박선생

1958년이었으니까 자유당 이승만 시대의 말기였다.

고3 때였다. 사회 시간에 처음 들어선, 자그마한 체구에 단단한 몸집, 흰 이마에 안경 너머 날카로운 눈빛을 한, 육군 대령 제대의 박영호 선생님이 학생들에게 미친 영향은 아주 큰 것이었다.

"파루크라는 썩어빠진 놈이 왕으로 앉아 있었을 때야. 썩고 썩어서 더 이상 썩을 여지가 없는지라 청년 나세르는 젊은 장교들과 모여 밤마다 공부를 하며 이 정권을 어찌할까 고민했어. 그리고 군대를 동원해 뒤집어엎었어. 쿠데타야. 썩은 왕정을 엎어버리고 대망의 공화정부를 세운 거야. 그때의 얘기, 그때의 의논, 그때의 포부를 적은 것이 바로 저 유명한 《국가와 혁명》이란 책이다. 영어로 번역돼 있어. 영어 공부 잘하면 읽어볼 수 있지. 불후의 명작이야, 명작! 아! 그 열정과 패기와 지성! 그것이 지금 우리에게 있어야 해!

지금의 자유당 정권은 파루크보다 더 썩었어. 자네들, 내 얘기를 똑똑히 들어! 귀로 듣지 말고 가슴으로 들어! 뜨거운 피가 용솟음치는 가슴팍으로 들으란 말이야!

지금 자네들 같은 순수한 청년들이 아니면 세상을 고칠 수 없어! 썩은 것을 수술하는 데엔 예리하고 순수한 칼밖에 없지! 자네들마저 이 현실을 외면한다면 절망밖엔 없어! 자, 눈을 감고 우리나라의 현실을 생각해봐! 거리에서 떨고 있는 어린 거지들을 생각해봐! 자, 눈을 감고 고향 농촌에 두고 온 늙고 가난한 부모님들을 생각해봐!"

그렇다. 우리는 조마조마해서 숨도 못 쉬고 듣고 있었다. 괜찮으려나? 박영호 선생님이 잡혀가면 어찌하나?

그렇게 대담하고 용기 있는 사람을 나는 예전에 본 적이 없었다. 박영호 선생님은 그렇게 크고 당찬 분이었다. 그 결과가 무엇이었을까? 두 해 뒤의 저 4월혁명이 아니었는가? 이름이 크게 알려지지는 않았지만 박선생님은 진정한 군인이요, 진정한 선생님이었다.

나는 그 뒤 선생님을 뵌 적이 없었다. 그러다가 사 년 전에 일산의 우리 사는 아파트 앞 슈퍼 근처에서 난데없이 선생님을 뵈었다. 목사님이 돼 계셨다.

그래, 그때나 지금이나 앞장서 가르치시는구나. 박선생님 때문에라도 목사님들께 잘해야겠지. 개신교 흥 함부로 보아선 안 되겠지. 그렇지. 암, 그렇고 말고.

113_ 자상한 어른들

삼 년 동안 가르침을 받은 여러 선생님들을 잊을 수 없다.

고문古文의 김영배 선생님. 나랑 이름도, 얼굴도 비슷하다고 애들이 '너희 형' 어쩌고 했던 분인데 어느 날 나를 교단으로 나오라고 해놓고 당시 유행이던 '실존주의'에 대해 말하라고 했다.

뭘 말했는지 알 수 없다. 카뮈가 어떻고 사르트르가 어떻고 한참을 떠들었는데 내용은 모르겠다. 다만 한 가지 낱말이 뇌리에 남아 있는데 그것은 '운전수 의식'이란 말이었다. 한 차 안에서 모든 승객이 잠을 잘 때에도 운전수는 책임감을 가지고 잠을 자지 않을 뿐 아니라 앞길을 걱정하고 살피는데, 이 의식이 실존주의라는 것이었다.

"물론 실존이 무엇인지는 해명하지 못했지만 그만하면 비슷하다."

김영배 선생님의 논평이었다.

선생님은 나의 문학적 진로에 관심이 많으셨다. 건강하신지?

또 한 분 연세 많으신 고문 선생님. 기억이 하나 있다.

"하느님이 사람을 만들 때 구워 만들었는데 백인종은 설익고 흑인종은 너무 많이 구웠고 적당히 노릇노릇하게 잘 구운 게 바로 우리 같은 황인종이라! 그러니 미국 놈, 구라파 놈들에게 열등감 갖지 말라구, 알았어?"

그 밖에도 여러 선생님의 여러 가지 강의가 빠짐없이 그대로 나의 살이 되고 피가 되었으니, 배재학교 낙방과 늑막염, 가난과 타향살이가 나를 지독한 공부벌레로 만들었던 셈이다. 그래서 그나마 선생님들 고마운 것을 조금이나마 알게 된 것 아니겠는가!

한 젊은 분이 떠오른다. 정식 교사가 아니라 교원 실습 나온 연세대 국문과 학생이었는데 방과후 나더러 내 하숙에 한번 가보고 싶다고 했다. 내가 낸 국어 숙제를 보았던가 보다. 서대문에 살 때였는데 노을 무렵에 하숙방에 앉아 문학에 관해, 특히 그 무렵 대유행이었던 손창섭의 단편에 관해 여러 얘기를 나눴다. 한마디가 생각난다.

"손창섭의 해결책 없는 절망은 앞으로 가식 없는 젊은이들의 순수한 희망을 일으키는 거름이 될 거야. 전제도 조건도 없고, 이념적 강제가 없는, 구원 없는 절망은 그만큼 근본적이고 꼼수가 통하지 않는 큰 물결을 예감케 하고 있어. 나 그리고 자네 세대야. 중요한 세대야. 지금 겨울이라 웅크리고 있지만, 봄은 오는 것이고 봄이 오면 싹은 솟아나게 돼 있거든."

내가 동의했는지, 비판했는지는 기억에 없다. 다만 내 의식의 한편에 그때 내가 그분을 향해 속으로 '퍽 순진하구먼!' 했던 것 같다. '이념도 사상도 없이 무슨 큰 물결이 온단 말인가?' 했던 것 같다. '같다'가 아닌 것 같다. 틀림없이 그랬다. 왜냐하면 내가 대학에 가서까지도 초기엔 그랬으니까.

114_ 최선생

아버지는 내가 문학에 관심을 갖는 것에 대해 한때 물으셨다. 내가 일반 공부를 열심히 한다는 전제 아래서 글쓰기를 하고 있다는 것을 확인하고는 안심하셨고, 한 걸음 더 나가 내게 좀더 본격적인 문학수업을 권장하셨으며, 아버지의 목포 옛친구로서 그 무렵 조선일보 문화부에 재직중이던 문학평론가 최일수崔一秀 선생을 찾아가 지도를 받도록 손을 써주셨다.

조선일보사 문화부에 갔던 일이 생각난다. 활자와 원고지, 삐걱거리는 의자들, 바삐 움직이는 사람들, 전화벨 소리, 그 북새통 속에서도 최선생님은 의자를 갖다 나를 앉혀놓고 마치 신문기자가 기사 처리하듯이 문학을 강의하셨다.

"영일이는 문학을 선비들이나 한가한 사람들이 하는 것쯤으로 생각하고 있지? 말도 느릿느릿하게 하고 술이나 한잔 기울이며 음풍농월하는 것. 우리나라 시인 중에도 그런 사람 많지. 서정주 읽었나? 읽었어? 그런 사람들이지. 그러나 현대의 문학이란 바쁜 현대생활 속에서 삶과 세계의 본질과 상황에 대해 근본적인 질문을 던지고 그 상황을 표현하며 그 상황을 극복하려는 의지를 표현하는 거야! 모더니즘이란 말 들어봤지? 현대문학을 하려면 모더니즘 공부부터 해야 해."

최선생님은 엘리엇·스펜더·오든·루이스·맥니스 등에 관해 얘기하며 루이스의 한글판 이론서 두 권을 주셨다. 나는 그 뒤로도 여러 번 최선생님을 뵈었고 또 선생님 소개로 시인 장호章湖 선생에게 나의 난해하기 짝이 없는 시 한 편을 보여드리기까지 하였다.

그러나 내가 맥니스에게서 모더니즘이 무엇인가를 알아채고 김성모 선생님에게 오든이나 스펜더, 엘리엇의 원전 시집을 빌려다 읽는 공부를 통해 얻은 잡다한 문학지식보다는 어느 날 범문사에서 구입한 딜런 토머스의 시선집 한 권에 깊숙이 매료되어 이론 이전의 강렬한 이미지네이션과 켈트적인 생명의 찬란한 색채에 휩싸인 것이 그 무렵의 나를 훨씬 더 잘 설명할 수 있을 것이다.

그렇다. 그 무렵과 4·19 이전 대학 1학년 때까지 딜런 토머스는 나에게 거의 신적인 존재였다. 그렇다고 숭배하는 따위는 전혀 아니고 많이 배웠다는 뜻이겠다. 토머스의 형태시들을 흉내냈고, 시어들이 색채로 가득 찼으며 초현실주의적·묵시록적 환영으로 나의 시는 붐볐다.

그러나 어떨까? 솔직히 말해서 그것은 조금 고급한 현실도피가 아니었을까? 왜냐하면 고3과 대학 1학년 무렵 틈만 나면 끄적이다가 4·19 직후 불에 처넣은 메모첩 중에 가당치도 않게 현실을 뛰어넘는 의식의 여러 기제나 몽환, 마약의 효과와 섹스에 의한 망아忘我나 황홀에 대해 거듭거듭 강조하고 있었으니까. 기법상의 문제 이외에 모더니즘은 고3 때의 나의 시작업에서 이미 무너져버렸고, 딜런 토머스와 프랑스 초현실주의, 서정주의 초기 생명파 시대가 내 나름의 생명 찬가로, 아니 생명 초월의 황홀 찬양으로 마치 마약처럼 내 정신 전체에 범람하고 있었으니까.

115_ 검은 텐트

중동학교에서 그 무렵 가장 뛰어난 공부벌레는 한반의 김창규金昌奎였다. 속초 친구로서 서울 친척집에 얹혀 있었는데 공부를 잘하고 인간미도 있어서 친구가 많이 따랐다.

나는 그의 집에도 자주 갔고 일요일엔 고궁에 함께 가 사진도 찍곤 했다. 시험 때엔 그의 집에 가 함께 공부하며 준비도 했었다. 그러나 그가 단짝 친구는 아니었고, 그와 함께 공부하면서도 나는 주먹 친구나 건달 친구들과 어울려 중동학교와 숙명여학교 사이의 골목길에 있는 '검은 텐트'라는 그들의 소굴, 구멍가게에 놀러다니곤 했다.

주먹들에게 끌리는 나의 마음은 조금은 이상한 것으로 대학 시절에도 원주에서 원주의 유명한 건달들과 함께 밤낮으로 어울려 다녀 아버지 주변의 여러 어른들을 실망도 시키고 걱정도 끼쳤다.

그러나 뭐라 할까, 공부벌레나 머리 좀 좋다 하는 '시스터 보이'들에게는 없는, 툭 트인 마음씨와 활기가 그들에겐 있었고, 그 중 몇몇은 짙은 의리심까지 있어서 은연중에 끌리곤 하는 거였다.

몇 가지 기억이 되살아온다. 성택이라는 주먹 왕초가 있었는데 선생들이 학생들을 너무 기합 준다고 아이들과 함께 '검은 텐트'에서 모의한 뒤 몽둥이, 책상다리 등을 들고 십수 명이 교무실로 몰려가 교무실 집기를 모조리 때려부순 사건이 있었다. 선생들은 다 도망가 버렸는데 그 뒤 성택이는 일주일 정학으로 사태를 마무리지었다. 역시 중동이요, '사자 정신'이었다.

나는 이 사건이 내내 못마땅하면서도 일면 조폭의 매혹에 이끌리듯이 중동의 이런 일면을 사랑하기조차 했었다. 싫어하면서도 이끌리는 것, 그것이 무엇일까? 조폭·군대·마약·여자, 그리고 심하면 파시즘도 이와 비슷한 것이겠다.

고등학교 재학시절 친구 김창규와 함께.

그러나 그것들이 대상이라면 내 의식 안에 일어나는 이 매혹의 정체는 무엇일까? 정신병리의 한 측면인 것일까? 일종의 중독 아닐까? 아니면 모종의 집중執中일까?

또 하나는 세검정이다. 한 친구의 집이 자하문 밖 세검정 시냇가에 있었다. 초대를 받고 놀러갔는데, 아아! 때는 양춘가절陽春佳節, 화사한 봄날이라 사방에 가득 찬 살구꽃·복사꽃 들은 눈부시게 피고 불리기 위해 닥을 담가놓은 시냇물은 투명하다 못해 유리 같았다. 친구의 집은 푸른 버들 우거진 주막이었는데, 그날 그 아름다운 봄날의 화원에서 맛있는 국수와 지짐이로 배를 불리고 느릿느릿 히히거리며 돌아오던 생각이 난다. 술까지 조금 마셨으니 노을 속의 기려행騎驢行이었음이 틀림없겠다.

나는 지금도 이 세검정 길을 사랑한다. 옛 자취가 조금이라도 남아 그때의 자하문 밖 정취를 추억할 수 있기 때문이고, 지금도 험준한 산봉우리들과 흰 바위들, 검은 숲의 신령한 목신牧神이 살아 내게 감촉되어 정신이 해맑아지기 때문이다.

116_ 원주에서

일요일엔 대개 원주에 내려갔다가 월요일 새벽쯤에 돌아오곤 했다.

청량리역에서 토요일 저녁 화물차를 타면 서울에서 하숙하거나 통근하는 또래의 서울 유학생들을 만났다. 같은 칸에 함께 모여서 한참을 떠들고 나면 바로 원주였다.

방학 때도 어디 여행하지 않고 원주에서만 지냈는데, 몇 차례 무전여행을 시도했으나 겁 많은 어머니의 간청으로 매번 포기하고 말았다. 서울에서 고등학교 다니던 친구들과 어울리거나 영화·연극을 보거나 하는 게 일이었다.

고2 땐가 어느 눈 많이 내리던 날이었다. 친구 김재수가 이상스레 감미로운 표정을 지으며 딴집에 얻어둔 제 공부방에 가자고 해서 거기 들어갔더니 원주여고 여학생 둘이 미리 와 앉아 있었다. 한 여학생이 말을 꺼냈는데, 요지는 곁에 말없이 앉아 있는 우리집 앞 가겟집 딸인 정순이가 나하고 사귀고 싶어한다는 거였다.

아랫배가 따뜻해지고 다리에 힘이 빠져나가며 이마 복판이 더워지는 기이한 느낌을 생전 처음 맛보았다. 남녀가 만나면 그것 자체로서 천둥·번개가 친다더니 맞는 말 같았다. 이것이 연애의 시작인가 하는 생각이 들어 감미로웠다. 그러나 거기에 대한 내 대답은 그와 정반대였다.

"대학 시험 공부 시작할 때인데 사귈 틈이 어디 있어!"

고등학교 재학 시절 고궁에서.

재수가 끼어들었다. 그러나 나는 이상하게 모질고 단호했다. 설왕설래했으나 나는 점점 더 딱딱해졌고 결국은 정순이가 눈물바람을 하며 방을 뛰쳐나가는 것으로 그날 일은 끝이 났다.

내 자존심이 그것으로 만족을 얻었을까? 정반대였다. 말할 수 없이 쓰라린 후회가 왔고 그 후 두고두고 뉘우쳤다.

사실 나는 여학생과 사귀기를 몹시 원하고 있었고 원주에서도 길거리에서 여학생들이 지나가면 저도 모르게 고개를 숙이게 됐고 서울에서도 학교 가는 길에 꼭 부딪치게 되는 진명여고의 한 뚱뚱한 여학생을 보면 마음이 희한하게도 수상쩍어지곤 하는 거였다.

그런데도 왜 정순이를 마다했을까? 검실검실하고 예쁘장한 정순이가 싫은 것은 아니었다. 그런데 왜?

사랑의 테크닉이 전무했던 것이다. 그런 경우 어떻게 해야 하는지를 전혀 모르니 꼭 옛날식 도덕군자모냥 멋대가리 없이 굴었던 것이다. 지금 생각해도 웃음이 난다.

117_ 연애편지

나는 청소년기에 연애 같은 연애를 제대로 해본 적이 없다. 여자에 대해 아는 게 없었다. 막연한 연애감정과 낭만적이고 몽환적인 생각만 하고 있었다. 그러는 내게 연애편지를 대필해달라는 친구들의 부탁은 왜 그리 끊이질 않았는지!

밤하늘의 별이 어떻고 비 오는 날에는 어떻고 숲속의 푸른 나무와 새들이 지저귀는 소리는 어떻고 따위 그저 상투적인 편지를 내내 써주다가 지겨우면,

"내 편지 보면 여학생들이 되레 도망갈 거다!"

이리 겁주기도 했는데, 우스운 것은 그때마다 돌아오는 대답이었다.

"임마! 빼지 마! 전번에 학수 써준 편지도 여학생이 홀딱해가지고 연애에 골인하게 됐어. 임마! 잔소리 말고 빨리 써줘!"

하하하! 이런 걸 두고 속담에서는 뭐라고 하던가?

여학생들, 숙명이나 풍문, 덕성 아이들이 모두 그 모양이라면 연애 따위 해봐야 맨날 상투적인 감정유희밖에 더하겠는가? 이리 한편으로 자기위안 비슷한 생각도 안 해본 것은 아니다. 그러나 여전히 내심엔 여자에 대한, 연애에 대한 동경과 갈증이 사라지지 않았고, 사라지기는커녕 날이 갈수록 치열해지고 있었다. 그리고 그것은 저 상투적인 숱한 연애편지와는 다른 어떤 것이었다. 그것은 그럼 섹스였을까?

118_ 수음

나는 청소년기에 오래도록 수음手淫의 악습을 버리지 못하고 있었다. 원주의 극장에서 한밤중 그 지독한 포르노를 본 뒤부터 생긴 악습이었다.

요즘에야 수음도 적절하기만 하면 필요하기까지 한 성행위라고 인정해줄 만큼 사회적 성의식이 발전했지만, 그 무렵의 일반적 성의식에서 수음이라면 컴컴하고 음침한 악마적 행위 이외에 아무것도 아니었다. 그 악마적이고 색마적인 행위를 다른 사람 아닌 바로 내가 하고 있었고, 그것도 습관이 돼 있었다.

혼자 있을 때나 화장실에 갔을 때 영화배우들이나 벗은 여자의 몸을 생각하면 피가 거꾸로 흐르며 이성을 잃곤 했다. 그러고는 짧은 황홀 뒤엔 칼날 같은 죄의식과 가책이 가슴을 에는 듯해 괴로워하곤 했다.

이제 와선 참 아득한 옛이야기 같지만, 그리고 훗날 연극이나 학생운동 등을 하면서 굉장히 외향적으로 되고 밝아졌지만, 그 무렵의 나, 내 의식과 내면은 어둡고 음산하고 죄의식과 콤플렉스로 가득 찬 침묵 그것이었다. 아주 가까운 친구 이외엔 말을 잘 건네지도 못하고 대답도 제대로 하질 못하는 주변머리 없는 사람이었다.

성격이 음침하면 몽상적으로 되는 법이다. 나는 밤마다 엉뚱하기 짝이 없는 파격적인 삶의 양식이나 담론을 메모하면서 우울한 몽상가가 되어갔다. 그 무렵의 시들, 다 기억하지 못하지만 주제만 떠올리면,

"눈 쌓인 밤의 교회 뜨락에 붉은 뱀이 알을 까는데 그 알 속에서 종소리가 울려나온다" "댑싸리가 푸르게 둘러싼 눈동자 속에서 불타는 바다가 하늘로 오른다" "버스 속에서 칼들이 난무하며 회색 시체들이 의자 밑에서 벌떡벌떡 일어선다" 등등이었다.

'쉬르'적이었다는 얘기다.

이 모든 초현실적인 어두운 환각들은 수음으로 인해 침침해진 의식 저편에서 인광처럼 배어나온 귀신불들이 아니었는지? 퍼렇고 축축한 그 부평 골목의 귀신불?

119_ 삼총사

고2 때부터 문예반에 참가한 내게 단짝 친구 둘이 있었다. 아마 그 두 사람이 없었다면 나는 문학의 길을 포기했을는지도 모른다. 그만큼 셋은 가까웠고 상호 영향을 주고받았다.

지금은 떠나고 없는 고 이래수 형의 혼백에는 안녕의 기도를, 소식을 알 길 없는 박약길 형에게는 건강의 기도를 올리며 그 기쁜 우정의 날들을 기억하고자 한다.

우리 셋이 하도 붙어다니니까 주변에서 '삼총사'라고 불러주었다. 우리 셋은 서로 반은 달랐으나 틈만 나면 만났고 학교는 물론이고 하숙집, 하숙 근처의 중국집, 우동집, 빵집, 술집에서 맨날 어울렸다.

"다만 아비는 너에게 인고하라는 한마디를 할 뿐이다. 부디 인고하라! 인고하라! 인고하라! 하하하!"

이래수 형이 충청도의 부친에게서 온 편지 마지막을 되뇌는 소리다.

"생활비를 줄여 보낸다는 소리야, 하하하!"

이형은 통이 크면서도 섬세하고 공부를 잘하면서도 문학서의 독서량이 우리 셋 가운데 가장 많았다. 한번은 중국집에서 배갈 몇 잔에 취해서 큰 소리로 부르짖었다.

"손창섭은 끝났어! 그런 절망은 이제 끝이야! 새 시대가 오고 있어, 새 시대! 우리가 바로 그 새 시대야! 하하하!"

지금 생각하면 물론 자만심이다. 문학 하는 사람에게는 대개 이런 정도의 자만과 오기가 늘 있다. 그러나 그 무렵엔 표현만 애매하고 서로 달랐을 뿐 여러 사람이 새날의 도래를, 희망의 새 사회, 새 세대가 오리라는 경륜을 간혹 드러내곤 했는데, 다만 그것이 구체적으로 어떤 사회이며 어떤 사상과 이념이 이끄는 사회라는 생각이나 얘기는 못 하고 있었다. 6·25 전쟁 이후였기에 더욱 그랬다. 그저 미국식 민주주의와 자유의 사회 정도로 그리는 게 지식인들의 대체였으나 일반 민중이 그리는 것이 미국식 민주주의와 자유였다고는 생각되지 않는다.

좌우간 이래수 형은 그 밖에도 실존주의의 종말과 유럽 정신의 쇠퇴를 예언했고 동양사상에 배경을 둔 새로운 사회사상이 도래하리라는 말까지 서슴없이 할 정도였다. 지금 생각하면 그 아득한 사십여 년 전에 그가 이렇게 내다본 것이 그저 놀랍기만 할 뿐이다. 그가 제일 좋아한 작가는 린 위탕 林語堂이었다. 아마도 린 위탕의 그 어디에도 얽매임 없는 무애와 큰 자부심을 닮고 싶었던 것 같다.

박형은 이무영李無影 선생과 농촌소설에 깊이 침잠해 있었다. 그의 어휘 하나하나, 그의 관념 하나하나가 무엇이든 이무영 스타일의 농촌소설과 관계없는 것이 없고, 점차 쇠락해가는 농촌생활에 잇닿지 않은 것이 없었다.

박형은 서울에 자기 집이 있었기에 나와 이형이 자주 신세를 지기도 했고 또 이런 폐를 도리어 기쁘게 맞이하는 선량하고 씩씩한, 그래, 전통적인 농민 같은 사람이었다. 그는 농촌을 괄시하면 우리 사회는 무너지고 만다는 확신을 가진 사람이었다. 그것이 좀 지나쳐서 도시적인 유행 전체를 아주 못마땅해하는, 거의 편벽될 정도의 태도마저 갖고 있었다.

셋은 문학과 새로운 삶에 관해 주로 이야기하였고, 항용 다 큰 어른들처럼 서정주 등의 낡은 문학과 현대 서구문학을 함께 비판하는 결정적인 판단을 내리고는 그것을 중심으로 토론도 하고 논쟁도 하고 그랬었다. 많은 경우 이형이 주도를 했고 비용도 이형이 감당하곤 했다.

그런 날들 가운데 하룻밤, 영영 잊히지 않는 밤이 있었다. 셋이 함께 술 한잔 먹고 동대문 창신동에 있는 사창가에 가서 함께 이른바 총각 딱지를 뗀 밤이다. 나의 첫 여자는, 끝나고 보니 곰보요, 애꾸였다. 곰보요, 애꾸인 창녀가 내 첫 여자였다는 것은 사실 내 인생에 어떤 깊은 뜻을 갖는 것 같다.

시커먼 개울 위, 얽어맨 판자집 사창에서 잠시 성행위를 하고 헤어지며 그 여자가 미소 띤 얼굴로 악수를 청하며 이름을 물었을 때 대답하던 나는 분명 떨고 있었다.

"김영일."

나, 즉 '김영일 현상'에 대한 회상에서 이 부분이 나의 무겁고 침침하고 점착질적인 어떤 한 사상의 탄생에 구체적인 시발점이 되지 않았나 생각한다. '나의 회상'이 결국 '그늘의 글'이 되는 까닭과도 깊은 연관이 있을 것이다.

120_그레이엄 그린

가끔 나는 동숭동 서울 문리대 교실에서 있었던 문학 교수들의 특강이나 연구발표회에 참석하곤 했다. 조금 건방진 짓이었다. 그러나 수확은 컸다.

지금 생각나는 것은 황찬호 선생이다. 영문과 황선생의 '그레이엄 그린 연구' 특강은 내 삶과 문학에서 아주 중요한 의미를 띤 시간이 되었다.

그레이엄 그린 문학에서의 '범죄와 구원' '권력과 영광', 그리고 그것을 해명하고 모색하는 예술가가 반드시 지녀야 할 선천적·후천적인 성품으로서의 '마성魔性'과 '섬세성'의 상호 모순에 관한 강조는 그 무렵과 그 이후 나의 문학적 사유의 한 핵심적 테마가 되었다.

왜냐하면 나 자신이 선천적으로 극단적 마성과 극단적 섬세성을 함께 갖고 태어난 것 같기 때문이다. 내 아내가 가끔 말한다.

"당신은 극과 극을 같이 갖고 있어요. 예술가로 타고났지요. 그러나 그 때문에 잘못도 저지르고 죄를 짓고 괴로워하는 것이에요."

문리대 대강의실의 어둑한 뒤편 좌석에서 황선생의 강의를 들으며, 수음과 사창가에서의 난폭한 성, 여자들의 섬세함과 연약함 또는 아름다움에 대한 거의 탐미적인 감성과 추한 것에 대한 병적일 정도의 깊은 관심, 이런 극단적 모순이 내 안에 괴물처럼 버티고 있음을 느끼며 몸을 부르르 부르르 떨었다.

아아, 기필코 삶은 지옥인가?

121_ 졸업

중학교를 졸업할 때 공로상으로 받은 김태오의 《미학개론》은 미술에 대한 집념과 부모님의 희망인 안정된 생활 사이의 내 나름의 절충안을 생각하는 데에 도움을 주었다.

미학 교수가 되면 예술에 관한 공부를 하면서 생활도 안정될 수 있겠기에 미학과에 진학한 한 선배의 조언을 받아 미학과로 진로를 결정했다. 그 무렵 미학과는 서울대 미술대학에 있었고 내 실력으로는 충분히 들어갈 수 있었다.

이인순 선생님이 졸업 기념으로 중국집에서 요리를 사주셨다. 그 자리에서 이선생님은 문학이 삶에서 지닌 역설적 가치에 관해 열정적으로 말씀해주셨다. 비록 현실의 삶에서 패배하더라도 문학을 통해 삶을 근본에서부터 이해하고 삶을 이상 속에서 세워보려는 순수한 넋은 그 패배를 보상하고도 남는 것이다, 어차피 삶은 괴롭고 험난한 것이다, 그것 앞에 정해진 큰 길은 없다, 다만 네가 대학 교수가 되더라도 글쓰기를 포기하지 않는다면 겉보기가 아닌 깊은 내면의 해맑은 행복을 찾을 수 있을 것이라는 대강의 말씀이었다.

그 말씀이 내게, 열여덟 살의 아직은 미숙한 촌놈인 내게 얼마나 큰 도움이 되고 큰 힘이 되었는지 이선생님 자신도 모르실 것이다.

그 후 대학 시절 이선생님의 성북동 집에 놀러갔을 때 무척 연약해 보이는, 아버지 없는 딸 '나리'를 보았을 때 말로 전달되지 않는 선생님의 고통과 그 고통을 이겨내는 해맑은 문학열을 한꺼번에 느꼈던 기억이 있다.

지금은 돌아가시어 이 세상에는 안 계신 이선생님의 명복과, 살아 있을 '나리'의 행복을 깊이깊이 빈다.

122_시험날

그날, 비가 내리고 있었다. 대학 입학시험을 치르는 이화동 미술대학 강의실은 어두운 편이었다.

수학이 제일 큰 문제였다. 그러나 나는 아예 방정식 등은 일찌감치 포기하고 그 대신에 조합이나 수열 따위를 달달 외우고 있었는데 조합 문제가 여럿 나와서 다행히 과락은 면하게 되었다. 다른 과목은 걱정할 것이 전혀 없었다.

그 여자가 앞자리에 앉아 시험을 치르고 있었다. 카키색 코트, 키 작은 여자.

시험이 끝났다. 원남동 고궁 옆길을 걷고 있었다. 비가 그쳤다. 그 여자가 앞에서 걸어가고 있었다. 카키색 코트, 카키색 모자, 키 작은 여자. 우산을 흔들며 두 여자친구와 웃으며 장난질을 치며 앞에서 걷고 있었다.

나는 뒤따라가며 그 여자의 뒷모습을 내내 지켜보았다. 운명이 나에게 손짓했다. 이 여자가 네 여자라고. 가슴이 뜨거워왔고 숨쉬기가 힘들었다. 그랬다. 나는 그때부터 그 여자를 사랑하기 시작한 것이다.

그 여자는 안국동에서 골목으로 사라졌다. 나는 중앙청을 지나 적선동도 지나 필운동까지 가야 한다. 그런데 안국동 로터리에서 잠시 멈춰선 나는 희한한 감정에 사로잡혔다. 일종의 해방감이었다. 그 여자의 존재로부터, 그 여자에 대한 관심의 압력으로부터 벗어나 조금은 허전하지만, 그러나 자유롭다는 느낌이었다.

웬일일까? 필운동 쪽으로 걸으며 내내 생각했다. 이 여자는 누구인가? 왜 이 여자는 내게 들어온 것일까? 그리 밝은 예감도 아닌데……. 그리고 웬 해방감일까?

그렇다. 그리 밝은 예감이 아닌데 분명 내 삶 안에 뛰어든 그 여자 '에밀리'를 처음 본 그날, 첫눈에 그냥 반해버리고 만 것이다.

입학한 뒤 우리가 그 해 가을에 연습하다 결국 펑크를 내고 만 번역극 〈돌아온 아버지〉에서 그 여자가 맡은 역할이 에밀리였는데, 우리는 그때 흔히 영어나 유럽어로 말하고 부르는 것을 좋아했으므로 노상 '에밀리'라 불렀던 것이다.

에밀리.

내 첫사랑. 그러나 고백도 못 해본 채 내내 짝사랑으로 끝났고, 졸업 후 미국으로 유학한 그 여자는 거기서 백인과 결혼해버렸다.

에밀리가 한때 밤에 원남동 길을 걸으며 내게 한 말이 있다.

"이 나라는 글러먹었어. 나는 거지가 되더라도 구라파로 가서 살겠어."

구라파는 아니지만 미국으로, 호주로 가서 살고 있는 그 여자의 운명 역시 에밀리였다. 번역극이라는 말이다.

그 말을 들은 뒤부터 그 여자에 대한 나의 뜨거운 마음이 조금씩 식어가기 시작했고 미국 유학중 잠깐 들렀을 때 한국과 한국문화에 대한 극히 모멸적인 발언과 서양문화에 대한 거의 맹목적인 추종 발언을 듣고 나서 비로소 완전히 그 불행한 짝사랑에서 벗어날 수 있었다.

그러나 나의 대학 시절 내내 나를 열병으로 들끓게 했던 에밀리에 대한 내 사랑, 그 안타까운 짝사랑이 있었기에 그나마 나의 이십대가 그리 쓸쓸하지는 않았던 거라고도 자위한다.

왜 그런가?

진정한 사랑은 오직 짝사랑뿐일 수도 있지 않은가! 허허허허허!

123_ 데생

　　미학 교수가 되려고 지망한 미학과였지만 과가 미술대학 안에 있는 한 커리큘럼이 미술학 쪽에 경사될 수밖에 없었던 것일까? 데생과 사군자와 미술사 시간이 큰 비중을 차지하는 것이 도리어 내겐 반가웠다.

　　석고 데생 시간이었다. 석고 데생은 해본 적이 없어서 섬세한 면 작업을 무시하고 굵은 윤곽선부터 챙겨 그리다가 장욱진 선생에게 지적당했다.

　　"고집은 인정하겠지만 과정은 과정으로서 중요하니까 그대로 따르도록!"

　　고집. 나에겐 윤곽선에 대한 고집이 있었다. 그 고집이 도리어 내가 아니라 오윤吳潤에게서 나타나는 걸 보고 그리도 오윤을 아꼈던 것일까?

　　그러나 세월이 가면서 장선생이 '과정'이라고 불렀던 것이 얼마나 중요한가를 차차 차차 깨닫게 되었으니 데생 첫 시간에, 꼭 첫눈에 반해 짝사랑하듯이 중대한 가르침을 터득한 것이다.

　　미술대학은 역시 미술대학이었다. 그러나 역시 그럼에도 불구하고 예술가에게 기법 수련을 초월하는 '고집'은 중요하며, 특히

대학 시절 서울대 문리대 교정에서.

'윤곽선'에 대한 고집은 더욱 중요하다. 그것을 확인했으니, 역시 대학은 대학이다.

또 있다. 사군자 시간에 난초를 그리다가 혼난 일이다. 난초의 장엽長葉을 조심스럽게 공들여 그리라는 김충현 선생의 가르침을 무시하고 그냥 단번에 '쳤다.' 무엇을 알아서 '친' 것이 아니라, 그저 그래야 할 것 같아서 그랬던 것인데, 그 결과가 가관이었다.

그린 게 아니라 쳐진 장엽은 몽둥이나 작대기같이 되어서 흉물스러웠을 뿐 아니라 김선생에게는 성의 없이 보여 교실 밖으로 쫓겨났다. 쫓겨나서 다시는 그 시간에 들어가질 않아서 학점은 꽝이었으나, 그러나 지금도 생각해보면 그때 나의 직감은 정확했다.

사군자, 특히 난초는 결코 그려서는 안 된다. 그림으로 떨어지면 곧 난은 악마굴이 된다. 훗날 추사秋史에서 읽은 말이다. '쳐야' 한다. 기氣의 움직임과 함께 획득하는 마음의 수련 체계이기 때문이다. 왼손은 땅을 짚고 하늘인 오른손을 자유롭게 하여 몸과 마음의 기운이 붓을 타고 힘껏 종이 위에서 뻗어나가도록 '쳐야' 하는 것이다.

그때 그런 것을 알 리 없었으나 건방진 생각이었지만 왠지 김선생의 사군자 시간이 부질없는 짓거리로 비쳤던 것이니, 내 생애를 통해서 본다면 중요한 한 매듭이기도 했던 것이다. 사군자 수묵이나 데생이나 모두 자기 고유의 독자성을 가지면서도 채색화의 밑그림 노릇을 한다는 걸 생각하면 대학 1학년에서 이미 나는 낙제점을 받은 것인데, 그럼에도 그 낙제점의 기법적인 의미를 인정함에도 난초는 결코 그려서는 안 됨을 몸으로 실천했으니,

내겐 참으로 의미 있는 사건이었다고 생각되는 것이다.

이럴 때 쓰는 관용어를 안다.

견강부회牽强附會, 아전인수我田引水…….

맞는가?

124_ 김윤수 현상

나는 분명 미학 교수가 되려고 미학과에 간 것이다.

그런데 입학 초기부터 내 눈에 들어온 교수라는 사람들의 태도나 인품에서 도무지 학자는커녕 평균적인 지식인조차 될 수 없음이 자꾸 드러나 실망의 연속이었다. 내가 학교에 적을 두었던 길고 긴 7년 반 동안 내내 이런 실상을 보았으니, 결국은 내 마음 밑바닥으로부터 교수 지망을 포기하기에 이를 수밖에 없었던 것이다.

무능과 아집, 독선과 타협, 부패와 파벌 등등 이루 셀 수 없는 결함들이 아직 어리숙한 나의 눈에조차 확연히 드러나 보인 것이다. 미학과 역시 다른 과보다 나을 것이 없었다. 특히 2학년 때 터진 4월혁명 여파로 미술대학 장발 학장 축출과 미학과의 문리대 이전을 위한 학생 데모, 그리고 그 후 문리대에서 심리학과·종교학과·미학과를 어거지로 철학과에 통폐합하려는 문교 당국에 항의하여 학문의 독자성을 수호하고자 했던 학생농성 과정에서 과 교수들이 보여준 어처구니없는 비겁과 배신은 도리어 당연한 것이었다. 왜냐하면 대학 교수 사회 전체가, 정도의 차이는 있지만, 깊이 썩어 있었으니까.

나는 대학원 진학과 교수에 대한 꿈을 버리기로 단호히 결단을 내렸다. 이런 나의 판단과 연계된 것이 김윤수金潤洙 선배의 영향과 처신이다.

윤수 형님은 나보다 두 학년 위였고, 나이는 한참 위였는데 1학년에 입학하자마자 도서관 등에서 형님의 도움과 영향을 받게 되었다. 그 무렵으로서는 도무지 생각조차 할 수 없었던 사회주의 계통의 미학 사상, 예컨대 마르크스, 엥겔스의 사회주의 리얼리즘과 루카치의 미학, 아르놀트 하우저나 에두아르트 푹스 등의 예술사학, 그리고 프랑스의 루이 아라공 같은 시인들을 형님에게 들어 알게 되었으니 나에겐 그야말로 '형님'이었다.

그러나 그런 지식적인 관점 이외에도 윤수 형님은 당시 교수의 독단에 비판적 태도를 취하여 심한 미움을 받고 있었으며, 장발 학장(당시 총리 장면 씨의 동생) 축출이나 미학과의 문리대 이전 등의 데모에 주도적으로 가담한 일로 해서 혹독한 대접을 받고 있었다.

당시 교수들은 이해할 수 없는 분들이었다. 미학과가 문리대로 이전하면 학문적 입장에서 득이 되는 쪽은 교수들인데도 장학장측에서 부촉하자 학생들을 구박했고, 구박했지만 결국은 문리대로 이전되었으니 그 이후엔 도무지 면목이 서질 않는 무능 교수로 인상지어졌으며, 세 과 폐합 파동 때도 폐합하면 자기에겐 결정적으로 불리한데도 문교부와 대학 당국이 겁이 나서 역시 학생들만 구박하였으나, 결국엔 훗날 미학의 독립성이 보장되는 쪽으로 지난 파동이 수습되었으니 도무지 이해가 안 되는 꼴이었다.

이러한 현상에 대한 미학과 학생의 저항 자체가 곧 김윤수 형님이었다. 윤수 형이 그렇다고 무슨 선동을 하거나 무슨 강제를 하거나 하는 분은 아니었다. 조용조용히 사물과 사태의 진실을 따져나가며 되도록 상대방의 장점을 치켜세워 자존심을 갖게 한 분이다. 나는 그래서도 형님에게 많은 것을 배웠다.

누군가의 표현으로 한다면 윤수 형은 '또 하나의 미학과'였다. 또 하나의 미학과! 그것은 훗날 나의 운명이기도 하였으니 윤수 형님 이후로 나를 비롯해서 수많은 거리의 미학자들이 생겨났던 것이다.

아마도 한국 민족미학의 생산지는 지금의 관학官學이 아니라 바로 이들 거리의 미학자들이 일으킬 민학民學 쪽일 것이라는 확고한 믿음이 내게 있으니 이 또한 김윤수 현상이 아니겠는가!

아아! 학문이 삶과 유리될 때 도무지 무슨 소용이 있단 말인가? 더욱이 미학이 생애의 아름다움을 등진 추한 것이라면 도대체 무엇 때문에 그것을 추구한단 말인가?

민족과 세계사가 마침내 실러의 말처럼 새로운 미적美的 혁명, 새로운 세계문화 대혁명을 갈구하고 있는데, 그 원천이 되어야 할 동아시아에서의 미학 행위 자체가 이 같은 갈구와는 하등 인연이 없는 불모요, 무능일 뿐이라면, 그런 건 해서 무얼 한단 말인가?

125_ 주변

대학 1학년 때 내가 좋아하던 친구들이 몇 있었다. 제일 먼저 생각나는 이가 조명형趙明衡이다. 회화과 괴물인데 비쩍 마른 친구가 말도 잘 안 하고 술만 마시곤 했다. 그 무렵 유행하던 박서보 등의 추상파를 비판하는 나의 새로운 리얼리즘론에 전적으로 동의하면서 나와 친해졌다.

명형은 참으로 매력 있는 친구였다. 무어라 정확히 꼬집을 수는 없으나 그의 우울 속에 감추어진 열정의 냄새가 사람을 끌어당기는 것 같았다. 내가 '호모'가 아닐까 스스로 의심할 정도로 나는 한때 그에게 심취해 있었으니까. 또 그도 나를 잘 대해주었으니까. 훗날 나와 그는 매일 밤 같은 술집에서 만나 유행가 내기를 한 일도 있었다.

또 한 사람이 김인영金仁英이다. 무뚝뚝하고 고집이 센 그는 서북 출신인데 역시 지독한 리얼리스트로서 나의 크로키를 보고 왜 그림을 하지 않느냐고 만나 술을 마시기만 하면 묻고 또 묻곤 했다.

어느 눈보라 치는 날, 그의 집이 있는 돈암동 산꼭대기까지 가서 바람 휘몰아치는 그의 방 창문에 담요를 씌워놓고 덜덜덜 떨면서 훌훌 냉면을 먹었던 생각이 난다.

말은 잘 안 하지만, 그는 세계에 대해 정확히 인식하고 진실로 자기 삶과 의식을 정위定位한, 이 세상에 얼마 안 되는 건강한 사람 중의 하나였다. 그에게는 한 치라도 불안한 정신적 취약성 같은 것이 보이지 않았다. 나는 그의 그러한 다부진 성격을 사랑했다. 오래 소식 모르던 그가 몇 년 전 미국에 살고 있다는 소식을 듣고 참으로 감개 무량해한 기억이 난다.

또 한 사람이 미학과의 김창기다. 그는 수줍음을 많이 타고 너무 섬세해서 건드리기가 겁나는 사람이었다. 함께 자주 말없이 술을 많이 마셨고, 영등포에 있는 그의 집에까지 가서 하룻밤 자고 온 일도 있었는데, 그는 수줍음 잘 타는 자기의 성격적 결함을 고치려고 명동에 있는 음악다방에 자주 나가 젊은 여자들과 깊이 사귀곤 한다는 얘기를 내게 해주기도 했다.

그때 그를 통해 젊은이들이 '프리 섹스'를 즐긴다는 말을 듣고 적이 놀라고 오래오래 가슴에 손을 얹은 적이 있다. 과연 그것이 가능할까? 완전한 프리 섹스가 파탄 없이 가능할까?

126_ 조풍삼

미술학교 1학년 일 년 동안 가장 가까웠던 사람은 회화과의 조풍삼趙豊三이다. 풍삼은 사람도 크고 듬직하고 어질디 어진 사람이지만, 그림도 박력 있고 깊이 있는, 그야말로 타고난 예술가였다. 그의 그림은 조르주 루오의 자취가 있었으나 이미 그것을 넘어서는, 도리어 우리나라 민화의 꿈결같은 극채색과 역동적인 리얼리즘으로 빛났다.

그는 전주 출신으로 과수원에서 오래 살았다 한다. 하기야 내가 가끔 농담으로 그의 그림을 '과수원 그림'이라고 놀리기도 했는데, 왜냐하면 그림 안에 온갖 물상과 색채가 빽빽하게 들어차 과실이 만개한 듯이 비집고 들어갈 틈이 없었기 때문이다. 과시 '플레로마(물질의 충만)'였다. 데생이나 밑그림 그릴 때 연필에 너무 힘을 주어 종이가 그냥 찢어져버릴 정도로 박력이 있어서 내가 또 농담으로 '삼손'이라고도 부르곤 했다.

그 '삼손의 과수원 그림'을 그리는 조풍삼은 술을 마시고는 가끔 자신을 일러 '프롤레타리아'라고 부르곤 했는데 대개 그런 때는 술값이 떨어져 없거나 담배가 떨어져 없을 때로서 그런 때는 반드시 구걸하기 위해 프롤레타리아의 노래를 불렀으니 그 유명한 슈베르트의 〈거리의 악사〉였다. 듬성듬성한 이 사이로 침을 튀기며 굵은 바리톤으로 웅장하게 불러대는 슈베르트는 가히 일품이었다.

나는 그에게 담배를 배웠다. 그가 하도 맛있게 피워서 배운 것인데, 지금도 그것만은 후회한다. 술도 말술이요, 아무리 취해도 실수라곤 아예 없는, 그야말로 장사였다. 바로 그 풍삼과 함께 여행을 한 적이 있으니 문태 숙부가 사는 경기도 연천군 전곡이었다.

127_전곡

〈카사 비앙카〉라는 이태리의 칸초네가 있다. 그 첫 구절이 "언덕 위의 작은 집"인데 그런 집이 전곡의 한탄강가 언덕 위에 두 채가 있었다. 한 채엔 문태 숙부네가 살고 다른 한 채엔 숙부가 목포에서 모시고 올라온 할아버지, 할머니가 사셨다.

숙부는 강에 나가 그물질로 물고기를 잡고 언덕 위 채마밭에 채소를 심어 반찬을 했다. 가난이 역력했고 폐결핵이 깊었다. 그래도 술은 여전해서 나와 풍삼에게 연신 잔을 권하며 전라도에서 공비 토벌하던 얘기를 길게 길게 하는데 풍삼이 듣기 싫어하는 눈치였다. 풍삼도 집안에 좌익이 있었을까? 말은 안 하지만 나는 냄새로 짐작할 수 있었다. 그러나 숙부는 그런 것 개의치 않고 그냥 내리 그 얘기였다.

나는 슬며시 일어나 할아버지에게 갔다. 할아버지가 내내 묵묵하시더니 한참 지나서 여윈 얼굴에 경련하듯 미소를 지으며 하신 말씀이 이것이다.

"영일아, 집안을 일으켜라!"

하기야 서울대학교까지 갔으니 그런 말씀을 하시는 거겠지만 내겐 너무 벅찬 주문이었다. 왜냐하면 우리 집안을 일으키려면 증조부와 할아버지의 꿈이었던 후천개벽과 아버지의 꿈이었던 사회혁명을 아울러 수행해야 하기 때문이다. 그 두 가지가 아니라면 우리 집안은 일어날 수가 없었다. 전라도 출신, 가난, 무학력, 무연고, 병, 무엇 하나 유리한 것이 없었다.

술김에 풍삼과 나는 사촌동생들과 함께 채마밭에 들어가 밭을 매며 지껄였다.

"늬 집안과 어떤 차이가 있냐?"

"같다, 같어!"

"같어?"

"그래. 프롤레타리아야, 프롤레타리아!"

풍삼이 프롤레타리아 얘기를 할 때면 눈이 빛나고 허리가 꼿꼿이 펴지는 것을 볼 때마다 나는 그에게 스산하면서도 깊은 우정을 느끼곤 했다.

그와 함께 기차를 타고 서울로 돌아올 때 나는 그에게 기절초풍할 한마디를 들었다.

"느그 숙부는 프롤레타리아 공비 토벌대다, 프롤레타리아 공비 토벌대!"

프롤레타리아 공비 토벌대? 세상에 그런 것도 있는가?

어느 늦은 가을날이었다.

128_ 암야의 집

그 해 겨울. 내가 처음으로 참가한 연극 작품은 프랑스의 티에리 모니에 작 〈암야暗夜의 집〉이었다. 수준 높은 반공 작품이었는데 나는 이 연극에서 주인공 하겐을 잡으러 가는 보안관 요셉 람메르라는 작은 단역이었다. 주인공의 친구로서 강력한 공산주의자 청년을 짝사랑하는 미친 소녀의 착각에 의한 키스를 받는 중늙은이 경찰관이었다.

연극의 핵심은 앙상블에 있다. 나는 조금의 사심이나 게으름도 없이 나의 역할과 전체 팀워크에 충실했다. 그러나 여러 사람이 게으름을 부리거나 대사를 까먹고 제가 만들어서 지껄이거나 동작선을 지키지 못하는 것을 보고 몹시 화가 났다. 내가 만약 연출이라면 가만두지 않을 것 같았다.

훗날에 깨달은 것이지만, 그것, 그 작은 실수를 못 참는 것, 그것이 사실은 연극에 반대되고 앙상블에 반대되는 기질이었던 것이다. 연극은 잘못하면 파시스트를 만들어내기 쉽다. 특히 연출을 잘못하면 그리 된다. 일호의 착오도 용납해선 안 되지만 기왕에 저질러졌을 땐 또 너털웃음으로 그냥 넘어가야 하는 것이 연극의 본성이다.

나는 4·19 직후 〈인촌 김성수〉라는 연극에 참가해서 고하古下 송진우宋鎭禹 역할을 한 적이 있다. 그때 연출을 맡았던 최창봉崔彰鳳 선생이 내게 조용히 말씀하신 것이 있다.

"미스터 김은 연극과 안 맞아! 개인 예술을 해요. 집단 예술에는 안 맞

연극 발표회 후 찍은 기념사진. 뒷줄 왼쪽에서 다섯번째가 필자.(1959. 5)

아!"

그때의 나로서는 놀라운 얘기였다. 그러나 두고두고 생각해봐도 역시 정확한 지적이요, 절실한 충고였다.

그 뒤에도 나는 연극을 많이 했다. 그러나 전업으로 나가는 길이 아니라 청년학생 중심의 문화운동의 길을 트기 위한 하나의 방편이라는 전제를 결코 잊지 않았다. 그럼에도 연출을 할 때는 역시 지독한 파시스트가 되곤 했으니, 그것을 스스로 자각할 때마다 자다가도 벌떡 일어나 몸을 떨었던 것이다.

연극엔 연극에 맞는 기질이 있다. 그것이 무엇이라고 딱히 규정할 수는 없으나 보면 안다. 나는 결코 연극이나 집단 예술 기질이나 거기 맞는 체질은 아니었던 것이다.

129_4 · 19

1960년 4월 19일.

나는 그날 새벽기차를 타고 원주에서 서울로 올라왔다. 내 주머니에 여유 있게 돈이 들어 있었으므로 노상 그랬듯이 먼저 광화문에 있는 외국서적 전문점인 범문사로 직행했다.

이책 저책 고르다가 책 몇 권을 사가지고 외가가 세들어 사는 흑석동 국립묘지 옆의 비개로 갔다. 그날이 바로 성북동 자취방으로 짐을 옮기는 날이었다. 나는 비개 집에서 이불보따리를 들쳐메고 버스를 탔다. 버스가 중앙대학교 입구에 섰을 때 중앙대에서 무수한 학생들이 스크럼을 짜고 신작로로 물결쳐오고 있었다.

이미 여러 날 전부터 지방에서 고등학생 시위가 있었으므로 놀라운 일은 아니었다. 그러나 내 마음속에서는 두 개의 서로 반대되는 견해가 싸우고 있었다. 그 하나는,

'이불보따리 내팽개치고 지금 내려가서 시위대에 참가하자.'

또 다른 하나는,

'이념도 지도노선도 없는 폭발이다. 꾹 참고 내 길을 가자.'

둘은 서로 싸웠으나 나는 고집스럽게도 후자를 따라 들뜨는 마음을 견인堅忍하였다. 버스가 시청 앞에 왔다. 시청 앞에는 각 대학의 학생들이 인산인해로 운집해 있었고, 시청 청사 앞의 단 위에는 학생회장단이 올라가 선

동연설을 하고 있었다. 아마도 중앙청을 지나 이승만 대통령의 집무처인 경무대로 갈 모양이었다.

그래, 난 그때 고집스러웠다. 그 어마어마한 군중의 물결에도 휩쓸리지 않고 나는 나의 독자적인 생존의 길을 따라 무거운 이불짐을 메고 택시를 잡아탔다. 택시는 중학동을 지나 한국일보와 안국동으로 나아갔다. 거기서 다시 시위대와 부딪혔다.

시위대는 서울대 학생들이었고 미술학교 동료들의 얼굴도 보였다. 나를 알아보고 손짓하는 친구들도 있었다.

나는 택시 안에서 꼼짝하지 않은 채 이불짐만 꽉 들어잡았다.

'이념도 지도노선도 없는 폭발이다. 내 길을 가자.'

되뇌고 또 되뇌었다. 시위대에 막히고 또 막히며 얼마 동안을 갔는지 모른다. 동숭동 미술대학 근처까지 가는데 해가 설핏해서까지 차가 거의 기어갔다. 이불짐을 둘러메고 택시에서 내려 그 당시 공업연구소 앞 돌다리 바닥에 털퍼덕 주저앉았다.

동료들이 돌아오고 있었다. 풍삼의 얼굴이 보였다. 풍삼이 땀을 뻘뻘 흘리며 다가왔다.

"왜 데모 안 하냐?"

"이념도 지도노선도 없는 폭발이야! 혁명이라고 할 수가 없어."

"이념은 숨어 있고 드러나는 건 행동이지."

"반동은 생각 안 해?"

"반동이 오면 또 싸워야지."

"……."

나는 순간 아버지의 얼굴을 보았다. 양잿물을 마시고 헛소리하던 아버지의 얼굴을 본 것이다. 그리고 아버지가 월출산에서 하산했을 때 벌판에 가득 찬 가을 코스모스가 하도 눈부시어 주저앉아 한없이 울었다는 그 코스모스 벌판이 보였다. 그리고 티끌바람 몹시 일던 날, 육군 군예대의 세트를 실은 트럭 위에 올라타고 한없이 절망적인 얼굴로 손을 흔들며 멀어져 가던 아버지가 보였다. 뚜렷이 보였다.

나는 풍삼에게 대답하는 대신 보따리를 들쳐메고 성북동으로 걷기 시작했다. 혜화동 로터리에서 가두로 진출하려는 동성고등학교 생도들에게 파출소 쪽에서 경관이 총을 쏘았다. 그때 이미 경무대 쪽에서는 발포한 뒤였다. 해가 넘어가고 있었다. 나는 걷고 또 걸었다. 이불짐을 진 것이 아니라 아버지의 얼굴을 지고 걸어가고 있었다.

성북동 산허리 자취방에 도착한 것은 이른 밤이었다. 중간에 구멍가게에서 사온 빵을 씹어먹으며 다시금 원칙을 가늠잡았다.

'이념도 지도노선도 없는 폭발이다. 나는 내 삶의 길을 간다.'

내내 들뜨고 끓어오르는 가슴의 피를 가라앉히기 위해 책을 펴들었다. 지금도 기억한다. 초저녁부터 읽기 시작해서 한밤 잠들 때까지 내리 읽었던 그 책. 월터 페이터의 《르네상스》였다.

무슨 인연인지 모르겠다. 실러의 《인간의 미적 교육에 관한 서한》을 최근에 다시 읽으며 프랑스 대혁명의 자연과 도덕을 중심으로 한, 그 조잡한 변혁을 비판하고 유희와 예술을 중심으로 한 인간교양에 입각한 새로운 세계변혁을 강조한 탁견을 가슴에 새기고 있는 요즘에 그날, 그 4월 19일 밤에 탐미주의자라고까지 불리는 페이터의 《르네상스》를 읽은 것은 무슨 인연인지 모르겠다.

그 아름다운 문장과 글 뒤와 글 틈에서 솟아오르는 온갖 형언키 어려운 색채와 형상들, 미묘한 이미지들에 싸여 내내 중얼거리며, '이념도 지도 노선도 없는 폭발……'을 중얼거리며 이내 잠이 들었던 그 밤의 독서가 이 글을 쓰고 있는 지금의 나의 새로운 관점, 신념과 무슨 인연인지 모르겠다.

그러나 이튿날 4월 20일, 나는 성북동에서 동숭동 문리대 앞 저 유명한 '별장다방'으로 걸어나왔다. 손님도 별로 없었는데 커피를 마시는 내 눈에 창문 밖에서 트럭을 타고, 수없이 많은 트럭을 타고 계속해서 만세를 부르며 종로 쪽으로 달리는 구두닦이, 행상 그리고 직업을 알 수 없는 청년들과 소년들의 고함과 손짓이 들어왔다. 멀리서 총소리도 가끔 들려왔다. 학생들만이 아니었다. 아아, 학생들만이 아니었던 것이다. 시민들이 일어난 것이다.

그렇다. 시민, '대중적 민중'이다.

나는 그때부터 마음속으로 울기 시작했다. 잘못 본 것이다. 이념도 지도노선도 없는 것이 아니라, 그것들은 숨어 있었고 드러난 것은 행동이었으며 서서히 전 민중으로 확산되어가고 있었던 것이다.

아버지, 아버지의 슬픈 얼굴, 그 실패한 과거의 기억이 나를 막았던 것이다. 어머니의 슬픈 모습이 나를 막았던 것이다. 이불짐을 내던지고 풍덩실 데모 속에 몸을 던져야 했었다.

나는 마음속으로 울고 또 울면서 성북동 길을 천천히 되돌아가기 시작했다. 그러나 간송미술관 앞 큰 돌 위에 앉아 다시 생각했다.

'이불짐을 지고 나의 생존의 길을 끝끝내 걸으리라던 내 고집이 바로 그 숨은 이념, 숨은 지도노선과 관계 있다. 나는 아직 나설 때가 아니다. 그러나 참가해야 한다. 조직을 통해서가 아니라 내 온몸의 감각으로 혼자서 천천히 조금씩 참가해야 한다. 내 온몸의 감각! 그것은 문화와 예술을 통해서일 것이다.

아버지, 어머니를 슬프게 해서는 안 된다. 나는 죽어서는 안 된다. 나는 살아야 한다. 그리고 냉정한 머리와 뜨거운 가슴으로, 거리를 두고 참가해야 한다. 천천히 조금씩 그 참가를 통해서 새롭고 창조적인 길을 찾아나서야 한다.'

그때 다시금 마음속에서 눈물이 쏟아졌다. 만세, 만세를 외치던 구두닦이들, 행상들, 학생과 학생이 아닌 청소년들의 그 외침 소리들! 달리는 트럭들! 태극기의 물결들! 그리고 풍삼의 그 한마디의 끝없는 에코!

"반동이 오면 또 싸워야지."

"반동이 오면 또 싸워야지."

"반동이 오면 또 싸워야지."

내 나이 스무 살이었다.

130_ 혁명

젊은 작가 유용주는 그의 책 《마린을 찾아서》 후기에서 다음과 같이 말하고 있다.

뒤로 걷기가 앞으로 걷기보다 힘들다. 되돌아보는 일은, 과거를 현재로 옮겨 재구성하는 일은 어려웠다. 나아가는 걸음보다 열 배, 스무 배, 백 배 어려운 일이었다. 그리하여 되돌아볼 일이 많은 사람은 불행하다. 과거가 아무리 아름답다 해도, 그것은 이미 무덤 속에 들어간 숨 끊어진 주검처럼 딱딱하다. 과거는 죽었지만 끊임없이 살아 움직이려 한다. 쉽게 잊지 말라고 거머리처럼 달라붙는다. 어떤 방식이든 반성과 회개 없이는 단 한 발자국도 못 나가게 한다. 더군다나 다시는 떠올리기 싫은 불행한 과거라면…… 넌덜머리가 난다.

어찌 저 죽은 몸을 위해 무덤을 다시 파헤쳐 숨을 불어넣고 마음을 떠넘기겠느냐. 되돌아보는 일은 죽은 몸을 살리는 만큼이나 공력이 든다. 그래도 살려볼 것이냐. 숨을 불어넣어 볼 것이냐. 나는 깨끗하게 실패했고, 견딘 만큼 충분히 고통스러웠다. 쉽게 울지 말자. 눈물은 기억을 왜곡하고 분노를 짧은 세월 안에 누그러뜨리는 당의정인지도 모른다. 어찌할 수 없는 상황에 부닥쳐 흘리는 눈물이라도 거듭 태어나는 몸에 양수로 쓰여지지 않으면 안 될 것이다. 전 생애를 걸고 노 저어 가도 닿지 못할 섬이 있기에 더욱 그렇다.

자, 추레한 이 몸뚱이를 끌고 어디로 갈까. 겨울 찬바람에 물마루가 다시 출렁인다.

나는 깨끗하게 실패했다. 어디가 분기점일까. 4·19다. 아마도 '4·19 세대'라고 통칭되는 내 세대의 모든 이가 실패했는지도 모르겠다. '혁명은 하지 못하고 방만 바꾸어버린 김수영金洙暎 세대.' 넌덜머리가 난다. 되돌아보기조차 싫다. 그러나 되돌아보아야만 한다. 그리고 되돌아보는 일은 죽은 몸을 살리는 것만큼이나 공력이 든다. 죽기보다 싫은 되돌아보는 일! 겨울 찬바람에 물마루가 다시 출렁인다.

그것은 분명 혁명이었다. 그러나 이상한 혁명이었다. 파고다 공원에서 쓰러뜨린 이승만 동상을 올라타고 앉아 한 할머니가 저주를 퍼붓고 있을 때 이화장으로 하야하는 이승만을 향하여 다른 할머니들이 눈물을 쏟았다. 그토록 못마땅해했던 대학 교수들이 데모를 하고 반공의 전위인 군인들이 혁명을 엄호했다. 우리 사회와 역사의 특수성이 그대로 드러나는 혁명이었다.

나에게는 은밀한 노트가 한 권 있었다. 고등학교 이래 쓴 이른바 철학 노트인데 술·섹스·마약과 자살을 찬미하는 전면적인 현실 부정의 어두운 구절들로 가득 찬 것이었다. 나는 그것을 '검은 공책'이라고 불렀는데 별장다방에서 돌아와 가슴속으로 눈물 흘리던 그날 밤 캄캄한 성북동 뒷산 기슭에서 불에 태워 멀리 떠나보냈다. 내게서 혁명이 시작된 것이다.

그리하여 그날 밤이 나의 실패가 시작되는 분기점이 되는 것이다. 대안이 될 철학을 찾지 못했기 때문이고, 나는 '검은 공책'을 분명 떠나보냈으나 '검은 공책'은 여전히 나를 떠나지 않고 주변을 맴돌았기 때문이다. 그리고 이 실패가 훗날 바로 나에게 '명상과 변혁의 통합'을 꿈꾸는 '요기-싸르'의 새 씨앗을 심어준 것이다. 사회는 사회대로, 나는 나대로 이중성과 분열에 시달리기 시작한 것이다.

이 이중성은 세계의 또 하나의 이름이었고, 이 분열은 거기 붙어서 삶을 지속하는 나의 병명病名이었다. 그것은 거의 불치의 질환이었다. 그러나 동시에 나의 철학적 모색의 뼈대이기도 하였다. 분열과 이중성, 이중성과 분열은 학교·강의실·하숙집·찻집·술집과 거리거리에서 내게 손짓했고, 그 손짓에 따라 나는 이짓 저짓을 번갈아 괴로워했으며, 한번 그것이, 그 고통의 감각이 스쳐간 뒤에는 한동안, 떠나지 않고 나를 이른바 '이론 구축 작업(김성한의 〈오분간〉에서)'에 잠기게 했다.

그러나 성과는 없었다. 기초적인 고뇌에서 맴돌기만 했을 뿐이다. 그 결과 긴 고뇌는, 그래, 어떤 의미에서는 지금 이 순간까지 계속된다. 수운水雲 최제우崔濟愚를, 테야르 드 샤르댕과 베르그송을, 블로흐와 그레고리 베이트슨을, 데이비드 봄과 들뢰즈.

미셸 세르를 알게 되고 드디어 《주역周易》과 《정역正易》에까지 입문한 지금의 나에게도 음양 생극生克의 이중성과 불연(不然, 아니다, No)과 기연(其然, 그렇다, Yes)의 모순은 통합·보완되지 않고, 그저도 분열이다. '요기-싸르'의 꿈은 아직도 그저 꿈일 뿐, 나는 거리에서, 방구석에서, 잠자리에서 언제나 한 극단에 기울어 화를 내고 짜증을 내는 21세기 한국정신의 한 불행한 어린아이일 뿐이다.

한 극단의 극단에까지 몰아붙여 생명까지 거부했던 나의 철학 '검은 공책'은 이렇게 해서 일단 파산했다.

'4·19'는 나의 패배! 검은 마귀의 중독에서 벗어난 나는 새로이 배울 수밖에 없었다. 미술학교! 그곳에서의 데모! 장발 학장의 축출과 미학과를 문리대학으로 돌려보내 달라는 등의 이슈를 가진 미술학교의 농성 데모! 그것이 구체적인 분기점이었다.

혁명은 그 직접 행동에 가담하지 않은 나에게 새로운 '문화혁명', 새로운 '명상-혁명'에의 긴긴 모색을 시작하는 한 분기점이 되었다. 그 지긋지긋한 시간들을 되돌아보아야 한다. 전 생애를 걸고 노 저어가도 닿지 못할 섬이 있기에 더욱 그렇다. 자, 추레한 이 몸뚱이를 끌고 어디로 갈까. 겨울 찬바람에 물마루가 다시 출렁인다.

131_ 농성

'농성'이란 어두운 느낌의 어휘다. 그러나 미술학교의 그 농성은 꽃밭이었다. 수많은 여학생들, 가지각색 옷들로 자기 무늬를 개성적으로 드러내는 여학생들의 군중 행동은 그 농성을 꽃밭으로 만들었다. 당시 미술학교는 공업연구소의 우중충한 시멘트 실험실을 강의실로 쓰고 있었다. 우리가 큰 글자의 구호를 써붙인 높은 굴뚝 또한 지극히 우중충한 '우울의 상징'으로 미술학교의 이미지를 변절시키고 있었다.

'데모'와 '농성' '공업연구소' '시멘트' '굴뚝' 들의 검은 이미지 속에서 은빛으로 또는 비췻빛으로, 대개는 양귀비꽃이나 튤립 빛으로 반짝이는 것들이 있었다. 우리의 생각과 감각들, 말들, 구호들, 플래카드들! 그것들은 이상한 상상력으로 가득 찼고 우리를 억압하는 학생과 직원들과 교수들에게 우리가 배운 미학과 예술적 상상력을 고스란히 하나의 현실로 되돌려 줌으로써 큰 당혹감을 선물했다. 훗날 파리에서 일어난 68혁명의 진행을 보면서 나는 이때의 그 미술학교 데모, 그 새로운 상상력에 가득 찬 미학혁명을 떠올리곤 했다.

'상상력이 정권을 잡아라!'

68혁명의 이 구호는 이미 1960년 초여름 따뜻한 한철 스무 살의 내 몸 안에, 생각 안에, 감각 안에 싹트고 있었던 새로운 공책의 내용 속에 들어 있었다.

미술학교 학생들은 너무나 예술적이었고 직원과 교수들은 너무나 관료적이었다. 나는 이때 참된 예술과 아름다움과 상상력의 적은 다름 아닌 바로 관료주의라는 사실을 처음 알았다.

대학 시절 친구들과 함께 막걸리집에서. 왼쪽에서 두 번째가 필자.

밤을 새워 토론했으며 그 결론이 압축된 요구 조건과 미학적 정치혁명의 새 냄새로 가득 찬 기이한 성명서를 이튿날 아침에 발표했고 강의실 벽에 연이어 대자보로 써붙여 놓았다. 구호를 한 글자 한 글자 써서 큰 굴뚝에 내리닫이로 붙여놓기도 했다.

나는 굴뚝 꼭대기에 높이 올라가 구호를 붙이던 그날 새벽을 잊을 수 없다. 푸르른 자갯빛 새벽 하늘과 우윳빛 첫 구름들의 빛남을 잊을 수 없다. 명확히 알 수는 없었으나 내 생애가 그곳에서 뭔가 달라지고 있음을 뽀오얀 새벽과 함께, 생각이 아니라 감각으로 알아채가고 있었다. 내 안에서 혁명이 일어나고 있었다.

몇몇 상급생들의 멋진 연설과 날랜 행동, 학장실을 점거하자 교묘하게 잔꾀를 부려 도망치는 장발 학장의 자동차 트렁크에 올라타고 이화동 네거리까지 뒤쫓던 한 회화과 선배! 양승권이라는 목포 출신의 이 선배는 그 무렵 한 연설에서 "선생이니까 선생이냐? 선생이래야 선생이지!"라는 유명한 말을 남겼다. 그는 훗날 프랑스 유학에서 돌아와 나를 만난 술자리에서 그 무렵을 이렇게 회상했다.

"시커먼 연탄 속에서 붉은 만월이 떠오르는 계절이었어!"

이미 고인이 된 김정강 선배, 어디에서 무얼 하고 있는지 모를 박완수 선배와 박한진 선배, 프랑스에 살고 있는 방혜자 선배와 김옥녀 선배! 다들 건강 무사하길 빌면서, 내 생애에서 전혀 떠날 기미가 보이지 않는 이 작은 데모가 그보다 몇십 년 전 멕시코의 시케이로스·리베라 등이 벌인 미술학교 데모나 요즘 치아파스에서 마르코스가 주도하는 차파티스타의 사이버 문화적 원주민 농민혁명·민족혁명 등은 68혁명과 함께 이제부터 새로이 시작될 이 민족과 전 세계의 새로운 문화혁명, 또는 인류의 상고대上古代에 대한 대규모 문예부흥의 한 씨앗이었음을 잊지 마시라 당부하고 싶다.

그때 나는 한 사랑을 시작했으니, 사군자 시간에 종이 밑에 까는 담요 조각들로 새벽 추위를 감싸고 상대방의 때문은 얼굴을 서로 놀려가며 나누던 동지애 속에 몰래 숨겨진 한 사랑을 시작했으니, 그것은 결국 슬픈 짝사랑으로 끝이 났지만, 내 의식은 그 실패로 인해 비록 상처투성이이기는 하나 불현듯 어른이 되었음을 기억한다. "짝사랑과 감옥과 정치적 도피는 사람을 성숙시킨다"라는 그 무렵 우리들 사이의 속담이 있다.

그래! 사랑이라고 부르기조차 힘든 그 안타까운 그리움은 그 무렵 내 안에서 일어나고 있던 한 혁명에 꽃향기를, 어느 날 새벽에 잠시 맡고 나서 잃어버린 매우 우아한 꽃향기를 가져다주었다.

'혁명은 그리움을 매개로 하고, 그리움은 혁명을 빗장으로 한다'라는 내 평소의 한 생각은 이때 태어난 것이다.

132_ 달빛 있는 생신

미술학교의 데모는 성공했다. 문제 교수 몇 사람을 사퇴시켰고, 미학과를 문리대로 옮겨왔으며 학생과 업무와 커리큘럼 개혁을 시도한다는 내용이었다. 하지만 장발 학장은 그대로 유임했고, 아! 그래, 우리는 바보였다. 왜냐하면 그 당시 정권이 장발 학장의 형인 장면의 정권이었으니까!

그리고 또 주동했던 선배들 여섯인지 일곱인지가 조건부로 퇴학 처분되었다. 그러니 그 데모는 결국 실패한 것이다. 성공처럼 보이지만 실패하는 것, 이것이 관료주의다. 그러나 실패한 것처럼 보이지만 시간만 빼버린다면 길게 보아 성공적일 수도 있는 것, 이것이 문화혁명이다.

나는 선배들의 퇴학 처분과 문교 당국의 위선에 심기가 뒤틀려 2학기 가을 등록을 포기하고 휴학한 뒤 서울과 원주, 대학가를 구름처럼 떠돌기 시작했다. 4월혁명의 참모부요, 최전선이었던 민족통일연맹에는 가입하지 않았으나, 나는 평생 그 어떤 조직에도 직접 가담한 적이 없지만, 분명 혁명의 한 날개였던 '새생활계몽대'에는 깊숙이 관여하기 시작했다.

새생활계몽대는 전국 각 대학 학생들로 조직되어 양담배와 양주를 비롯한 외제 상품을 쓰지 말자는 계몽운동으로, 경제·문화적인 민족자주성을 드높이는 운동이었다.

학생들은 완장을 차고 술집이나 가게, 행인 들에게서 양키 물건을 압수해 모아다 종로 네거리 한복판 같은 곳에 산더미처럼 쌓아놓고 행인들이 보는 앞에서 불태웠다. 이 운동은 큰 반향을 일으키며 장차 사상 및 문화와 예술에서의 민족주체·민족주의의 열풍을 불러오게 된다.

계몽운동은 선전연극을 기획했다. 내가 가담한 두번째 연극이었다. 첫 연극은 1학년 겨울, 그러니까 4·19 직전에 서울대 학생연극회에서 공연한 티에리 모니에의 〈암야의 집〉이라는 반공 연극이었다.

두번째는 새생활계몽대에서 주관한 계몽선전 연극이었다. 이철향 작 〈달빛 있는 생신〉으로 지금은 톱스타들인 최불암, 박근형 씨가 출연했고 나는 잠깐 무대에 들어오는 젊은 대학생 역이었다.

달빛이 비치는 생일날 양담배, 양주 등 외래 물품을 쓰지 말자는 각오를 새롭게 하는 부자지간의 갈등을 다룬 것이다. 당시 을지로 입구의 전문 소극장인 원각사에서 공연했다. 연극은 이곳저곳을 순회했다. 그 중 하루는 수원농대에서 공연했다.

수원농대! 농대 앞에 한없이 긴 직선으로 뻗어 있는 그 가로수길! 휘영청 만월이 뜬 그 밤! 새벽 한 시! 농대 학생회 친구들과 술을 마시며 밤새 떠들다가 문득 창밖에 흩날리는 이상한 바람 소리를 들었다. 낯선 예감이 내 가슴을 두들겼다. 누군가 밖에서 나를 불러낸 듯 슬며시 일어나 달빛 가득한 교정으로 나와 행길가에서 손짓하는 검은 가로수 쪽으로 걸어갔다.

거기 양쪽 두 개의 소실점 밖으로 사라지는 길고 긴, 달빛 비치는 흰 신작로가 똑바로 누워 있었다. 가로수와 먼 곳 숲들은 모두 검고 길만이 새하얬다. 만월은 저 높은 하늘을 가로질러 운행하고 눈부신 구름들이 달 근처를 지나가고 있었다. 그 행길은 한없이 소실점 바깥으로 달려가 지평선 너머의 저 아득한 한밤의 흰 우주 속으로 사라지고 있었다. 거기에 왠지 내 운명이 걸려 있는 듯했다.

우주로 사라지는 흰 운명의 길!

걷기 시작했다. 끝이 없었다. 몇 시간을 그렇게 걸었을까. 검은 나무숲과 흰 하늘, 흰 길의 끝없는 현전! 꿈결같았다.

결국 희뿌연 여명이 들기 시작해서야 나는 가까스로 정신을 차리고 되돌아오기 시작했다.

그 뒤로 한 번도 잊은 적이 없는 이 한밤의 흰 우주의 길은 몇 번이고 상황을 바꾸면서 내게 현전했다. 그것이 무엇일까? 그것은 내 운명에 무슨 뜻을 갖는 것일까? 민청학련 사건 때, 그리고 그 뒤의 또 한 번의 여러 해에 걸친 투옥과 감방에서의 백일참선 때 뚜렷이 나타난 흰 우주의 한없는 길! 그것은 내 실존에서 무엇을 뜻하는 것일까?

의미는 알 수 없으나 어떤 예감은 있다. 그것은 훗날 나타나기 시작한 정신병 및 우울한 환각과 관계가 있었다. 그리고 전문의는 그것을 단순한 '분열'이나 '착란'이 아닌 일종의 '종교적 환상'으로 분류했다.

133_ 인촌 김성수

그 해 겨울 나는 세번째 연극에 들어갔다. 중앙중고등학교가 주관하고, 당시의 집권당이었던 윤보선·장면 정권과 동아일보가 지원한 〈인촌 김성수〉가 그것이다. 역시 중앙고 출신의 김기팔 씨가 각본을 쓰고 한국방송공사 사장을 지낸 적이 있는 최창봉 선생이 연출을 맡았다. 최불암, 이로미 씨 등이 출연하고 나는 단역인 고하 송진우 역을 맡았다.

중앙학교에서 연습을 하고 그 인근 동네에서 민박으로 합숙을 했는데 나는 최창봉 선생과 한방을 쓰게 되었다. 당시로서는 일종의 관변 연극인 셈이어서 돈은 풍부하게 돌았다. 매일 술이었다. 연극보다 술 먹기 연습을 하는 듯했다.

그 연극은 내게 세 가지 못 잊을 기억을 남겼다. 하나는 연습 도중에 있었던 회식 시간에 당시 동아일보 회장이었던 김상만 선생에게 고하 송진우 선생의 기행들, 알려지지 않은 사적인 이야기들과 인촌을 비롯한 한민당의 정치사적 의미, 친일적이면서도 민족주의적인 저 기이한 인촌과 고하와 설산 등의 복잡한 정치학을 그날 이후 여러 선배들에게 들은 일이다.

스무 살의 나이에 이 나라 근대사의 모순에 가득 찬 전개와 거기 출몰하던 사람들의 기괴한 행장에 대해 알게 되면서 도리어 역사에 대해 더욱더 알 수 없게 되는, 더욱더 모르게 되는 기이한 역설을 경험하게 되었다.

둘째는 종로 보신각 바로 곁에 있었던 아시아제과점, 소위 젊은 딴따라들, 방송과 연극과 영화와 텔레비전에 종사하는 이들의 한 소굴이었던 그 제과점에 밤낮 틀어박히면서 그 무렵 한 연상의 여인에게 농익은, 그러나 무척 짤막한 사랑을 받았던 일이다.

가끔 기억난다. 그것은 순식간의 포옹이었다. 그 뒤 그 포옹은 내가 무르익은 한 여인의 육정肉情의 세계를 희미하게나마 엿보게 만들었다. 여인들이 사용하는 향수와 육체의 체취가 내 안에 어떤 감각과 어떤 정념을 불러일으키는지에 대해서도 생각하게 하였다.

셋째는 최창봉 선생과의 대화다. 선생은 내가 자기 스무 살 무렵의 한 북쪽 출신 친구와 쏙 빼닮았다고 하면서 나더러 앞으로 연극을 하지 말라는 충고를 하는 것이었다. 개인 예술가가 되라는 거였다. 나는 그 말 안에 숨겨진 정보를 곧장 알아차렸다. 연극적 재능은 나의 예술적 천품과는 관계가 없다는 거였다.

수많은 세월이 흐른 지금 다시 생각해봐도 역시 옳은 충고였고 정확한 판단이었다. 그 때문이기도 하지만 나는 지금도 최선생님을 존경하고 그리워하는 마음을 지니고 있다.

이 세 가지 기억을 스무 살의 젊음 위에 남기고 그 해 겨울도 갔다. 그 해 겨울. 4월혁명의 겨울. 온갖 정파와 단체들, 심지어 경찰들까지도 데모를 감행하는 데모 만능의 한 해, 통일과 혁명에 대한 군중적 정열이 눈부시게 폭발하던 한 해, 군부의 반동이 예감되던 그 해 겨울도 갔다.

134_ 민통

통일과 혁명에 대한 젊은 군중적 정열의 참모부요, 대중적 민중행동의 '다이나모(발전기)'는 서울대학교 중심으로 전국 대학에서 조직된 '민족통일연맹', 소위 '민통'이었다. '민통'의 격발로 한국사회에서 6·25 이후 죽어버렸던 정치적 정열이 되살아났고 《민족일보》 등과 함께 민족통일혁명의 혁신계 운동이 불꽃처럼 타올랐다.

나는 그 무렵 대학가 별장다방에서 많은 친구들과 자주 토론을 벌였고 다음 해에 사고로 죽은 저 유명한 고석원 선배에게 하이데거와 사르트르와 마르크스 등에 관해 이제까지 전혀 몰랐던, 깊은 철학적 세계의 몇 가지 얼굴을 가끔가끔씩이나마 들어서 알게 되었다.

서울대학교 문리대학은 무수한, 그러나 저마다 개성이 다른 온갖 낭만주의자들로 붐볐고 그들의 목청 높은 토론 진행으로 밤낮 시끄러웠다. 마치 백화제방·백가쟁명과 같았다. 마르크스에서 최수운·최한기崔漢綺에 이르기까지, 단군에서 석가·공자·노장老莊과 예수까지, 레닌에서 농업사회주의의 사회혁명당 마프노까지, 발레리에서 브레히트까지, 정지용에서 서정주, 김기림에서 임화, 마야코프스키에서 예세닌까지, 그리고 마티스·피카소에서 시케이로스·리베라까지, 샹송과 재즈에서 민요·판소리·무가巫歌와 정악正樂에 이르기까지.

다 있었다. 없는 게 없었다. 그러나 근본적으로 중요한 것이 없었다.

통일 또는 통일철학, 그것이 없었다. 통일이 없었으니 자연히 창조가 없었다. '고석구'인가 누구인가 하는, 요절한 한 철학자의 《초극超克》이라는 책에 관한 이상한 소문만이 무성했고, 그 밖에 한마디로 잘라서 우리 손에 의해 창조된 문학도 철학도 과학도 없었다. 번역도 충분하지 않았고 읽을 책도 외국어 원전 외에는 별로 없었다.

나는 '민통'의 좌파들과 끊임없이 떠들고 싸우고 함께 마시고 함께 뒹굴고 함께

서울대 문리대학 교정에서.

괴로워했다. 그러나 그들의 끝없는 요청에도 불구하고 민통 조직에는 단연코 가담하지 않았다. 아버지의 영상, 월출산을 하산하던 중 가을 코스모스가 만발한 벌판에서 한없이 우셨다는 아버지의 그 슬픈 영상이 내 머리와 심장 위에 우뚝 버티고 있었기 때문이다.

술에 취하면 내게 '민통' 가입을 권하는 그들에게 항용 모욕을 주기 일쑤였다.

"어이! 말셰비키들!"

"이봐, 말로 당원들!"

그리고 그 중에도 그들을 가장 불쾌하게 만들었던 나의 모욕성 발언은 이것이었다.

"민통이 두통이야!"

135_ 방랑

떠났다. 서울을 떠나 나는 부모님이 계신 원주로 갔다. 내 집이었지만 나는 그 한때를 방랑으로 기억한다. 내 집으로의 방랑! 그러하매 내 넋 속에 무슨 일이 일어난 것이다. 그 일에 비추어볼 때 내 집은 타향이고 부모님은 객지였다.

한편으로 민통에 가입하지 않고 친구들이 추진하는 민족통일운동을 매섭게 거절했지만 이미 내 마음은 익숙한 내 일상으로부터, 부모님과 내 집으로부터, 성년의 여드름으로부터 멀리멀리 떠나고 있었다.

그때의 원주. 원주에서 떠돌던 내게 한 사건이 있었다. 기독청년회관에서 지금은 고인이 된 무위당无爲堂 장일순張壹淳 선생을 만난 것이다. 나는 그때의 한 청년 모임에서 사회를 보면서 다음과 같은 말을 했다.

"치악산 산등성이의 한 외로운 소나무 피부조차 이 민족역사에서 일어난 고통스러운 사건들을 기억할 것입니다. 그 기억을 우리는 이제 다시 되돌려받아야 합니다. 우리는 잃은 것, 잊은 것이 너무 많습니다. 그 기억을 되돌려받음으로써 우리 자신과 그 치악산 소나무들의 삶을 회복해야 합니다. 인간과 자연의 일치 말입니다. 소나무가 기억하고 있는 우리 민족의 비극의 역사! 그것이 도대체 무엇일까요?"

무위당 선생은 그때 윤길중 선생과 함께 혁신계 정당인 사회대중당을 이끌고 계셨다. 그날이 아마도 내 삶 속에 선생님이 들어오신 첫날일 것이다. 선생님은 몽양夢陽 여운형呂運亨 선생과 그 뒤 죽산竹山 조봉암曺奉岩 선생의 제자였고 계승자이셨다. 선생님은 그 뒤 5·16 군사쿠데타 때에 구속되어 삼 년간 옥고를 치르셨다.

선생님께서 그날 이런 말씀을 하셨다.

"소나무 이야기는 매우 시적詩的이다. 그리고 좋은 문화운동의 표현이다. 나도 매우 좋다고 생각한다. 나도 서울대학교 미학과에서 예술을 공부했다. 이렇게 생각하자. 소나무 이야기는 좋은 것이지만, 소나무보다 인간이 더 강하고 총명한 역사의식을 갖고 있다고. 그러므로 무엇보다 먼저 인간 안에서 기록이나 기억에 의해 과거의 민족사를 다시 끄집어내야 한다고. 그것을 기억하고 다짐하고 한 걸음 더 내딛는 것이 바로 지금 여기에서 진행되는 민족통일운동이라고 생각하자."

옳은 얘기였다. 그리고 내 얘기는 조금 환상적이었다. 그래서 아마 그 뒷날 뒷날 나는 선생님을 따라, 선생님과 함께 그 길고 긴 세월을 이른바 '원주 캠프'에서 일하게 되었을 것이다.

그러나 그때의 내 얘기는 환상이 아니었고 틀린 말도 아니었다. 왜냐하면 소나무와 우리들 속에서 움직이는 민족의 독특한, 도리어 세계적인 보편성·홍익성을 지닌 그 역사의식에 오늘날 신세대의 초점이 서서히 모아져야 하고 또 모아지고 있기 때문이다.

나는 그날 밤 시내에서 술을 마시고, 독한 술을 많이 마시고, 고등학교 때 방학이면 늘 스케치북을 메고 드나들었던 그 기독교 선교사들의 땅, 원주 기독병원 뒤편에 있는, 그 히말라야삼나무와 콩밭으로 무성했던 숲속, 철조망이 쳐진 그 숲속으로 기어들어갔다. 콩밭에 누워 쳐다본 하늘, 이월의 밤하늘에는 별들이 찬란했다. 내 머리 바로 위에 북두칠성이 뚜렷이 삼렬森列해 있었다.

'인간은 별에서 온 것일까? 인간은 죽어 별로 돌아가는 것인가? 북두성에서 왔다는 민족의 역사는 사실일까? 지구는 북극부터 생겨나기 시작했다는 전설은 참다운 과학일까? 별과 혁명은 어떤 관계인가? 북두칠성의 민족신앙과 지금의 통일혁명은 어떤 관계인가?'

이때 내 얼굴에 무척 밝은, 눈부신 플래시 빛이 비쳐졌다. 그리고 시커먼 엽총의 총구멍이 바로 내 얼굴을 향해 불쑥 다가들었다.

"너, 누구야?"

서투른 우리말이었다. 아! 선교사로구나! '이발소', 그러니까 영어로는 '에이블스'라는 그 땅의 주인이었다. 그 땅의 주인! 이발소! 선교사! 총부리! 아아, 그리고 또 북두칠성!

가느다란 실비가 흩뿌리기 시작했다. 원주 시내 시장과 행락가가 비에 젖은 속에서 부옇게 빛나며 불빛의 춤을 추고 있었다.

나는 그날 밤 일을 결코 잊을 수 없다. 왜냐하면 내가 콩밭으로 기어들어간 까닭은 자살하기 위해서였으니까. 노끈에 매듭을 지어 철조망에 매달려 몇 차례고 몇 차례고 반대 방향으로 몸을 쓰러뜨리곤 했으니……. 그런데 죽음은 오지 않고 이상한 쾌감, 황홀한 의식 상실 상태가 세 번씩이나 왔었으니…….

왜?

나의 숙제는 '내면과 외면' '명상과 변혁' '소나무와 혁명'이 통일되지 않는 것! '요기-싸르'의 꿈! 나의 세계가 화해하지 않는 것, 내 운명이 이해되지 않는 것, 뭐 그런, 그런 모든 것들이었으니.

136_ 판문점

'민통'은 대규모 시위를 벌였다. 1961년의 그 봄, 그때의 구호는 유명했다.

'가자, 북으로! 오라, 남으로! 만나자, 판문점에서!'

민통은 남북통일을 위한 남북 대학생간의 판문점 회담을 제안했다.

한국 전체가 흔들흔들했다. 심한 동요였다. 숱한 사람들이 불길한 예감에 몸을 떨었다. 원주기독회관에서 초청강연을 하신 함석헌 선생은 잘라 말했다.

"1961년! 올해가 그냥 넘어가지 않는다! 반드시 무슨 일이 일어날 것이다. 그것에 대비해야 한다."

붉은 빛을 띤 스포트라이트가 흰 머리, 흰 수염, 흰 두루마기의 함선생 모습 위에 집중되었다. 그 클로즈업된 함옹의 모습 속에서 어두운 국방색의 군인들이 줄을 지어 저벅저벅 걸어나오고 있었다. 모두들 집총·착검 자세로! 마치 선교사 '이발소'의 엽총 구멍처럼 시커먼, 시커먼 총구멍들을 들이대면서! 혹시는 미국? 혹시는 미 중앙정보국?

마지막이 오고 있었다. 모두들 그렇게 예감하고 있었다. 6·25의 피투성이 기억이 4·19의 그 불꽃을 가만히 놔둘 수 없다는 거였다. 마지막이 오고 있었다. 빨갱이만은 안 된다는 것이었다. 어떤 면에서는 《사상계思想界》까지도 그랬다.

마지막! 며칠 남아 있지 않았다. 그때야 비로소 나는 민족통일로 한 걸음 성큼 다가섰다. 외우畏友 조동일趙東一 형이 예정되어 있는 판문점 학생회담에 민족예술과 민족미학 분야에서 자기와 함께 나를 남한 학생대표로 선정, 밀어붙이고 지도부가 이 안을 승인한 것이다. 저쪽 북한에서는 김일성대학에서 역시 두 사람이 오기로 돼 있었다. 민족의 예술 및 미의식의 역사의 발견과 외래의 식민주의적 예술·미학에 대한 비판이 주된 내용이었다.

나는 이미 이 무렵에 마지막을 예감하고 있었다. 함석헌 선생만이, 장일순 선생만이 아니다. 중요한 것은 나의 아버지, 돌배 씨, '석주' 선생의 판단이었다.

"위험하다. 반동이 오고 있다. 피해라!"

그러나 나는 그 판단을 믿기 때문에 도리어 대표 선정을 승낙했다. 왜? 또다시 '그럼에도 불구하고?' '내가 하는 일은 언제나 마지막에 가서다' '문화·예술 쪽에서 조직이 아닌 개인으로 참가하는 것', 이것이었다. 실패할 줄 알면서도 죽임의 자리로 성큼성큼 나아가는 것, 그것이 나의 마지막에서의 참가였다.

그날 밤. 1961년 5월 15일 밤. 민통 대변인이었던 광주 출신 정치과 이영일이 낙산 밑에 있던 내 하숙방에서 나와 함께 자고 있었다. 새벽에 총소리가 연발하는 것을 듣고 이영일은 확신에 차서 말했다.

"우리편이다. 군부 안에 있는 우리편이 쿠데타를 일으킨 것이다."

나는 마당에 나와 하늘을 쳐다보았다. 잿빛인데 이상스레 핏빛으로 보였다. 다만 착각이었을까? 다만 착각이었을까?

아아, 그 핏빛!

"반동이 오면 또 싸워야지!"

조풍삼의 그 말,

"반동이 오면 또 싸워야지!"

137_ 귀향

학교는 문을 닫았다. 그리고 캠퍼스에 군대가 진주하였다. 민통 간부들과 집권 민주당, 혁신계 정치인들이 모두 구속되었고 자유당계 부정선거 책임자들에게는 사형이 집행되었다. 《민족일보》가 폐간되었고 언론은 일제히 숨을 죽였다. 살벌한 시절이었다. 사람만이 아니라 하늘과 땅까지도 숨을 죽이는 듯했다.

쿠데타, 이른바 반동이란 이런 것이었다. 서슬 푸른 혁명검찰이 마구 칼을 휘둘렀다. 그때의 그 무시무시한 혁검부장 박창암朴蒼巖!

나는 최근 그 박창암 선생을 만나 여러 가지 얘기를 들었는데, 첫째로 그가 본디 몽양 선생의 제자였음을 알고 놀랐고, 둘째 그 몽양 선생과 함께 해방 직후 월북하였는데 그때 몽양과 김일성 사이에 남북의 군사 전문가들 모두를 묶어 민족군대를 만들자는 협약이 있었다는 것을 듣고 또한 놀랐다. 김일성이 이 협약을 배신하자 인민군에 속해 있던 박선생은 즉시 월남하여 국군 특수전 전문가가 되었다는 것. 셋째는 6·25 때 지리산 빨치산을 한 사람도 살해하지 않고 마오 쩌둥 전법을 활용하여 대거 귀순시켰다는 것. 그리고 박정희의 근본적인 반혁명성을 파악하고는 또 하나의 쿠데타로 그를 몰아내려다 도리어 역으로 당했다는 것 등.

박선생은 말을 계속했다.

"혁검에서 민통 간부들을 직접 다룬 건 나였소. 내가 윤식·류근일·

이영일 등에게 물었지. 지금까지 몽양·백범·박헌영이 월북했다가 김일성이한테 뒤통수를 얻어맞고 당했는데 자네들은 그렇게 안 당할 자신이 있는가? 북한 노동당의 오래된 공산주의자들보다 더 철저하게 사회혁명을 실천할 수 있는 이념적·조직적·정치적 자신이 있는가?

그 사람들 별로 신통한 대답을 못 해요. 그래 공부 더 하고 능력을 더 배가하라고 석방시키고 복교시켜줬지요. 나는 그 무렵 박정희에게 당해 징역 살다가 석방된 뒤 시골에서 농장을 했지요. 김신조 애들 넘어왔을 때 김형욱이가 와 하도 사정사정을 해서 할 수 없이 전국적인 예비군 조직을 만들도록 도와줬지요. 그러나 그런 것으로 뭐가 되는 건 아닙니다. 우리 민족에게는 우리 민족 나름의 독특한 사상이 반드시 살아나야 합니다. 이것이 가장 핵심적인 통일과 참된 혁명의 길이지요. 그것이 바로 홍익인간입니다. 나는 그래서 5·16 이후 이제까지 단군운동을 하는 겁니다."

꽃들이 지고 계절이 가고 있었다. 나의 짝사랑, 그 애틋했던 사랑도 가고 혁명도, 그 순결했던 혁명도, 세계 현대사에 새로운 에포크를 만들어낸 학생 주도의 그 새 타입의 혁명도 가고 없었다. 선배인지 동료인지 후배인지는 모르겠으나 그 무렵 한 대학가의 음유시인의 시에는 이런 유행가 같은 구절이 있었다.

"계절도 사랑도 혁명도 가고……."

함께 미학과를 다니던 한 라디오 드라마 작가의 드라마 주제가에도

"아, 청춘도 사랑도 다 마셔버렸네, 그 길에 마로니에 잎이 지던 날……."

그러나 그 무렵 나의 고통은 낭만이 아니었다. 하물며 감상은 더욱 아니었다. 잎새의 빛 짙어가는 초여름 한낮 눈부신 땡볕 아래 나는 내 고향 목포의 한 부두에 혼자 우뚝 서 있었다. 대낮에 식은땀을 줄줄 흘리며 입에서는 가끔씩 핏덩이를 뱉어내며. 브리지의 한 간판에는 '땅끝행'이라고 행선지 표지가 있었다.

땅끝! 이 세상의 끝! 이 지구의 끝! 그런 곳이 정말로 있는 것일까? 땅끝에 가고 싶다. 가서 이 목숨을 이제 그만 접고 싶다. 내겐 살 이유가 별로 없었다. 이제 막, '자의반 타의반'(이 말도 한때 김종필의 용어였지만) 내 안에 싹트기 시작한 혁명과 통일에의 꿈이 한꺼번에 잘려나가고 폐결핵은 심해지고 고향은 이제 고향이 아니었다. 기억이 생생하다. 그때 내 가슴에 들끓는 노래가 하나 있었으니, 바로 이것이었다.

        고향에 고향에 돌아와도
        그리던 고향은 아니러뇨

        산꿩이 알을 품고
        뻐꾸기 제철에 울건만

        마음은 제 고향 지니지 않고
        머언 항구로 떠도는 구름

오늘도 묏 끝에 홀로 오르니
흰 점꽃이 인정스레 웃고

어린 시절에 불던 풀피리 소리 아니 나고
메마른 입술이 쓰디쓰다

고향에 고향에 돌아와도
푸르른 하늘만이 높푸르구나.

정지용의 시에 김순남이 곡을 붙인 〈고향〉이란 노래다.
"먼 항구로 떠도는 구름/메마른 입술이 쓰디쓰다."
나. 나였다.
열네 살 무렵 떠났으니 십이 년 만의 귀향일 것이다. 쫓겨나듯 억지로 떠나온 고향인지라 더욱 쓰라리고 쓰디썼다. 더는 못 살고 뿌리 뽑혀 흘러가 버린, 잃어버린, 먼 항구로 떠도는 구름이 되어버린. 그래서 더욱 메마른 입술이 쓰디썼다.

138_ 땅끝

　　내 시 〈땅끝〉의 그 어둡고 불길하고 축축한, 그러나 그 어둠 속에 황금빛 부처와 피 묻은 돌 파편들이 구르는 이상한 이미지는 그 무렵 어느 싸구려 여인숙에서 잠 못 이루는 한밤, 칠흑 속에서 새파란 인광처럼 단속斷續돼 다가오는 웬 부호들, 바닷속에 철사로 묶여 시체들의 입에 물린 웬 청옥靑玉 같은 부호들의 놀라운 기억이 만들어낸 작품이다.
　　종교까지도, 불교 같은 종교 아닌 종교, 마지막 종교까지도 거부한 니힐리스트 폭동과도 같은 원시적인 감성의 반역과 6·25 직전 둘씩 둘씩 철삿줄로 묶어 함정으로 실어다 큰 바다에 수장시켰던 소위 '남로당 보도연맹 사건'이 엇섞이면서, 그리고 완도 앞바다의 옛 장보고의 원시적인 해양 지배의 전설 등이 배어들어 만들어진 것이다. 그 밑바닥에는 눈부신 흰빛, 폐결핵과 뜨거운 대낮의 이미지인 흰빛이 타고 있었다.
　　나는 1999년 실천문학사에서 펴낸 시선집 《꽃과 그늘》의 후기에서 다음과 같이 그 시에 대해 말했다.

　　　　낯선 돌부처의 얼굴에
　　　　침을 뱉던 예리한 기쁨의 날도
　　　　이끼의 샘
　　　　아아

꿈이 잠든 이끼의 샘

……바로 땅끝의 흰 환각으로부터 태어난 작품이다. 어둡고 깊은 바다 한복판에 철삿줄에 묶인 채 수장당한 시체들로부터 울려오는 신음들, 그 신음 속의 외침들, 미칠 듯한 희열의 푸른 불꽃을 피우는 반역의 폭발!

결국 땅끝이었다. 이 세상의 끝! 그것은 그 어떤 이데올로기도 정치 프로그램도 없는 반란, 세계와 역사와 성스러운 모든 가치 자체에 대한 원생명原生命의 반역이었고 바로 그 원초적 반역이 불 지피는 미친 기쁨의 세계였다. 이것이 나의 '땅끝'이었다. 그리고 여기 이것이 참으로 나의 시다운 시의 출발점인 것이다.

훗날 내가 해남에 내려가 정착했을 때에 올랐던 그 땅끝 사자봉에서 바라본 앞바다의 시적 이미지가 바로 그것이었고, 거기에 밤바다의 대살육의 영상들이 함께 서려 있었다.

땅끝! 또다시 훗날, 나는 이 땅끝까지 흘러가, 극도로 비관용적이고 군사화된 극좌 폭력적 사회변혁운동파와 난폭무쌍한 극우 군부 파시스트들의 극악한 이중구속, 또 내 내면의 환상적 초월과 초보적 경제운동으로서의 생명운동의 생태 중력질서 속에서의 한계인 그 지루한 운동현실 사이의 통합도 갈등도 아닌, 견디기 힘든 다층의 이중구속, 이미 감옥에서 활짝 열려버린 상단전(上丹田; 泥丸宮·印堂)의 영적 분출과 함께 술과 불면으로 인해 흩어져버린 하단전下丹田의 정기精氣의 해체 사이에서 오는 주화입마走火入魔의 위험들, 그 여리고 슬프고 애틋한 '애린'의 갈가리 찢긴 이미지와 들소 같고 마귀 같고 육식조 같은 주변의 온갖 속물 군상들의 어지러운 노랫소리와 색정적인 속삭임 사이의 이중구속으로부터 훌쩍 벗어나기 위해 흘러간 그 땅끝에 홀로 서서 다시금 돌아갈 길, 아니 새롭게 태어나 새롭게 시작하는 길, 결국은 안팎의 통합, '요기-싸르', 내면의 영성적 평화와 외면의 생명중력 질서의 대변혁 사이의 새 차원에서의 통합, 카오스의 끝이요, 핵인 '애린'의 여성성 안에 코스모스의 새 이동선·질주선인 나의 모험의 화살이 바로 가 꽂히는, 그래서 눈부신 흰 햇살이 천지 가득히 생성하는 '오메가 포인트', 우리들의 '지화점至化点'까지 가버린 그 땅끝! 카오스모스의 절벽!

바로 그 지점에서부터, 그 이름조차 아득한 '땅끝'에서부터 나의 시, 나의 삶은 비로소 자기발견, 제 뿌리와 줏대, 이미지의 고향, 언어의 집 그리고 참다운 삶이 생성하는 시간의 풀꽃들이 쌓인 옛 곳간을 찾아낸 것이다.

그러나 고향이 참으로 내 정신과 삶과 시의 고향이 되기에는 조금 더 기다려야 했다. 첫 예감이 왔을 뿐이었다. 나는 그 뒤 몇 차례 더 고향을 찾음으로써 진정한 나의 뿌리, 나의 줏대, 나의 대지와 역사의 얼굴을 바로 보게 된다. 나는 5·16 그때엔 아직도, 정확히 말하면, 한 사람의 젊은 '초현실주의자'에 불과했던 것이다.

돌아오는 길, 완행열차를 타고 황량한 고향과 넓고 넓은 전라도의 평야를 차창 밖으로 바라보며 나는 기이한 '기다림', 이상스런 '목마름'으로 대낮에 한 꿈을 꾸기 시작했다. 그 뒤로 자주 계속된 한 '빈집'의 생생한 모습을 백일몽으로 꾸기 시작한 것이다. 그것은 나중에 시로 정착된다. 〈빈집〉

또는 〈역려逆旅〉로…….

    내가 가끔
    꿈에 보는 집이 하나 있는데

    세 칸짜리 초가집
    빈 초가집

    댓돌에 피 고이고 부엌엔
    식칼 떨어진

    그 집에
    내가 사는 꿈이 하나 있는데

    뒷곁에 우엉은
    키 넘게 자라고 거기
    거적에 싸인 시체가 하나

    아득한 곳에서 천둥소리 울려오는
    잿빛 꿈 속의 내 집

옛 고부군에 있었다는

고즈넉한

그 집.

나의 영적 혈통의 핵심에 있는 동학의 기억은 단순히 어렸을 때의 집안의 전설이 아니라 스무 살이 넘은 나에게 하나의 살아 있는 현실로, 소외와 반역과 살육과 그 오래고 오랜 침묵의 '빈집'으로, 그러나 한갓 허울뿐인 삶의 시간에 대한 잠 못 드는 컴컴한 '역려'로서 뚜렷이 인화된 것이다.

어쩌면 나의 삶, 나의 시에서의 길고 긴 반역은 바로 이 '빈집'의 기억, 기억 속의 '허공'이 주체일는지도 모르겠다. 아마도 그럴 것이다. 밤에도 대낮에도 마치 미친 몸살처럼, 마치 절박한 신경증세처럼 떠오르고 떠올라 나를 끊임없이 못살게 했으니까.

이성부李盛夫 시인의 이른바, "눈부심만 남은 빈방이/나를 못살게 하네"다. 바로 '전라도'다. 전라도는 나에게 또 나의 동료들에게 '반역'이면서 동시에 '빈방'이었다. 그러나 잊힌 역사 속에 숨겨진 그 눈부심으로 사람을 들볶는, 수십 년, 수백 년, 수천 년의 '외로운 변화〔獨化〕'의 주체인 '빈방'이었다.

139_가난

내 앞에, 내 안에, 내 벗들에게 '가난'이 살고 있었다. 오월 쿠데타의 주체들 앞에, 그들 안에, 그들의 동맹자들에게 가난이 살고 있었다. 가난은 그 시대 최대·최고의 숙제였다. 나라도 어찌하지 못한다는 가난! 가난이 우리를 지배하고 있었다.

우리 모두가, 우리들 어느 누구도 찬성하지 않았던 오월의 군부 쿠데타가 슬그머니 시인받게 된 것도 가난 때문이었다. 가난에 대한 그들의 관심 때문이었다. 그러나 역시 그것은 폭력이었고 오류였고 부채였다. 돈 닷 냥에 어미를 팔아먹은 놈 꼴이었다.

가난, 그것이 어쩌면 내 청춘의 생각과 시의 출발점이었다. 마치 한 초현실주의자에게 환상과 시가 정신의 결핍과 억압된 무의식으로부터 터져나오는 '자동기술自動記述'인 것처럼.

만약 여유가 있다면, 내 시의 비트들을 한번 분석해보라! 거기 틀림없이 어떤 허기진 영혼이 노래 부를 때 어김없이 함몰되는 음악성의 지옥인 하나의 '에어 포켓' '블랙홀', 즉 비트의 숨가쁜 언덕 오르기가 나타날 것이다. 그래서 헉헉거리며 순간순간 '제로'에, '무의미'에, '침묵'에 빠져든다. 이것이 무엇일까? '여백'이요, '틈'인가?

아니다. 나는 그것을 잘 안다. 알지만 꾸준히 외면해왔다. 이 '외면' 자체가 하나의 큰 가난이지만.

내용이 아니다. 정신보다 더 깊은 영靈의 가난은 내용이 아니라 형식에서, 형식보다 더 깊은 장단, 호흡에서 기어나온다.─비트가 아니라 장단이긴 하지만, 비트라는 심장 박동의 뜻을 비친 까닭이 있다.─이것을, 어느 때였던가, 허수경이라는 시인이 몸과 마음 사이의 '입술'이라고 표현했는데, 바로 그 입술이 내용과 형식 사이에 있는 영의 호흡, 가난과 배부름을 표현하는 장단이다.─그것이 가난할 때 장단이 아니라 비트가 된다!─바로 그 장단을 내 시에서 한번 분석해보라! 그 생성체계 안에 그 무렵, 청춘기의 내 삶의 내면─아니, 외면과의 복합적 삶의 내면적 반영으로서의 영적 상황─의 가난, 사랑 결핍, 눈물, 뒤죽박죽된 동경의 좌절과 수음의 죄의식, 뼈를 깎는 외로움, 지옥과도 같은 권태의 고통, 잠 못 이루는 밤의 아편 같은 몽상과 그때의 뭇 유령들, 뭇 마구니들의 모습이 확연히 드러날 것이다.

일본의 어느 한 문학평론가가 민중문학과 민중사의 미래를 '원령사관怨靈史觀'에서 찾자고 한 적이 있다. 우리 쪽에서 말한다면 '한문학恨文學'이요, '한사관恨史觀'이다. 아마도 융 쪽에서 접근한다면 '그림자론'이 될 터인데 그보다는 '그늘론'이 한결 본격 미학이요, 더 학술적으로 들어간다면 도리어 '율려학律呂學'이 정확하다. 율려의 장단 안에서 넋이 흔들리는 것, 음과 양의 순환의 저 안쪽 차원, 그것이 곧 '그늘'이니까.

그것을 '입술'이, 허수경의 그 입술이 바들바들 떨면서 말한다고 생각해보라! 그 가난을! 짐작할 수 있겠는가? 내용은, 사유와 이미지와 의미와 감각들은 다 그 위에서 춤출 뿐이다.

독단인가? 그렇지 않다. 바로 그 가난, 그리고 그것을 드러내는 입술이 되는 왈 율려, 그 율려의 감각적 표현인 그늘, 그러나 그 이전에 그 모든 것의 밑바닥에서 흔들리는 일종의 '제로'가, '허공'이 있었음을 기억하라!

'에어 포켓' 같은 '침묵'과 '정지'와 '틈'이 있다고 했다.

'빈집' '빈방' '눈부심' '그늘'!

그렇다. 이 모든 것이 삶과 시의 주체다. 그리고 그것이 바로 지옥이다. 실은 초월의 흰빛! 평화 · 창조 · 완성 · 해탈 · 초신성超新星과 같은 이 모든 좋은 것들이 처음 태어나 성장하는 '블랙홀'이 바로 이것. 헉 하고 김이 빠져서 기氣가 무너져 내리는 한순간의 판단 정지인 '무無' '공空' '허虛'이다.

일단은 이것들이 '가난'의 또 하나의 밑바닥이자 가난의 시적 반영이다. 가난하고 불행한 사람들은 궁지에 몰리면 입을, 눈을, 모든 감각을 닫아 버린다. 일종의 방어기제인데, 이것은 동물적인 생명기제인 것이다. 바로 이것이 가난의 출처다.

바로 이것을 내 시에서 또는 다른 시인의 시, 다른 사람의 삶과 예술과 논리에서 찾아낸다면 이것은 이제는 그와는 정반대로, '여백'과 '틈'이 될 가능성, '소통疏通'으로 발전할 한 근거가 된다. 그래서 '흰빛'의 출생지, 그 자궁은 오히려 시커먼 '블랙홀'이다.

만약 '율려'에서 이것이 그 밑바닥에 깔려 있지 않다면 그것은 그저 리듬과, 그 리듬을 제어하는 '메타'나 '라임' 같은 시학적 밸런스 기능밖에 안 남을 것이다.

그것이 중요하기는 하다. 그리고 '그늘' 자체가 창조임을 인정한다.

그러나 그런 범박한 일반론으로 시가, 예술이, 철학이 그리고 무엇보다 준엄한 나날의 바른 삶이 이 험상궂은 '빅 카오스'의 시절에 그 무엇을 날카롭게 반영하며 그 무엇을 참으로 새롭게 창조하며 그 무엇을 진정한 차원에서 돌파할 수 있단 말인가. 그리고 더욱이 마침내는 완성할 수 있단 말인가.

바로 이 '가난'! 그리고 그 때문에 나타나는 텅 빈 '무無'로부터 '눈부신 외로움', 즉 '흰 그늘',

서울 시청 앞에서 박정희 기념관 건립 반대 일인 시위에 동참한 모습.(2001)

가령 김일부金一夫의 《정역》에서의 '신화율려神化律呂' 같은 것, 줄여 말하자면 '율려의 창조적 차원 변화인 신인간新人間의 신문화'가 나타난다. 이것이 참된 초월성이요, 진정한 '빛'일 것이다. 그 옛날 짙푸른 '사백력(斯白力, 시베리아)'의 허공에 살았다는 '외로운 변화의 신〔獨化之神〕'일 것이다. 그러하매 여기엔 인간의 용기 있는 창조적 응시와 개입과 변형이 필요하다. 가난을 '창조'로 바꾸는 것은 '과거의 잘못을 깨우침〔覺非〕'이라고 부르는 용기와 결단일 것이다. 도연명陶淵明의 그 '각비' 말이다.

아이엠에프 전까지만 해도 여러 사람이 그래도, 아무리 파쇼적이었다 해도, 가난을 물리치는 경제적 변혁을 해낸 것은 역시 박정희였다고 믿고 말했다. 나 역시 조금은 거기에 찬성하는 쪽이었다. 그만큼 우리의 삶은 가난하고 고단하고 의지가지할 데가 없었으니까.

그러나 아이엠에프 직후부터 우리 경제의 구조원리 소위 '대마불사大馬不死' 따위 신화들의 내용을 뒤집어보기 시작한 결과, 우리 경제와 사회의 가장 큰 엉터리 구조가 박정희 때부터 시작된 관치금융, 정경유착 등 소위 '가난에 대한 가난'이었음을 확실히 알게 되었다.

아이엠에프는 박정희 때 시작된 환란이다. 나는 작년 어느 계절 어느 날엔가 서울 시청 입구 계단 앞에서 홀로 '일인 시위'를 하고 있었다. 지나가는 사람들이 자꾸만 흘금흘금거렸다. 나는 내심으로 똑똑히 '가난하지 않게' 혹은 '가난의 밑바닥을 뒤집으며'라고 가슴속에서 혼자 발음했다. '그린벨트로 산림을 보호한 것 이외에 박정희가 한 일은 하나도 없다' '그의 이름은 가난의 가난, 가난에 대한 또 하나의 가난이다'라고. 그리고 '나 또한 그 가난에서 벗어나기 위해 여기 혼자 서서 피케팅을 한다'라고.

140_거지

남들은 사 년 만에 졸업하는 대학을 나는 칠 년 반이나 다녔다. 낙제를 한 것도 아니고 공부를 그만큼 열심히 한 것도 아니다. 단지 휴학을 자주 해서다. 등록을 포기해서 휴학한 일도 있지만, 학점이 좋아서 등록금이 거의 면제되는데도 휴학한 적이 몇 번 있다. 한 번은 재입학까지 했다.

일종의 방랑벽 때문이었는데 휴학을 하고도 꼬박꼬박 강의를 들어서 교수나 학생, 과의 조교 등이 깜빡 착각한 일도 두세 번 있다.

원주 근처나 목포를 방랑하지 않으면, 강의실에서 강의 다 듣고 도서관에서 책 실컷 빌려 읽고 술집이나 밥집에서 친구들에게 내내 얻어먹고 얻어 마시며 신나게 방랑한 적도 여러 번이다.

친구들이 항용 하는 말이다.

"천재거나 도둑이거나……."

그러나 사실 내게 더 아픈 별칭은 '거지'였다. 집에서 돈이 안 올 때가 종종 있었다. 그리고 술을 마시고 싶은데 물주가 나타나지 않을 때, 친구들 가운데 마음씨 좋고 여유 있어 빼는 애들에게 손을 벌리곤 했다.

그들 중에도 유난히 지금 이 순간까지 기억에 남는 친구가 한 사람 있다. 유명한 미술품 수장가 간송澗松 전형필全鎣弼 선생의 막내아들로 지금은 간송미술관 관장으로 있는 전영우全映雨 형이다. 나와는 미술학교 동기생으로 회화과에 다녔지만 매일 만나고 돈을 꾸어주되 매일 따로따로 놀았다. 아마도 그에게는 내가 지겨운 친구였을 것이다. 친구나 후배 여학생들에게 돈을 빌리며 꼭 말미에 붙이는 관용구가 있었으니 어김없이 갚아준다는 말이었다. 그게 언제냐고 묻는 예가 있을 때는 누구에게나 똑같은 한마디가 준비되어 있을 뿐이었다.

"통일되는 날 삼천만에게!"

그랬다. 그래, 매일 얻어먹고 얻어 마시면서도 열심히 강의 들었고 열심히 책을 읽었고 열심히 시를 썼고 열심히 돌아다녔으며 그보다 훨씬 더 열심히 밤새워 떠들며 토론하는 것이 나의 일상이었다.

'거지!'

그렇다. 분명히 단언하거니와 나는 대학생 때 '거지'였다. 그러나 막상 누가 나더러 '거지'라고 부르면 매우 기분 나빠했다.

훗날 낙원동의 '탑골'이라는 단골 술집에서였다. 술에 잔뜩 취한 저 유명한 리영희李泳禧 선생이 여럿 앞에서 나더러 거지라고 부르며 학생 때 내가 거지였다고 까발린 적이 있다. 그때 나는 몹시 화를 냈다. 입만 열면 프롤레타리아요, 혁명 운운하는 사람이 거지라는 말에 모욕적인 의도를 담아 공중 앞에서 창피를 준다는 일이 더욱 기분 나빴던 것이다. 순식간이었다. 내 입에서 반격이 봇물처럼 쏟아졌다.

"배고프고 술 고파 손 내미는 거지는 거지가 아니지요. 진짜 상거지는 사상의 거지겠지요. 리선생이야말로 상거지! 논문마다 미 국무성, 미 국방성, 뉴욕타임스, 르몽드, 인민일보, 신화통신에다 일본 교도 통신, 아사히, 마이니치, 아카하다, 노동신문 몇 면, 누구누구 필자 운운 빼놓으면 쓸 거리가 없는 게 리선생님 아니신지요? 상거지라는 건 그런 불치의 정신적 거지를 말하는 거지, 나같이 배고프고 술 고픈 진짜 프롤레타리아를 말하는 게 아니지요. 하하하하하!"

내가 생각해도 너무했다. 평소 리선생은 내게 한반도 주변의 첨예한 국제정세에 관해 여러 가지 조언과 예상을 주었으니 내 태도가 역시 나빴다. 거지란 건 사실이고 또 자업자득 아니던가!

그럼에도 듣기가 싫었으니 확실한 것은 머지않아 내가 거지 근성을 분명히 졸업하긴 할 거란 사실이었다.

그러나 졸업 후에도 요양원에 들어가기까지의 몇 개월 동안은 명동이나 충무로 혹은 중앙일보 뒷골목이나 대학로 학림다방 같은 곳에서 폐결핵으로 쿨룩쿨룩거리며 노오란 얼굴을 하고 앉아 만만한 물주를 기다리며 몇 시간이고 죽치고 있기 일쑤였으니…….

'내 꼴이 똑 이용악李庸岳이로구나!'

월북 시인 이용악은 거지 시인으로서 술이 고플 때에는 종로 보신각 앞에 우뚝 서서 물주가 나타날 때까지 몇 시간이고 기다린 것으로 유명한데, 그렇게 혼자 중얼대면서도 쉽사리 그 자리를 뜰 수 없었으니, 그렇게 해서 얻어먹는 술자리에서 나의 일거수 일투족이 또 얼마나 밉상스럽고 천덕스러워 보였을지 알 만하다. 알 만하고 또 그래서 리선생의 취중발언 '거지론'도 충분히 '리해理解'할 만하고 또 '료해了解'할 만하다.

141_ 술꾼들

내겐 술친구가 많다. 그러나 술친구 하면 꼭 생각나는 네 사람이 있다. 모두 나보다 여남은 살씩 위였으니 장 어른들이었다. 원주에서 놀고 있을 때였는데 나는 아침 후엔 반드시 '명'이란 다방에 나가 조간신문부터 찬찬히, 샅샅이, 틈틈이, 갈피갈피까지 모조리 읽어치운다. 그러노라면 양조장 다니는 최선생을 비롯해 술꾼 세 사람이 반드시 더 등청한다. 나는 세 사람에게 별명을 붙였는데 '까치머리' '뒤주' '도롬베또'였다.

'까치머리'는 앞머리에 두 줄기 새하얀 머리칼이 나 똑 요즘의 '블리치' 같은데, 원주 근처 시골에 있는 상당 양의 땅을 야금야금 술값으로 팔아치우고 있는 분이었다. 술값이라 하지만 많이 먹는 것도 아니고 비싸게 마시는 것도 아니었다. 소주에 빈대떡이 고작인데 가장 즐기는 안주는 빈대떡 굽는 데 쓰는 돼지 비계가 다 타고 남은 새카만 숯덩어리였다.

또 한 분 '뒤주'는 함경도 출신의 '아바이'로 면허증 없는 의사인데 의료사고로 수입이 없던 한동안은 집을 나설 때마다 술값으로 뒤주에서 쌀 몇 되씩을 반드시 퍼가지고 술청에 이르던 분.

또 다른 한 분은 키가 팔대장성의 악사樂士 출신으로 트럼펫이 그의 생업이어서 일본 발음으로 '도롬베또'가 되었는데 그즈음에는 모두 집어치우고 버스 영업을 해볼까 하고 매일 다방과 술집에 앉아 버스 연구에 몰두하시던 분.

나머지 한 분은 별명 없이 그냥 '최선생'. 자주는 아니고 가끔 한번씩 동참하는 분으로 양조장에 근무하며 우리에게 올 때마다 절룩거리면서 술 만드는 원료인 '진땡이'를 가져다주는데, 김일성대학 경제학과 출신의 노동당원으로 6·25 때 다리를 부상당한 채 국군에 투항한 반공 포로였다.

최선생이 걸작이었다.

내가 호기심에 가득 찬 얼굴로 묻는다.

"한마디로 북한은 어떤 사회입니까?"

대답은 한마디다.

"사람 사는 사회지요."

"남한은 어떤 사회라고 보십니까?"

"사람 사는 사회지요."

"사람 사는 사회가 무슨 뜻입니까?"

"인정도 통하고 돈도 통하고 빽도 통하고……."

"북한도 그렇단 말입니까?"

"그럼요. 거기도 사람 사는 땅입니다."

"남북통일이 되면 우리 조국은 어떤 사회가 될 것 같습니까?"

"사람 사는 사회지요."

이 모냥이다.

한번은 최선생이 서울의 대학가로 나를 찾아온 적이 있다. 그때 술꾼 친구 중 극좌가 한 사람 있어 술상머리에서 최선생을 자꾸만 괴롭혔다.

"반공 포로라는데 노동당원이 그럴 수 있습니까?"

대답은 느리데했다.

"노동당은 사람을 위한 정치조직입니다. 사람이 다쳤는데 당이 치료해준다면 모를까 무슨 소용이겠습니까?"

"당원이라면 부상이나 죽음을 넘어서는 확고불변한 신념을 가져야 하는 것 아닙니까? 그런데 계급의식, 적개심도 없이 반공 포로라니오?"

"마르크스 철학은 형성과정중에 있는 사상입니다. '변화 속에서'라든가 '발전과정에서'라는 말이 특히 정치경제학에서 많이 나오는데, 그 말은 확고불변한 건 없다는 뜻일 텐데요."

내 친구는 화가 머리꼭지까지 올랐다. 그만큼 술도 올랐다.

"그렇다고 그 말이 기회주의자들을 위한 말인 것은 아닙니다."

"기회주의면 어떻습니까? 총탄·포탄이 비 오듯 하고 비행기가 온 산하에 융단폭격을 하는 전장에서 살아났다는 건 마르크스주의보다 더 큰 일이고 기회주의보다 더 벅찬 사상입니다."

"그 따위 태도 가지고서야 어디 역사가 진보·발전했겠습니까?"

최선생은 그 도수 높은 안경을 한번 높여 내 친구를 빤히 쳐다보더니 역시 느릿느릿 한마디 묻는다.

"시간은 언제나 진보·발전하는 겁니까?"

"그럼 진보·발전하지 않는다는 겁니까?"

"한강은 바다로만 흘러갑니까?"

"그러면 한강이 거꾸로 산으로도 갑니까?"

최선생은 그때 술집 밖의 우중충한 혜화동 로터리 풍경을 멀거니 바라보며 알쏭달쏭한, 그러나 그 후의 내 인생에 중대한 역할을 하게 되는 한 발언을 내뱉고야 말았다.

"강물은 바다로 향해 흐르는 표면 아래에 무수한 역류逆流를 포함한 채로 흐릅니다. 역류도 물은 물이지요. 잘 보면 시간은 거꾸로도 갑니다. 중요한 것은 삶입니다. 자기의 목숨이며 생활이지요. 지금 이 시간, 이곳에서의 삶을 중심으로 모든 시간과 모든 역사를 다시 보아야 합니다."

"반동이군요!"

"크게 본다면 반동도 하나의 역사입니다. 그게 좋다는 게 아니라 역사를 일방적으로, 선線으로 이해하느냐, 아니면 살아 생동하는 복잡한 것으로 전부를 다시 보느냐 하는 차이지요."

솔직히 말해서 아직 나와 내 친구는 소위 '삶'이란 것에 대해서 잘 알지 못했다. 아버지 또래에 가까운 전쟁 시대의 어른에게 반동이니 온동이니 하는 것 자체가 이미 술 취한 증거였든가 나이 어린 탓이었다.

그 뒤 최선생은 내 시야에서 사라졌다. 서울에 있는 쌀 공판장으로 직장을 옮겼다고도 하고 결혼을 했다고도 했다.

'까치머리' 기억이 난다. 추수가 끝난 늦가을 한 날, 그의 시골집이 있는 호저면 옥천에 '뒤주' '도롬베또'와 함께 놀러간 적이 있다. 그때 황량한 논바닥 곁에서 토종 닭을 잡아 진흙구이를 해먹은 적이 있다. 참 별미였는데 그 진흙구이 하나로 내가 갑자기 한꺼번에 어른이 된 느낌을 느꼈다. 이상한 일이었다.

그 '까치머리'가 중풍을 맞아 술을 끊을 수밖에 없게 된 때의 일이다.

그이가 김포세관에 취직해 다닐 때인데, 명동에서 내 젊은 친구들과 함께 술자리에 앉았다. 한 잔도 못 하면서도 술잔을 앞에 놓고 앉아 헤헤헤 즐거워하는 모습에서 나의 말년을 생생히 보았다.

"안 마시고도 견딜 만합니까?"

내가 물었다. 그러자 이렇게 대답했다.

"수주樹州 변영로라고 술꾼 있지? 그 양반이 술을 못 먹게 돼서도 술집에 맨날 앉아 있었다지?"

"왜요?"

"눈으로 마신 거지, 허허허!"

그리고 얼마 안 있어 그는 저 세상으로 떠났다.

'뒤주'는 대학을 중퇴한 인텔리, 가짜 의사였다. 그가 오른손에 웬 보따리를 들고 나더러 시골에 바람 쐬러 가자던 날이 생각난다.

이산 저산, 야산들을 기웃거리다 '봉살미' 뒤의 한 스산한 민둥산 언덕배기에 이르러 나를 아래쪽 마을의 우물 곁에 있게 하고, 혼자서 그 보따리를 어느 산기슭엔가 묻고 온 일이 있었다. 땀이 밴 그의 얼굴에서 웬 눈물자국이 보였다. 우리는 아무 말도 없이 마을의 구멍가게에 앉아 김치를 안주로 막소주를 마셨다.

그날이 무슨 날일까? '뒤주'는 무엇을 땅에 묻고 온 것일까? 술에 취한 그의 눈가에 눈물이 비치기 시작한 것은 노을 무렵 시내로 돌아오던 때의 어둑한 기차 터널 근처에서다.

그가 왜 그러는지 알 수 없었다. 그러나 왠지 나는 그 까닭을 물을 수가 없었다.

그 뒤 나는 내 생애에서 세번째로 단편소설 비슷한 것을 하나를 썼는데, 거기에서 나는 '뒤주'의 그 보따리를 영아, 즉 핏덩이 아기 송장으로 추정했었다. 그 소설 제목이 잊히지 않는다. '십팔족十八足 까치전傳.' 없어져 버렸다. 그런데 훗날 듣자니 소설가 김승옥金承鈺이 그 원고를 갖고 있다고 했다.

'뒤주'는 그 밖에도 내게 일본에서 나온〈초현실주의 선언〉과 여러 논문들,〈프로이트 연구〉나 앙드레 브르통의 작품들을 번역해주었다. 그리고 해설해주었다. 그는 지금 한 사람의 목수가 되어 미국에 살고 있고 술은 여전하다고 한다.

그날의 그의 보따리. 그리고 노을에 비친 그의 눈물. 최선생이 '삶'이라고 부른 것이 그런 것이었을까?

'도롬베또'의 또 다른 이름은 '상뗴기'였다. 스스로 그렇게 불렀으니 무슨 말 못 할 연고가 있었을 게다. 그는 오래 전에 악단과 악사를 포기했지만 트럼펫 입꼭지 하나는 꼭 앞가슴 포켓에 넣고 다녔다. 그래 술에 취하면 그걸 꺼내가지고〈세인트루이스 블루스〉나〈서머 타임〉등의 재즈를 루이 암스트롱처럼 아르앤비로 불어대곤 했다.

명다방의 얼굴마담은 상당한 미인이었는데 '도롬베또'를 사랑했다. 그이도 그녀의 사랑을 받아들인 것 같았는데, 그 마담이 단 한 번 '뒤주'에게 '주책'이란 표현을 썼다는 이유만으로 다방에도 나가지 않고 그녀를 만나주지도 않았다. 그는 내내 싱글이었다.

그를 수유리 버스 정류장에서 본 것이다. 많은 세월이 흐른 다음 '상떼기'의 그 '떼기' 얼굴 '상'에도 잔주름과 흰머리가 생겼을 때 버스 종점에서 출발과 도착을 체크하고 있는 그의 그 껑충한 키다리 모습을 보는 순간, 내 가슴 안에 적막한, 그러나 첫 봄물같이 따스한 우정의 싹이, 아, 그것이 최선생의 이른바 '삶'이었을까, 그래, 그 싹이 돋는 것을 그의 삐뚜름한 미소 속에서도 볼 수 있었으니, 아, 그것이 진정 우리들의 '삶'이었을까?

그들이 내 곁을 떠난 뒤 원주 술집에서 방랑하던 중에 나 혼자 앉아 말없이 술을 마실 때마다 그들이 산 사람들처럼 내 곁에 오똑 앉아 '삶'에 대해 속삭여주는 소리를 여러 차례 들었다.

'삶'이란 도대체 무엇일까?

이런 외로운 술꾼의 삶을 그린 시 한 편이 옛 시집에 남아 있으니 그것은 바로 〈우물시장〉이란 산문 형태의 시다.

비닐창에 얼어드는 새파란 겨울 하늘에, 질척한 검은 흙길 살얼음 위에 반짝이는 은빛 햇살에 한 잔 걸어

'떠나갈까.'

소주잔 속을 구름 그늘이 언뜻언뜻 지나가고 인적 끊긴 신작로 아래 '우물시장' 가장귀, 사발집 술청 귀퉁이, 침침한 화덕 모퉁이, 삐걱대는 술상 언저리 오똑 앉은 소주잔 속을 이미 떠나간 낯익은 얼굴들이 차례로 스쳐 지나가고

'아예 떠나버릴까.'

뭉치 · 딸기코 · 까치머리 · 땡삐 · 상떼기, 더러는 소식 없고 더러는 죽어 이 세상에는 이미 없는 술꾼들 소주잔 속을 맴돌고 맴돌다가 슬그머니 어디론가 사라져가고

'훌쩍 떠나버릴까.'

움푹 파인 도마 옆 때 절은 신약성서 집어다 안주 삼아 뒤적이며 생각한다. 한바탕 개똥철학적으로 생각한다. 땅 위에 산다는 것을, 소주잔 속을 구름 그늘이 지나듯 땅 위에 산다는 것, 다름 아니라 밤주막에 잠시 묵었다 이마 시린 빛 밝은 겨울 아침 다시금 터덜터덜 먼 길을 떠나는 것.

또 생각한다.

흙도 바람도 티끌까지도 모두 다 목숨 있어 태어나 살다 한 번은 죽어가고 죽은 뒤에도 살아 떠돌아 세상은 온통 귀신으로 가득 찬 것.

또 생각한다.

살다 살다 못 살면 죽어 귀신으로나 떠돌며 살지 뭘! 재미나게 사는 놈들, 아우성 아우성치며 사는 놈들, 등치고 간 내먹으며 뚱땅거리며 사는 놈들 똥 묻은 뒷구멍이나 슬슬 엿보고 다니며, 낄낄 웃어대며 도깨비로나 떠돌며 살지, 뭘!

소주 세 병 혀로 핥듯 싹싹 비우고 일어서 우물시장 떠나 봉천 냇가 참수터 돌기둥 앞에 와 선다. 웃는다, 괜히 웃는다, 미친 듯이 웃어댄다.

새파란 겨울 하늘에 질척한 것은 흙길 살얼음 위에 반짝이는 은빛 햇살, 은빛 냇물 위에, 내 눈시울 은빛 물방울 방울 속에 구름 그늘이 빠르게 지나가고 언뜻언뜻 스쳐 지나가고, 웃는다, 괜히 웃는다, 미친 듯이 웃어댄다.

'지금 이대로 떠나버리고 말까.'

계엄 속의 거리, 캄캄한 뒷골목, 침침한 술집 뒷방. 수세미 같은 머리칼에 술로 찌들고 화장독으로 썩어 검누런 얼굴에 화투짝 두드리며 낮게 중얼거리던 애린의 그 한마디

'죽을 용기 있거든

그 용기로 아예 살지, 뭘!'

쌍다리를 건넌다, 나무다리가 흔들거린다, 희한하다, 쌍다리를 건넌다, 돌다리가 흔들거린다, 희한하다, 쌍다리를 건넌다, 하늘이 흔들거린다, 희한하다, 사람들이 흘깃흘깃 쳐다보며 지나가고, 웃다 웃다 끝내는 토해버린다. 똥물까지 창자까지 눈물 줄줄 흘리며 침 질질 흘리며 억억 소리소리 내지르며 몽땅 토해버린다. 텅 빈 뱃속 겨우 편안하고 텅 빈 머릿속 가까스로 조용한데 주책없는 시장기가 사르르 기어들어 사르르르르 들어

'이런 육실헐 중생!

어디 가 가락국수라도 좀 먹을까.'

142_ 스승

불교 최대·최고의 경전은 《화엄경華嚴經》이다. 《화엄경》은 공부하는 이야기다. 선재 동자에게는 온갖 것, 온갖 사람이 모두 스승이다. 바로 이 사상이 내 젊을 적에 부딪친 여러 지혜 중 가장 놀라운 것으로, 나는 뒷날 감옥에서 "나는 모든 사람, 모든 일에서 다 배운다. 어린이와 아녀자에게서도 배울 것이 있으면 배운다"라고 한, 해월 최시형 선생의 고도로 압축된 간결한 표현에서 이것을 다시 만났다.

내 일찍이 대학 전에 그러한 뛰어난 사상을 안 것은 아니지만, 어찌 된 것인지 내게는 스승이 많았다. 부모님과 친척 어른들은 물론이고, 로선생·영채 형·만열이·봉홍이·내수, 그리고 학교의 여러 선생님들과 그 밖의 여러 벗들과 온갖 사건들, 온갖 풍경들마저 모두 다 스승이었다.

심지어 창녀마저 내 스승이었으니, 어느 때던가 '장미'라는 이름의 예쁜 창녀는 내게 웃는 얼굴로 농담처럼 "훌륭한 사람은 공씹을 하지 않는다"라고 가르쳤다. 그것이 훌륭한 사상이라고 확인한 것은 오랜 훗날 원주의 무위당 장일순 선생이 원주의 어떤 유명한 건달 오입쟁이를 상대로 벌인 다음과 같은 가톨릭 교리문답에서였다.

"선생님, 저는 성당에는 나가고 싶지만 오입을 안 할 자신이 없어서 망설입니다."

"임마! 오입을 안 하고 애덕愛德을 베풀면 되잖아!"

"애덕이 뭡니까? 사랑 말입니까?"

"그래, 사랑이지. 창녀에게 베푸는 애덕이란 돈 주고 오입하는 것을 말해!"

"돈 주고 오입하면 성당에 나갈 수 있습니까? 그것도 오입은 오입 아닙니까?"

"임마! 해보면 알아."

그 건달님은 돈에는 아주 독한 '짱아'여서 돈 주고 오입할 생각을 하니 이미 그 순간에 오입 생각이 삼천리는 멀리 달아나버렸다는 얘기. 그래서 겨우 턱걸이로 가톨릭에 입문해 드디어는 영세를 받았다는 얘기는 지금도 원주에 내려오는 하나의 전설이다.

창녀 '장미'의 가르침은 그보다 십여 년이 먼저였으니 지혜의 내용으로 본다면 무위당보다 먼저 간 선지자요, 《화엄경》에서 선재의 스승이었던 그 창녀의 직계 혈통이라 하겠다.

나에겐 그 중에도 뚜렷한 몇 분의 스승이 있었다. 아주 어렸을 적에 사물의 기초적인 이치를 가르친 분이 저 유명한 빨치산 로선생이었고, 문학을 가르친 이인순 선생과 민족문학에 눈뜨게 해준 문리대 적의 친구 조동일 학형, 헤겔 변증법을 속속들이 알게 해준 철학과의 윤노빈이 젊은 시절의 스승들이다. 그리고 1960년대, 70년대부터 돌아가실 때까지 늘 모시고 살았던 무위당 장일순 선생님은 삶의 이치와 역사, 사회, 종교와 정치, 대인관계에 관한 몽양과 간디, 비노바 바베 등의 뚜렷한 가르침을 전해주신 명명백백한 나의 스승이셨다.

그러나 그럼에도 불구하고 이제 와서 지난날을 되돌아볼 때 성성하게 환한 빛으로 내 뇌리에 확고히 인화된 한분 스승을 들라면 역시 대학 적의 김정록金正祿 선생님이시다. 왜 그럴까? 왜 그분일까?

김선생님은 본디 옛날의 저 유명한 재상 김홍집金弘集 선생의 손자 되시는 분으로 젊은 시절 그 엄혹한 일본 제국주의 시절에 베이징대학교 중국학과에서 중국학, 이른바 동양학을 공부하셨고, 또 저 유명한 궈 모뤄郭沫若 선생의 제자였다.

선생님은 문리대로 옮겨간 미학과에서 동양미학과 동양 예술사·미술사 및 사상사를 가르치셨다. 나 같은 엉터리 지식인이 그래도 동양에 대해, 중국과 동북아 사상과 문화예술에 대해, 예술과 노장학의 관계, 회화 기법으로서의 '훈(暈, 달무리처럼 먹과 채색을 둥글게 번지게 하는 것)'과 '염(染, 묽은 먹을 먼저 칠하고 나중에 짙은 먹을 내려 뽀얗게 번져가게 하는 것)' 혹은 '묵산墨山'과 '운산雲山' '준법皴法' 등을 여러 모로 말하고 '몽양蒙養'과 '일획一劃'을,《주역》과 사서四書 등을 떠들게 된 것도 모두 선생님의 가르침을 여러 해 거듭거듭 들어온 덕이다.

그 선생님께서 내게 관심을 보여주신 것이다. 나는 정치적 반동의 시절에, 가난과 흉년이 겹치고 겹친 위에다 거듭된 휴학과 명정酩酊의 탐닉, 짝사랑의 실패, 폐결핵, 삶의 의미와 죽음의 유혹에 대책없이 열려 있게 마련인 스물하나, 스물둘의 그 위험한 시절에, 원주의 비좁은 단칸 셋방에서 뒹굴며 숱한 밤의 불면 속에서 무척이나 괴로워하고 있었다.

나는 무슨 생각에서였는지 어느 날 아침 갑자기 선생님께 편지를 썼다. 괴롭다는 것이었고, 죽고 싶다는 것이었으며, 어찌하면 벗어날 수 있으며, 도대체 삶이란 것은 무엇인가에 대한 숱한 질문과 절절한 고백 등이었다.

아! 기억에도 생생하다. 집앞 울타리 건너편의 키 큰 오동나무 위에서 아침 까치 두 마리가 번갈아 지저귀고 있던 어떤 한 날 오전 무렵, 나는 선생님의 답장을, 열 장이 넘는 그 자상하고 친절한 스승의 가르침을 받고 방구석에서 나름으로 몸과 마음을 정좌하고 나서 떨리는 손으로 피봉을 가만히 뜯었었다.

체관諦觀만이 해결의 길일세.

체관이란 그리 쉬운 일이 아니니 용기가 필요하다네. 용기 또한 그리 쉽게 얻어지는 것이 아니니, 어른들이나 옛사람들의 가르침이 그래서 필요한 것일세. 노자에게 배우게. '허虛'라는 것은 그냥 '허무'가 아닐세. 그것은 참다운 용기의 근원이요, 체관의 문門이라네. 체관이 곧 삶의 참된 문이니, 지금 곧 서점에 가서 노자《도덕경》을 사다가 잠이 안 올 때마다 읽고 또 읽도록! 아마도 그 책 반을 채 못 읽어 잠이 올 것이네.

잊지 못한다. 대학 시절 그처럼 몰두했던 헤겔·칸트·하이데거와 베르그송이 결코 나에게 철학적 해결을 주지 못했고 마르크스는 더욱더 내 인생과 삶의 진정한 길잡이가 될 수 없었음을 기억할 때마다 소록소록 기억나는 것이 바로 노자였고, 노자보다 더 깊고 간절한 선생님의 그 편지, 그 엄정함과 자상함으로 가득 찬 가르침이었다.

그날 밤, 책의 절반을 채 읽지 못했을 때 잠에 곯아떨어졌으니 과연 마술인가? 허나 그런 처방이 아니었다 하더라도 선생님의 편지 한 통으로써 나는 인간과 세계에서 버림받지 않고 그에 연결되며 그에 소속되며 그에 의해 반기는 바 되었으니, 바로 김선생님은 나를 세상 밖으로 한번 끌어냄으로써 도리어 세상 속에 제대로 편입시켜준 것이다. 나는 진정한 스승을 모신 내 인생을 비록 실패였다 할지라도 실패로 인정하고 싶지 않다.

143_ 시화

　　시와 그림, 더 정확히 말해서 그림 안에 시 있고 시가 그림으로 전환하는 동양의 사군자 등 문인화는 나에게 하나의 숙명이다. 시도 그림도 그 원리적 근원과의 관련에서 글씨와 밀접하니, 시·서·화 삼절三絶의 옛 이치는 그 자체로서 진실할 뿐 아니라 역시 나에게는 하나의 숙명이다.

　　특히 그 미칠 것만 같은 군부 지배의 시대, 강압과 무지한 폭력이 정치의 이름으로 조직화된 시대, 삶과 세계의 뜻을 깊이 알지 못하고 나아갈 방향과 그것을 지도할 지남침이나 북극성을 아직 갖거나 보지 못한 그 숱한 불면의 밤들, 내 인생에서, 술밖에는 달랠 길이 없는 그 샛노오란 얼굴에 쿨룩쿨룩대는 폐결핵이 차차 깊어져가는, 그래도 술밖에는 방법이 없던 저주받은 내 인생에서 1962년과 63년의 시골과 서울에서의 세 차례에 걸친 개인시화전은 시·서·화의 통합을 내게 하나의 숙명으로 만들었으며 또 그렇게 각오하도록 했다.

　　내 시는 그 무렵에도 모더니즘이나 초현실주의 주변을 맴돌고 있었다. 엘리엇·파운드·오든·스펜더·맥니스·루이스 등의 현대적인 은유 등으로 가득 찼고 그 위에 아폴리네르와 브르통 또는 딜런 토머스 모양의 신화와 상징과 형태와 극채색으로 가득 찬 켈트와 같은 환상이 출몰하는 난해시였으며 그 속에, 그 위에, 그 밑에, 그 틈에 그와는 극히 이질적인 서정주·김영랑·김소월 등이 끼어들고 배어들었다. 그럼에도 그와는 다른 이들, 예이츠·키츠·셸리 등이 한편에 얼굴을 삐죽이 내밀고 있었다. 괴테나 하이네, 헤르만 헤세 등 독일문학의 영향은 별로 없었던 것 같다.

내가 잘 나가던 시내 이층 다방에 3, 40점을 처음 전시했다. 두번째도 세번째도 다방이었다. 내 삶과 시와 그림의 온갖 잡다雜多가 뒤죽박죽으로 얼굴을 내밀었다. 그 잡다와 혼돈에 평가가 좋을 까닭이 없었다.

다만 세 차례 모두 공통된 평가는 시화 자체의 새로운 장르적 가능성을 열었다는 것이다. 그림의 느낌을 주는 글씨로 시를 쓰고, 그 시의 이미지를 그림과 채색으로 형상화하는 통합적 미의식의 개척이라는 점이 평가의 초점이었다. 글로 그림을 그린 형태시(촛불 모양·해마海馬·다이아몬드·마름모꼴·나선형의 은하 등)부터 채색 자체가 적료寂寥함을 스산하게 표현하는 단시화短詩畫들, 평면 위에 형상성을 가진 '크립토그램(cryptogram, 암호문자)'을 접착시키는 것. 수묵과 포스터 컬러와 아크릴 등을 다종다양하게 접합시켰으니 이 모든 것은 지난해 말 전시한 '묵란전墨蘭展'의 선구적 단계들이었다. 왜냐하면 엄밀히 말해서 나의 시화전은 한 번도 시와 시적 이미지 중심의 시각적 설명이나 해설이 아니었으니까. 그것은 '시·서·화 통합'의 새 차원을 끝끝내 기다리는 하나의 미학적 묵시默示였기 때문이다.

"시를 설명하지 말게."

아버지의 동료 되는 한 인쇄업자의 충고.

"채색을 너무 극화시키지 말게. 시의 내면적 이미지가 배어나오지 못하게 장애물이 만들어져."

원주중학교의 한 선생님의 지적.

"그림글씨로 시를 써넣는 것은 글씨 속에 들어 있는 본래의 사상성, 예컨대 한자글씨 같은 것, 이것을 강화시켜 시의 독자적 논리를 제약하는 것 같소."

제1군 사령부 탱크부대장의 놀라운 조언.

"시도 죽고, 그림도 죽었어요. 글씨가 다 잡아먹는 것 같아요."

원주 출신의 한 미술대학생의 중요한 한마디.

이 마지막 말이 몇 개의 징검다리를 건너뛰어 오늘의 시·서·화 통합의 새 차원을 창조하려는 나의 작업에 예견성을 주었다. 결국 글씨가 시화를 결정한다는 문인화의 근본정신을 말한 추사의 지론을 오늘의 맥락에서 다시 검토해보려 한다.

일산에서 구기터널을 막 지나 나와 세검정 쪽으로 가는 길 바로 오른편에 자그마한 찻집 간판이 허공에 달랑 붙어 있다. 왈 '시화詩畫'. 이런 제목의 찻집이나 고미술 가게나 표구집이나 술집을 본 일이 없어 신선했는데, 그 글씨가 비틀대며 제멋대로 흘림 흘리는 일종의 '예초隸草'인지라 '아하! 술집이 주업이로구나' 하는 감탄을 던졌다. 그 곁에는 석파랑石坡廊을 흉내 낸 '돈파랑'도 있고 큰 판유리 안에 공예품을 전시해놓은 '무인無人 갤러리' 등이 있으며, 교차로 오른편에는 대원군의 유명한 별장 석파랑도 요릿집으로 문을 열고 있지만, 그 간판의 모양·글씨·빛깔과 서체, 그 집의 건축학적 특징과 구조로 드러나는 그 나름의 독특한 기능·특징 등이 그 집 또는 가게의 시詩인 바로 그 집 주인의 장사 의도와 화畫인 공간 전체의 배치나 축조·배경 등에 '멋진 집'으로서의 새 차원을 열었느냐 어떻느냐는 아예 논

의할 만하지 못하다.

그러나 도처에서 그 방향으로 접근하고 있다. 이 역시 시화의 새 예술적 가능성을 지지하는 새로운 미학의 등장을 의미한다.

이것이 내 숙명일까?

유홍준의《완당 평전》을 읽으며 한 건물 현판의 횡액橫額 글씨의 서체나 구조가 얼마 만큼 눈에 보이고 또는 눈에 안 보이냐는 차원, 그리고 보이는 차원에서의 '생生'과 '극克' 또 두 차원의 '아니다〔不然〕'와 '그렇다〔其然〕' 사이의 새로운 창조적 차원으로 소통 및 통합을 감동적으로 건설하는 데에서 얼마큼 중요한 것인가를 깨닫고 배웠다.

시화는 동양 문인화처럼 오랜 전통을 가지고 있으면서 새 시대의 새로운 '크립토그램' '문자그림' '새 세대의 결승結繩', 나아가 새 인류, 새 인간의 '역易' 또는 에콜로지적이고 사이버적이고 인터넷적인 '새 부호'를 창조하는 데에 기여할 새로운 예술 장르일 것이다. 세 차례의 시화전과 옛 시화인 문인화 묵란전 경험이 내게 이러한 예감과 확실한 방향을 감촉하게 했다.

따라서 동양의 문인화·사군자 등에서 요청되는 여러 원리들, 어떤 것은 고답적이고 또 어떤 것은 미래 지향적인 혼허混虛함인데, 그것들을 옛 것이라며 버리지 말고, 새 문화·새 문명을 기다리고 감득하고 나아가 그것을 건설하는 이에게 도움이 되도록 대담하게 해석해야 할 것이다.

이 시대에 동북아에 사는 우리에게 긴히 요청되는 것은 중국·한국·일본 등 동북 아시아 옛 전통에 대한 현대의 미래 지향적이고 대담무쌍하고 파격적인, 새로운 해석학인 것이다. 그것 없이 동양 문예의 부흥 없고, 서양과의 통합 속에서 그 문예부흥을 새 세대 주체의 세계적 대문화혁명으로 이끌어올리지 못하면 지금의 인간·사회·자연 세 방면이 엇섞인 '대혼돈(Big Chaos)'에 대한 뛰어난 과학적 해답은 영영 불가능할 것이 틀림없다.

나는 난초를 친다. 앞으로는 달마達摩도 할 것이다. 그리고 전예篆隸 서예와 해초서楷草書도 할 것이다. 그리고 갈필(渴筆, 먹을 조금 묻힌 상태) 따위로 산수나 초충草蟲 등의 스케치, 이른바 흑백의 예술인 '수묵'을 할 것이다. 이 문인화를 현대의 새 예술 장르로 개척할 생각이다. 이것이 나의 숙명, 나의 역사 속에서 이미 정해지고 드러났다. 경험의 축적은 운명과 예감을 탄생시킨다. 이것이 '시화'이고, 이것이 저 불우했던 시간, 불행했던 여러 나이에 생겨난 일들이다.

수묵은 적료의 예술이다. 앙드레 말로는, 소묘·초기 영화·사진 등 흑백예술의 밑바닥에는 이상한 세계인식으로서의 신화적 우울이 자리잡고 있다고 말한 적이 있다. 그런데 이상하게도 지난 십 년여 동안 나의 병명病名은 '종교적 환상에 의한 우울증'이었다.

그래서 수묵은 한편으로는 나에게 우울증을 이기는 세심법洗心法이 된다. 엉터리 변증법 따위가 아니다. 나는 이 이 년 동안 수묵으로 사란寫蘭을 집중적으로 하면서 경험한 한없는 몰두와 자성무화自性無化를 통해 그것을 안다. 더욱이 현대의 묵란은 바람에 흩날리는 표연란飄然蘭과 엉성하고 거친 소산란疎散蘭, 그리고 태고무법太古無法과 자성무화의 순박함, 무교고졸(無巧枯拙, 기교가 없는 서투름)을 지어내는 몽양란蒙養蘭이어야 하니, '혼허'와 그로부터의 '허화虛和', 즉 '텅 빈 통합' '자유로운 통일' '활동하는 무無' 등 그

'중정中正'에 있기 때문이다.

정란正蘭은 이제 옛사람들의 그 시절 나름의 단정한 삶의 추억일 뿐이요, '슬픈 인상화'일 뿐이다. 나는 이 점을 최근 입수한 옛 난보蘭譜 속에서, 특히 소통성疎通性과 변화의 극치에 이른 청대 노곤봉盧坤峰의 혼돈한 표연란과 소산란에서 발견했다.

그러나 이것이 명대의 백정白丁 스님의 '일획란一劃蘭'에 이르면 문제가 아주 심각하다. 나는 요즘 이 문제를 깊이 생각하고 있는 중이다.

144_ 윤노빈

나에겐 여러 스승들이 있었다고 했다. 친구로서 내게 스승 노릇을 한 사람은 사실 두 사람이다. 그 한 사람이 지금 서울대학교에서 문학사를 가르치는 조동일 학형이다. 먼저 또 다른 한 사람에 대해서 조금이라도 얘기한 뒤에라야 조형 얘기가 가능하겠다는 생각이 든다. 철학자 윤노빈尹老彬이 그이다.

노빈은 나와 원주중학 동기생이고 서울대 문리대를 함께 다녔다. 대학 때는 박종홍朴鍾鴻 선생, 최재희崔載喜 선생 등이 가르치던 철학과에서 헤겔을 전공하였고 독일 유학까지 하였다. 그는 유학 후 부산대학교 철학과 주임까지 했는데 어느 날 문득 식구들을 데리고 월북해버렸다.

왜 갑자기 그가 월북했을까? 그는 소문에 의하면 지금의 대남對南 방송국인 '만보산'의 '구국의 소리' 기사 작성자로 일하고 있다 한다. 독일에서 월북했다가 탈출하여 월남한 오길남이 전하는 말이다.

'유격훈련'이라는 저 상상을 초월하는 엄청난 고통을 마침내 졸업하고 나서야 노빈은 비로소 북한 당국에 의해 받아들여졌다고 한다. 오길남이 전하는 바로는, 안팎으로 얼마나 고초가 심했던지 그의 아내는 "죽어서라도 남편을 저주하겠다"라는 말을 했다고 한다. 그러나 어쩌면 과장일 것이다.

윤노빈은 왜 월북했을까? 그는 공산주의자도 좌경도 아니었다. 독실한 가톨릭 신자였고 헤겔 철학으로 무장되었으며 그것을 또 한 차례 뛰어넘어 동학과 스피노자의 생명철학을 밑에 깔고 제 나름의 철학, 저 유명한 신생철학新生哲學을 창안한 사람이다.

그의 철학은 내용 면에서 '묵시默示철학'에 가깝고, 그의 형식은 최재희 교수의 빈정대는 말처럼 '풍자諷刺철학'에 가깝다. 그 책 마지막 장에 그려진 도형인 '브니엘(하느님의 얼굴을 보다)'은 소름이 끼치도록 무섭고 두려운 인간의 삶과 신생新生에 대한 깊은 묵시를 압축하고 있다.

그러한 그가 왜 뜬금없이 월북했을까? 부산대학교 운동권 학생 서클의 지도교수였던 것이 문제였다고 한다. 그러나 그것은 그의 학교 제자들의 짐작일 뿐일 게다. 노빈은 그보다는 훨씬 큰 사람이다. 철학적으로 그가 내다보는 게 있었던가? 북쪽에 가서 그의 '브니엘(사람은 사람에게 한울이다)'을 실천하여 미구에 남쪽에서 올라올 민주화와 생명운동의 물결에 북한측 나름으로 '부합'하려는 통일을 위한 한 대응이 목적이었을까? 그러나 이 또한 깨작깨작하는 이야기일 뿐이다.

그가 중국을 통해 월북하기 직전 며칠 전 밤에 내게 왔었다. 무위당 선생을 보고 오는 길이라는 한마디와 나에게 읽어보라고 건네준 그의 철학 노트 '님에게' 이외에 우리 둘 사이에 오고간 얘기는 단 한마디도 없었다. 그때 마침 정전이 되어 약 두 시간 이상이 캄캄 칠흑이었다. 기이하다 못해 기괴하기까지 한 마지막 장면이었다. 그리고 불이 들어오자 그는 떠났다. 그리고 그 뒤 어디론가 없어져버렸다.

그의 철학 노트를 세 번, 네 번 읽었다. 그 자신의 철학이지 좌파의 대중철학이 아니었다. 누군가 철학하는 노빈의 친구 한 사람은 그의 신생철학이 좌익 대중철학의 구조와 의도를 우리 현실에 맞게 쓴 것이라고 강변하는데, 아무래도 견강부회다.

물론 그의 '중심적 전체론' 등은 북한의 현 체제를 인정할 소셜 파시즘의 개념적 정초定礎가 될 수도 있다. 그러나 그 '중심적 전체론'의 중요한 한 기초로서 작용하는 '활동하는 무無'──내가 여러 차례 써온 개념이지만 본디는 윤노빈과 내가 동학의 '궁궁론弓弓論', 불교 등에 관해 이심전심 합의한 철학적 개념이다──에 이르면 동양의 유불선 삼교의 근원성의 통합은 보이지만, 좌파 철학의 그 잡다한 구체성과 고압적인 단순성의 합명제合命題라는 느낌은 안 든다.

그럼, 왜일까? 그 비밀은 그의 가슴 안에만 있을 것이다. 통일이 되어야 비로소 풀릴 수수께끼다. 그런 윤노빈이 내게 헤겔의 변증법을 가르쳤다. 거기서 그의 월북 동기를 찾는 수밖에 없다. 헤겔에서? 변증법에서?

우리는 서울에서는 별로 자주 만나지 못했다. 그는 강의실과 도서관, 하숙집밖엔 몰랐으니까. 다만 우리는 방학 때마다 원주에서 매일 아침 일찍 만나 헤겔의 《정신현상학》을 그 길고 긴 서장序章부터 공부하기 시작했다. 내가 읽고 해석하면 그가 교정해주거나 철학적으로 주석을 달았다. 지금 생각해보면 이 몇 번 방학 때의 헤겔 철학 일반과 변증법 공부가 나의 논리적 삶의 뼈대를 이룬 것 같다. 아마 그럴 것이다.

노빈은 방학 때는 아침에 나와 함께 공부하고, 낮에는 저희 집 가게인 중앙시장의 피륙전에서 방석을 내다 깔고 앉아 장사를 하고, 밤에는 나와 함께 토론을 하며 술을 마시곤 했다.

네번째의 방학이 끝나갈 무렵이었던가, 그와 나는 아마도 몇 년간의 헤겔 공부의 결론 비슷한 데에 도달한 것 같다. 헤겔 변증법은 결론이 아니라 시작이라는 것. 그래서 헤겔을 지양止揚하는 데에 포이어바흐와 마르크스가 있듯이, 이 두 사람의 변증법마저 지양하는 그 어떤 논리나 철학이 반드시 나와야만 한다고!

그것이 노빈의 '신생철학'에서 나왔을까? '님에게'에서 나왔을까? 동학의 세계사상사적 의미에서 암시되었을까? 더욱이 북한 주체철학 안에 그의 의도와 맞는 게 조금이라도 있었을까? 그런 것 같기도 하고 아닌 것 같기도 하다. 역시 '아니다, 그렇다'이다. 최수운의 '불연기연不然其然'이다.

그가 변증법을 극복했다면 그것은 동학이었을까? 동학에 대한 그의 관심은 그가 독일 유학 후 부산에 있을 때 그곳까지 찾아가 만난 나에 의해 촉발된 것이었지만, 만약 그 극복의 주체가 동학이었다면 유행하던 동학이 아니라 수운 단계에서도 비밀스럽게 압축되거나 은유되거나 상징된 바로 그 '역易 사상' 때문일 것이다.

왜냐하면 동학에서 가장 중요한 것은 스물한 자 주문呪文이고 그 주문의 마지막, 즉 완성태는 '모든 것을 다 안다', 즉 '만사지萬事知'인데 이 '만사지'의 '만사'가 바로 '수가 많음(數之多)'을 뜻하기 때문이다. 이때의 수는 바로 '신비수神秘數', 즉 '원수原數'이기 때문에 다른 말로 '역수易數'를 가리킨다. 그래 이 '원수'와 역수의 '많음(多)'이란 이미 옛 역易인《주역》이 포함하고, 거기서 시작하되 그것이 다가 아니라는 전제를 깔고 있는 것이다. 역은 역이로되《주역》이 아니라면 그것은 김일부의《정역》일까? 아니면 또 다른 역을 기다려야 할까?

동학에서는 수운도 해월도 의암義菴도 '수數'나 '다多'를 말하지 않고 그것에 관한 '앎'인 '지知'의 그것, 즉 '내가 노력으로 공부해 알면서 동시에 앎을 계시받는 것知其道 而受其知'에 관해 시종 묵묵하다.

노빈이 이 영역을 예의 그 묵시적 표현으로 압축한 것일까? 동학과 기독교의 통합은 스피노자——그는 내가 긴 감옥살이에서 풀려났을 때 스피노자의 《윤리학》 한 벌을 선물했다——에 토대를 둔 것인가? 아니면 베르그송인가?

모든 것을 확실히 알 수 없다. 그러나 분명한 것은 그의 '신생철학'이 남한에서만이라도 공개적·합법적·적극적으로 연구·검증되고 또 필요하다면 엄밀히 분석·비판되어야 한다는 것이며, 남북통일의 철학적 접근에서 송두율宋斗律과 함께 필요한 지식으로 긴히 직간접으로 활용되어야 한다는 것이다.

북한의 주체철학은 크게 변경되어야 한다. 남한과 북한이 함께 새로운 철학을 찾고 발전시키는 과정에서 주체와 타자의 문제는 새롭게 더욱더 민족적이면서도 동시에 더욱더 세계적·국제적·우주적으로 깊고 넓게 해석되어야 한다는 얘기이다.

그때에 비로소 '만보산' 그늘에 감추어진, 그러나 '구국의 소리'를 통해 매일 들을 수도 있는 그의 얼굴과 목소리와 온갖 의문 속에 감추어진 묵시의 비밀을 접할 수 있게 될 것이다.

서울에서든 평양에서든 개성이나 금강산에서든 사람은 사람에게 한

울이다. 노빈은 지하에게 한울님이다.

    언제, 그러나 그것도 가까운 세월 안에, 그러나 구체적으로 어떤 사상·문화의 창조적 과정 안에서 나와 그의 만남, 그를 그토록 못 잊어하는 그의 애틋한 부산대 제자들과 그의 만남, 남과 북의 생명철학의 만남, 그 '브니엘'은 언제 이루어질 것인가?

145_조동일

　　내가 보기에 조동일趙東一 교수는 천재다. 그리고 보기 드문 학자 중의 학자다. 그는 철학과 예술을 통해 현시하는 동북 아시아, 특히 한국의 독특한 사상을 개념이나 감성 양쪽을 다 놓치지 않고 함께 통합하여 새 차원으로 드높이려는 의도에서 '문학사'를 선택한 사람이다. 문학 안에서 철학과 역사를, 철학과 역사 속에서 실현되어가는 문학과 예술의 지향 및 그 가치들을 '형성 과정에서' 역동적으로 파악하고, 특히 한국 유학儒學으로부터 이끌어낸 기철학의 원리와 실재의 방향을 현대적으로 연구, 새 길을 제시하려고 한 사람이다.

　　그는 경북고를 나와 문리대 불문과를 거쳤으며 국문과에 학사편입하여 우리 문화, 우리 문학을 선진적으로 연구한 보석 같은 사람이다. 나는 4·19와 5·16 이후 서울대학교의 문리대, 법대, 상대 등에서 불붙기 시작한 민족주의와 민족문화 열풍, 민족주체적인 세계관과 민중주체의 역사의식을 조형을 통해 받아들였고 새로이 채집되기 시작한 탈춤·판소리·민요·무가와 민화·민예 등의 내용과 형식에 대한 연구 및 그 방향성을 공유하며 '우리문화연구회' 운동에 곁에서 참여하였다. 정식 멤버는 아니었다는 뜻이다.

　　우리 둘이 처음 만난 것은 민통 때였다. 조형이 기획한 남북학생 판문점 회담의 계획 속에 들어 있는 남북학생 민족예술 회담 남쪽 대표 두 사람으로 선발된 때였다. 아마도 별장다방에서였을 것이다. 자기 자신과 함께 나를 선발한 장본인이기도 한 조형이 먼저 물었던 것 같다. 직접으로, 아니면 간접으로?

"김형의 미학적 신조는 무엇입니까?"

"리얼리즘입니다."

"어떤 리얼리즘?"

"사회주의 리얼리즘은 아닙니다. 넓은 의미의 리얼리즘, 일부 모더니즘이나 초현실주의까지 끌어들이는 방법상의 리얼리즘입니다."

"마술적 리얼리즘인가요?"

"확실히 규정할 수는 없습니다. 나도 지금은 모색하는 과정이고 공부하는 중입니다."

"그런데 민족문학의 당위성은 인정합니까?"

"물론입니다. 그러나 그 폭이 확장되어야 합니다. 외국 예술의 경험이나 미학도 충분히 받아들여야 합니다."

"그러나 반역사적이거나 반민족·반민중적인 것은 걸러내야지요."

"그럴 필요가 있겠지요. 그러나……"

"모더니즘을 어떻게 봅니까?"

"누구의 모더니즘입니까?"

"엘리엇·파운드·발레리·말라르메 등등."

"여하튼 우리가 받아들일 수 있는 건 다 받아들이고 있습니다. 그러나 그것이……"

"그것도 공부중입니까?"

"그렇지요."

"공부하기로야 저도 마찬가지지요. 이번 회담은 완성된 결론을 선포하는 쪽보다 남북의 학생이 함께 걱정하고 함께 고민하자는 쪽입니다. 수락하시겠지요? 미학과에서 김형의 미학 실력이 높다는 정보를 다 얻어냈습니다. 지금 공부하고 고민하는 방향을 민족과 사회, 민중적인 혁명 방향으로 잡아줄 수 있겠지요?"

"노력은 하고 있습니다만……."

"그럼 됐습니다. 맡기로 하십시다."

그리고 며칠 안 있어 군부 쿠데타가 났고 우리는 한동안 서로 보지 못했다. 우리가 다시 만난 것은 1963년 초였다.

그러나 못 만나는 동안에도 그는 나를 예의 주시하고 있었다. 그리고 시화전이나 문학의 밤, 시 낭송회, 《대학신문》 등에 실린 내 작품의 한계와 가능성을 꼼꼼히 분석하고 있었다. 특히 문리대 뒤뜨락에 있던 시청각 교실의 무대에 내가 쓴 드라마나 내 연출 작품이 올려졌을 때 다 보았고, 그 무렵의 자기 친구들과 나에 대한 정보를 교환하며 토론했다고 한다.

나는 그 무렵 문리대 학보 《새세대》의 편집장인 역사학과의 심재주 씨와 친해서 《새세대》 편집을 도와주고 미학이나 시학 관련 기고도 하고 가끔 시도 발표하고 있었다.

내 기억으로는 1963년 여름 무렵, 《새세대》에는 헤겔 우파 미학자인 카를 로젠크란츠의 〈추醜의 미학 소묘〉가, 그리고 거의 동시에 《대학신문》에는 나의 시 〈용담리에서의 나의 죽음은〉이 실렸고, 이어서 《대학신문》에

〈살비아―애수와 폭력에 관하여〉라는 미학 에세이가 발표되기도 했다.

다분히 '쉬르적'이었는데, 훗날 들으니 그럼에도 불구하고 조형은 그 외면들 안과 그 표현들 밑에 도사리고 있는 민중적인 우울과 민족적인 리듬의 싹을 꿰뚫어 읽고 있었다고 한다. 도리어 조형은 한 발 더 나아가 거꾸로 민족 리얼리즘 안으로, '쉬르적인 것'이나 '모더니즘적인 것'까지도 부분적·부정적으로 접수·계승할 수 있고, 또 그렇게 해야 한다는 데에까지 가 있었다고 한다.

하기야 루이 아라공이나 폴 엘뤼아르, 파블로 네루다의 예가 있고 그림에서는 피카소나 시케이로스 등의 예가 있었으니까. 그가 국문학 이전에 불문학을 통해서 유럽 문학이나 서양예술을 꿰뚫고 있었던 것이 도리어 그의 큰 자산이었다.

우리가 다시 빈번하게 만나기 시작했을 때 이 모든 테마가 이야기되고 토론되고 검토되었다. 민족미학·민족예술·민족문학에 대한 끊임없는 토론이 있었고, 민족에 대한 뜨거운 열정과 민중에 대한 사랑, 제3세계적인 세계 인식을 다양하게 말하며 자기 인식을 나누었다. 우리는 한패거리가 되었다. 거기에 서정복과 이돈녕, 주섭일 등의 친구가 가끔 합세했고 하일민 등도 만났다.

민족문학과 예술에 대한 방향을 추진하면서 현실 문학에 대한 비판이 없을 수 없었다. 김동리, 서정주 등이 샅샅이 분석되고 비판되었으며, 지금은 문자 그대로 진보파의 우상이 돼 있는 모더니스트 김수영에 대한 날카로운 비판이 끊임없이 제기되었다. 만족스럽지는 않다 해도 신동엽申東曄이 오히려 지지되었으며, 옛 시인으로는 이용악이나 오장환吳章煥 등이 검토되고 임화林和는 비판되었다.

한 가지 말이 기억난다. 우리 중 누가 먼저 그 말을 꺼냈던가? 그때 프란츠 파농 얘기가 나왔던가? 프랑스 식민지인, 한 태평양 쪽 섬에서 태어난 현지 인텔리 여성이 프랑스 청년과 연애하면서 프랑스 말로 사랑을 나누는 일의 황홀함에 대해서 깊이 감격해하는 걸 비꼬면서 우리나라와 문리대에 있는 서양 숭배파, 그것도 모더니즘 우파들에 대한 비아냥 속에 '호모 비아토르Homo viator'란 용어가 튀어나왔다.

나는 물었다.

"비행인간인가?"

조형이 대답했다.

"비슷해!"

"정확히 뭐야?"

"편력인간!"

"하하하!"

그러나 그 무렵 조가경 교수의 강의 '실존주의 미학'을 듣고 있던 나는 '호모 루덴스Homo ludens'를 순간적으로 기억해냈다. '유희인간遊戲人間'이었다. 그것은 프리드리히 실러의 《인간의 미적 교육에 관한 서한》의 테마와 연결된다.

아마도 내 입에서는 더 이상의 악담이 나오지 않았던 것 같다. 왜냐하면 '편력'과 '여행' '변화'는 인정해야 할 새로운 세계적 삶의 한 양식이요,

새 차원에서 유목적遊牧的인 생활양식이 될 것 같았기 때문이었다.

이 예감은 적중했다. 오늘 여기 인간의 삶은 어떤 면에서는 바로 '호모 비아토르'와 다름없기 때문이다. 자크 아탈리나 질 들뢰즈를 보라! 그때 나의 깊은 고민과 고뇌, 리얼리즘과 민족민중적 미의식과 유럽적인 모더니티와 쉬르리얼리즘이 통합되는 어떤 새 길에 대한 몽상은, 그때는 전혀 자신이 없었으나, 지금 생각하니 저변에 숨겨진 깊은 까닭이 있었던 것이다.

아! 세월이란 기이한 것이다. 그때 그토록 괴로워하면서도 놓치지 않으려고 노력했던 일들이 이처럼 수월하게 명명백백한 현실로 드러나다니!

그런데 조형은 이 문제에 대해서는 퍽 개방적이고 유보적이었다. 아마도 이런 점, 이런 학술적 확신에서 나온 여유 때문에 나와 그가 짝꿍이 되었을 것이다.

그 후 그와 나는 한 십 년 정도 간격으로 한 번씩 만났다. 그러나 나도 그와의 합의를 잊지 않았고 그도 자기의 길을 열심히, 부지런히 간다.

조형을 생각할 때마다 면면히 떠오르는 몇 가지 일이 있다. 4·19 혁명은 맨 처음 조형의 하숙방에서 모의되었다. 그 모의에서 저 유명한 명문 〈4·19 선언문〉이 이수정 씨에게서 나오도록 모의되었고 코스며 책임까지 논의되었다. 그러나 조형은 한 세월 지나기 전까지는 그 일을 입 밖에 내지 않았다.

또 조형은 세상이 다 아는 공부벌레다. 강의실 아니면 도서관, 아니면 하숙집이다. 걸음도 바삐바삐 걷는다. 책을 읽어야 하기 때문이다. 얼마나 마음이 바빴으면 그랬겠는가! 친구들에게 학교나 길거리에서 마주치더라도 긴급한 얘기가 없을 땐 인사나 악수까지도 할 것 없이 오른손 검지만 약간 들어서 까딱하는 것으로 간단히 반가움을 표시하자고 제안할 정도였다. 그가 상체를 앞으로 잔뜩 기운 채 바삐 걸어가는 모습을 보면 그의 별명인 '고바우'가 적중한 것임을 금방 안다. 그는 바로 '고바우'였으니 '고바우'의 제일덕목은 성실성 아니겠는가!

그는 언젠가 내게 아직 발표 직전의 원고 상태인 신동엽의 〈껍데기는 가라〉라는 시를 보여주었다. 그는 당시 잡지사 편집원으로 아르바이트를 했기 때문에 원고를 미리 볼 수 있었다. 한번 읽고 난 뒤 감동 속에 들어간 우리는 잠시 침묵하였다. 조형이 먼저 침묵을 깼다.

"신동엽은 최고의 시인이야. 그러나 김지하 앞에서는 아무것도 아니야!"

다만 나를 칭찬해서가 아니다. 친구를 그렇게 존경하고 사랑할 수 있는 그의 자질이 또한 당시 《동아일보》에서 세인의 인기를 모으던 '고바우'의 진지함을 연상케 했다.

조형이 언젠가 내가 시를 발표하고 문단에 데뷔할 때가 되었다고 주장하며 시고를 달라고 했다. 나도 그 까닭을 알고 〈황톳길〉〈육십령六十嶺〉 등 여섯 편인가를 주었는데, 그가 원고를 보낸 '창비創批'는 백낙청과 김수영의 감식을 거쳐 '불가'하다는 판정을 내린 결과, 원고를 되돌려왔다. 조형은 이것을 내내 민망해하고 미안해했다.

작년이던가 올해 초던가 듣자하니 백낙청 씨가 그때 내 시고를 퇴짜 놓은 건 자기 일생일대의 실수라고 어디다 썼다고 한다. 조금 우습다. 뭐 그리 잘된 시도 아니었는데…….

또 생각나는 게 있다. 문리대 문학회가 시청각 교실에 김수영 시인을 초대하고 조동일 형이 발제한 '전통민요와 현대시의 변용'이란 민족시론에 대해서 김수영 시인이 마구 화를 터트리며 "낡아빠진 민요 따위가 어떻게 현대시가 될 수 있느냐"라고 조형을 매섭게 공격한 적이 있다.

또 우리가 한일회담 반대투쟁 때에 거적에 누워 장기 연좌단식농성에 들어갔을 때 김수영 시인이 어느 신문의 기고문에서 우리의 비전을 '공업화'라고 강조한 적이 있다. 박정권의 한일회담 추진은 사실 일본의 대한보상금과 그에 곁들인 상업차관, 그리고 낡아빠진 중공업 플랜트 수입으로 한국 경제를 일본 중공업의 분업 시스템 속으로 편입시켜 값싼 노동력과 원료를 팔아먹겠다는 것이었기 때문에 우리가 저자세 회담을 반대하고 있었으므로 당연한 일이었지만 농성현장에서 그 기고문에 대해 상당히 예리한 비판이 쏟아졌다.

또 기억난다. 박정희가 '한글전용론'을 발표·강행했을 때 대전 충남대의 박정기 총장 등의 반대시위가 있었는데도 '창비'는 이에 전적인 찬성을 표시하고 나왔다. 그날 저녁 조형과 나는 학림다방에서 만나 "무식한 사람들!"이라고 화를 터트렸다. 그때 조형의 한마디가 생생히 기억난다.

"유럽 지식인에게 라틴어를 하지 말라는 것과 같다. 앞으로 한국문화와 신세대의 인문학이나 철학적 사유력에 큰 빈곤이 올 것이다."

결과는 그대로다.

조동일은 이런 사람이다. 내가 너무 과장하고 있는가? 사실인가?

146_ 김현

　나야 조직이나 붕당을 애초부터 피해온 사람이지만, 분명 경향으로 따진다면 대체로 김현과는 어긋난다고 할 수 있다.
　그러나 인간적으로는 김현이 내게 퍽 다정하게 대했다. 그리고 자기 입맛에 조금이라도 근접하는 작품이 있으면 떨 듯이 기뻐하며 술을 사기도 했다.
　혹은 자기 입맛에 안 맞아도 가능하면 도움을 주려 했으니 그와 나는 같은 전라도 목포 출신이었기 때문도 있겠으나, 덕으로 따진다면 나의 덕성이라기보다는 그의 덕성일 것이다. 왜냐하면 '창비'에서 퇴짜 놓은 그 시편들이 김현의 비공식적 추천으로 조태일 시인의 검토를 거쳐 당시의 시 전문지인 《시인詩人》에 거듭 두 번에 걸쳐 발표됨으로써 느지막이 1969년도에 내가 문단에 나왔기 때문이다.
　이 말을 들은 문인들은 모두 재미있어한다. 왜일까? 이것은 '덕성'이나 '블록'의 문제가 아니라 '시안詩眼'의 문제로 보였기 때문일 것이다.
　그 김현이 1963년 초여름 《대학신문》에 〈살비아―애수와 폭력에 관하여〉라는 나의 미학 에세이와 그 무렵 목포문협의 기관인 《목포문학》에 최하림 시인이 김현을 통해 청탁해서 게재된 〈저녁 이야기〉라는 나의 시를 보고 좋아하며 그 여름방학을 목포 자기 집에 와서 보내라고 나를 초청한 일이 있다. 비용은 자기가 다 부담할 테니 염려 말고 곧 내려오라는 거였다.

접시에 흙을 담았다
가락지는 흙 속에
저녁 속에
있다

나무는 말을 안 한다
말은 기일게 길을 달리며
누군가 입술은
움직이다 말 것이다

접시가 깨어진 것은
줄 간, 무너진 돌기둥 밑이나
바위 밑 접시쪽 깨어진 한 모서리
내 指紋은 있다

우리는 너무나 기인 목의 춤을 추지만
흰 길이 고사리 까맣게 피울지도 모른다
아마도 달이 뜨면
네가 네 손을 내게 빈틈없이만 준다면

또한

그것은
아마
아주 鑛石인지도 모른다

허나
차디찬 너의 얼굴, 허나
허나 네 입술은 퍼어런 금이 많음을
나무는 또한 말을 안 한다

겨울이 하나씩
분홍빛 겨울 속을 지나가지만
그렇게도 가지만
나무는 또한 말을 안 한다

기인 말 울음 끝에 뜨는 달
달빛으로 그리인 접시에
차라리 붉은 접시에
흙을 담지만

흰 모시옷, 내가 쓰러지는 저녁에는
가락지와 이제

접시는 이제
없다.

한여름날 저녁 무렵에 나는 문득 김현의 집에 도착했다. 부두 가까이에 있는, 그의 형님이 운영하는 큰 약국이었다. 그와 나는 인연이 안 맞았는지 바로 그날로 사단이 났다.

김현, 최하림과 술을 엉망으로 마신 끝에 약국집 이층 그의 방에 올라간 나는 열린 창문을 통해 그 집 마당에다 길고 긴 오줌을 정신없이 내갈겼다. 마침 마당을 지나 안으로 들어가던 그의 형 머리 위에 그 해맑고 보배로운 물줄기가 냅다 쏟아진 것이다.

그 이튿날 아침 나는 쫓겨나서 목포시 변두리 달동네인 연동에 있는 작은고모네 집으로 거처를 옮겼다. 옮긴 뒤에도 시내에서 김현과 최하림 시인을 매일 낮에 만나 큰 중국집 상해식당에서 그가 사는 자장면을, 저녁에는 역시 그가 사는 소주를 얻어 마시며 문학을 논하고 철학을 이야기하며 전라도와 바다가 가지는 문학적 상상력의 관계를 파고들기도 했다.

역시 인연이 안 맞았다. 그때 어느 날 화가 김수남 씨와 유달산 기슭에서 잔뜩 마셔 꼭지가 돌아간 우리는 목포 예총 사무실에 가서 장난하다 의자와 책상을 험

김현의 문학비 제막식 행사장에서.(1995)

하게 망가트렸다. 그 이튿날 예총 지부장 차재석 선생에게 일종의 파문선고, 그러니까 고향의 문단이나 예술계에는 발을 붙이지 못하게 하겠다는 엄중한 질책을 받았다.

나는 그 뒤 시내에 잘 안 나가고 연동의 고모집에 죽치고 앉아 있거나 그 근처를, 내가 어릴 때 뛰놀던 옛 터를 어슬렁거렸다. 아마 그 뒤부터 김현과 나는 그저 그런 사이로 소원해졌을 것이다.

147_봉제 삼촌

거기 고향 목포 연동에서의 나날, 나의 내면의 나날은 피와 기침과 식은땀과 술과 갈증과 외로움 그리고 간단없는 절망 속의 악몽과도 같은 나날이었다. 그럼에도 나는 바로 내가 태어난 연동 뻘바탕의 국토개발 도로공사 현장에서, 이른바 '스테바'라는 이름의 삽질하는 곳에서 가끔씩 일당을 받고 일도 하고 그 근처 내 어린 시절의 유목 지대를 어슬렁거리며 돌아다니곤 했다.

음양陰陽이었다. 도로공사 현장에서 내 유년기에 세들어 살던 집안의 먼 친척뻘 되는 '봉제 삼촌'을 만난 것은 아마도 내 인생과 시력詩歷에서 아주 중요한 사건일 듯하다. 봉제 삼촌은 그 노가다판의 십장이었는데 늘 막소주에 취해 눈이 뻘겋게 충혈되어 있었고, 걸핏하면 싸우고 트릿하면 사람을 마구 두들겨팼다. 순 막보기 깡패 대장이었다. 역설이지만 그런 깡패가 고학古學이 깊어서 두보와 이태백을 줄줄 외우고 특히 김삿갓을 즐겼다. 말투가 괴상하고 말솜씨가 좋아서 그 앞에서 엄벙덤벙하다가는 큰코 다쳤다.

한번은 좀 까다로운 나이 든 사람과 시비가 붙었는데 봉제 삼촌은 이렇게 대꾸했다.

"당신, 참말로 묘하요, 잉. '묘' 자를 으뜨케 쓰는지 아시오? 계집 녀 변에 작을 소 자여라우! 계집애처럼 작단 말이제, 잉."

우리는 밤에 술 한잔 하고 나면 으레껏 공사판의 드난 데에 세워둔

'구루마', 그러니까 마차 받침 위에 누워서 밤하늘에 가득 찬 별들과 그 사이를, 그 위를 흘러가는 흰구름을 쳐다보며 한없이 긴 침묵에 빠져들곤 했다. 그럴 때 간혹 봉제 삼촌은 내게 착 가라앉은 침울한 목소리로 띄엄띄엄 말하곤 했다.

"아야, 영일아, 잉. 나 암만해도 전생에 별에 살았든가 봐야. 으째서 요로큼 별만 보면 눈물이 나는지 모르것어야. 참말로 볼 때마닥 한없이 흐르고 그렁께. 이상하제, 잉?"

별! 별이 된 봉제 삼촌! 늘 청산가리 병을 품고 다니던 삼촌! 스스로 욕된 삶을 끊을 수 있어야만이 자존심 있는 인간이요, 그것이 인간의 마지막 품위라고 씹어뱉듯 주장하던 사람, 세 번씩 자살 기도를 했지만 실패하고 그 뒤 한동안은 살아보려고 그리 애도 써봤다던 삼촌!

나와 헤어진 뒤, 그러니까 삼 년 뒤 목포에서 올라온 친척 편에 들으니 나와 헤어진 뒤 얼마 안 돼 대흑산도 예리 뒷산에 올라가 한밤에 기어이 청산가리로 목숨을 마감했다고!

'별로 돌아갔구나!'

그때 그리 생각했으나 눈물은 나지 않았다.

나의 초기 시 가운데 〈산정리 일기山亭里 日記〉라는 작품이 있는데 바로 거기에 잠깐 비치는 해주海州 영감 성깔의 이미지는 바로 봉제 삼촌이요, 모습은 당시 부정으로 중선 지역 판사직에서 파면당하고 거기 흘러와 노가다로 일하던 한 늙은 법관이다. 깨곰보는 포장마차에서 맘보(전표) 장사하던 한 소년이다.

이 시는 그러나 몹시 우울하다. 나의 내면풍경이기도 하다. 옛날은 끝나가고 새날은 아직 오지 않은 여명에 잠 못 이루는 사람과 같다. 그러니까 밤에는 그 한없이 가라앉는 스스로의 침체와 환멸, 그리고 낮에는 한없이 분노하고 들뜨는 강요된 앙양과 요동 사이에서 서서히 죽어가는 노동자의 깊은 영혼의 만가輓歌를 목격하며 나 역시 이상하게도 전 세계 좌파운동의 비극적 최후를 아마 생리 속에서 예감했던 것일까?

봉제 삼촌 가라사대,

"좌익 갖고는 안 돼야! 나도 많이 봤제, 잉. 우리 형님 그거 아니라고, 왼손잽이! 너무 단순하당께! 우리나라 같은 문제는 아조아조 복잡해! 복잡하단 말이여. 딴 것이 나와야 돼야! 동양에서 나와야! 두보나 이태백이가 혁명을 해야 한당께. 김삿갓이가 팔 걷어붙이고 나오등가, 잉."

내가 늘 봉제 삼촌을 못 잊는 까닭이 여기에 있다. 한국이나 동양발, 동북 아시아발, 새로운 상상력 체계나 깊고 크고 드넓은 새 문화이론, 새 문화혁명 담론과 사상에 의한 근원적인 미적 교육에서 다시 시작되는 인간·사회·지구·우주의 근본혁명 아니면 진짜 변혁이 안 된다는 말을 바로 그가 했기 때문이다. 그 도로공사판의 마차 받침 위에 누워 한없이 흐르는 밤하늘 구름을 쳐다보며.

그래서 나는 그의 자살 소식에 울지 않았던 것이다. 그의 바로 이런 명증성과 천재성은 높은 자존심을 동반했기 때문에 욕된 삶을 스스로 정리하지 않고는 도저히 견디지 못했던 것이다.

별! 참으로 별 같던 사람 봉제 삼촌! 드디어 별로 돌아갔구나!

148_ 순애 고모

연동에 있던 그 무렵 한밤에 공사판 근처의 포장마차에 간 적이 있다. 거기, 바로 거기서 오빠가 경찰에게 맞아죽은 충격으로 6·25 때 좌익을 하다가 후퇴 때에 백아산에 입산했다는 아득한 소문만 떠돌던 순애 고모가, 그래, 틀림없는 순애 고모였다! 한 경찰관의 첩이 되어 산다더니 바람 몹시 불어 포장마차 전체가 날아갈 듯 흔들대는 거기 공사장 근처 다릿둑 바로 위의 그 포장 속 목로에 앉아 건너편의 나를 멀거니 쳐다보고 있었다. 순애 고모였다!

그런데 섬뜩한 것은 바로 그 가까운 자리에, 상섭이, 우리는 늘 존칭 없이 그를 그렇게 불러왔는데, 소위 지리산 공비 토벌대의 맨 앞장에 섰던, 좌익 전향자들의 육탄 정찰대인 '보아라 부대' 소대장으로 한때 몹시 휘젓고 다니던 그가 거기서 술에 취해 시뻘건 눈으로 순애 고모를 빤히 노려보고 있었던 것이다. 다시금 섬뜩했다.

나는 얼른 고모를 끌고 나와 영산강가의 캄캄한 왕자회사 옛 고무공장 근처로 함께 갔다. 캄캄한 그곳!

"어떻게 살았어요?"

"죽지 못해 살았제, 잉."

"어떻게 빠져나왔어요?"

"한 일곱 달 감옥에 있었제, 잉."

강바람은 캄캄했다. 소금기까지 얹힌 밤바람은 그 자체가 이미 치욕이었다. 그 바람의 끈적끈적하고 캄캄한 감각은 지난날 우리 삶의 밑바닥에 도사린 '짐승 같은 어둠의 시간의 정체', 바로 그 '가난'의 본질이었다.

한편에는 끝없는 복수심과 혐오감과 증오, 다른 한편에는 무섭고 두려워하는 마음을 감추고 감추고 또 감추고 나서도, 감춘 사실마저도 감추고, 감추는 제 마음마저 감추어도 기어이 두려움이 사라지지 않았던 그 캄캄한 이중적 '중력장중독重力場中毒'의 시간, 빛 없는 땅끝의 시간! 사백만이 도륙당한 역사라는 이름의 끔찍한 변란!

순애 고모는 그 한복판에 서서 파들파들 떨고 있었다.

149_ 황톳길

　남도의 황톳빛은 누런 빛이 아니다. 그것은 핏빛이라 해야 옳다. 강변으로 난 그 핏빛 길을 따라 화당으로, 부춧머리로, 오감리로, 상리로 며칠을 일삼아 십 리나 이십 리 길을 걷고 또 걸었다. 호풍이네 과수원 너머 갓바위, 그 밑에서 물결치는 푸른 물에 출몰하는 돌고래 떼도 여전하고 물 위로 숭어들 여전히 햇빛에 반짝이며 뛰어오르고, 여전히 먼 곳 월출산은 푸른 빛으로 아스라한 그곳, 바로 그곳에서 민족의 변란이 일어났고 피가 그곳에서 흘러내려 흙빛이 핏빛이 된 것일까?

　그 이전의 동학과 남학南學, 그 이전의 후백제, 그 이전의 백제부흥군! 아아, 한없이 지속되는 피의 역사는 이 땅을, 흙을, 길을 핏빛으로 물들이고 푸른 강물과 눈시리게 번뜩이는 탱자나무들은 무수한 송장의 한恨으로 인해 더욱 짙푸르렀을까?

　결코 사람만이 아니었다. 6·25 때는 갯벌의 그 흔한 꼬막마저도 집단 폐사했고 삼 년간 무서운 가뭄과 흉년이 휩쓸어 초목조차 도처에서 시들었다.

　이 땅의 운명은 무엇인가?
　이 민족의 운명은 무엇인가?
　이 민중의 운명은 무엇인가?
　이 지역의 운명은 무엇인가?

이 연동이란 동네의 운명은 무엇인가?

내 가족의 운명은 무엇인가?

내 할아버지·할머니·아버지·어머니의 운명, 그리고 나의 운명은 무엇인가?

비극적 최후의 예감을 강하게 안고서도, 죽임과 패배를 분명히 느끼면서도 그 피의 자리로 능동적으로 나아가 그 무자비한 죽임을 끌어안음으로써 수천 년, 수만 년 생명의 순환적 생성 질서 안으로 끌려들어가 자취없이 사라져간 저 숱한 사람들의 또 하나의 내면 생성의 역사! 생명 생성의 역사!

역사로부터 시작하고 역사로 돌아갈 운명이지만 지식인이나 지도자들의 역사가 아닌, 그 자체로서는 역사와 반대되기도 하는, 그럼에도 그 역사의 뒤에서, 밑에서, 그리고 감추어진 그 안에서 생성되는 카오스 민중, 대중적 민중, 앞으로 다가오고야 말 민중의, 또 하나의 역사 아닌 역사! 생성으로서의 참다운 시간!

나는 이 황톳길에서 그때 한 편의 시를 얻었으니, 그것이 바로 〈황톳길〉이다. 나의 출사표로도 불리는 그 비극적인 시 〈황톳길〉은, 그리고 나의 민중민족문학의 길은, 나아가 생명문학의 길은 이렇게 해서 그곳, 핏빛의 땅에서, 과거의 아픈 상처에 대한 기억과의 대면을 통해서, 직시를 통해서 어렵게 어렵게 탄생했다.

    황톳길에 선연한

핏자욱 핏자욱 따라

나는 간다 애비야

네가 죽었고

지금은 검고 해만 타는 곳

두 손엔 철샷줄

뜨거운 해가

땀과 눈물과 모밀밭을 태우는

총부리 칼날 아래 더위 속으로

나는 간다 애비야

네가 죽은 곳

부줏머리 갯가에 숭어가 뛸 때

가마니 속에서 네가 죽은 곳

밤마다 오포산에 불이 오를 때

울타리 탱자도 서슬 푸른 속이파리

뻣시디뻣신 성장처럼 억세인

황토에 대낮 빛나던 그날

그날의 만세라도 부르랴

노래라도 부르랴

대숲에 대가 성긴 동그만 화당골

우물마다 십 년마다 피가 솟아도
아아 척박한 식민지에 태어나
총칼 아래 쓰러져 간 나의 애비야
어이 죽순에 괴는 물방울
수정처럼 맑은 오월을 모르리 모르리마는

작은 꼬막마저 아사하는
길고 잔인한 여름
하늘도 없는 폭정의 뜨거운 여름이었다
끝끝내
조국의 모든 세월은 황톳길은
우리들의 희망은

낡은 짝배들 햇볕에 바스라진
뻘길을 지나면 다시 모밀밭
희디흰 고랑 너머
청천 드높은 하늘에 갈리던
아아 그날의 만세는 십 년을 지나
철삿줄 파고드는 살결에 숨결 속에
너의 목소리를 느끼며 흐느끼며
나는 간다 애비야

네가 죽은 곳
부춧머리 갯가에 숭어가 뛸 때
가마니 속에서 네가 죽은 곳.

150_ 광주공민학교

목포에서 서울로 돌아온 것은, 햇볕은 따갑고 그늘은 추운 초가을, 토용土用의 계절이었다. 학교에 들러보니 조동일 형이 사방으로 나를 찾고 있었다. 그때 서울대 선후배 등을 중심으로 한 전투적인 민족주의 그룹이 경기도 광주의 한 시골 마을에 농촌 청소년들을 대상으로 공민학교를 운영하고 있었는데 거기서 개교 기념으로 연극을 했으면 좋겠다는 것이었다. 시간이 별로 없어 이삼 일 안에 연극 하나를 뚝딱 만들어내야 한다는 거였다.

하늘은 시퍼렇고 하얀 메밀꽃이 언덕 기슭에 널리 흐드러져 눈부시게 피는 어느 날, 나는 연극 하는 동료 황기찬 형과 함께 조형을 따라 광주의 그 시골 공민학교를 찾아갔다.

생각해보니 아직 자기 정체성과 민족민중적인 혁명의식을 채 완벽하게 정비하지 못한 그 무렵의 나 자신과 농민들 사이에서 나는 자격지심과 농촌을 잘 모른다는 콤플렉스를 조금 갖고 있었던 것 같다. 우선 내 복장도 문제였다. 당시 유행하던 청년들 캐주얼에 분홍색 구두를 신고 있었다. 아버지 때문이었다. 아버지는 셋방살이에다 경제가 조금 궁해도 생활의 멋만은 잃지 않으려 했고 나에게도 구두니 옷이니 외식할 경우 같은 때에는 유행에 앞서가기를 기대했다. 그때의 멋쟁이 분홍 구두도 원주의 아버지 친구인 제화점 주인의 호의로 얻어 신은 것이었다. 당시의 농촌 출신 좌파들에게는 내가 그저 연극이나 문학, 미술을 취미로 하는 댄디 정도로 보였던 모양인데, 그렇다 하더라도 그리 억울할 것은 없다.

해방 직후 월북한 당시의 한 청년시인 박산운朴山雲의 시구와 같이 "가난은 결코 자랑이 못 되는구나/오오/쌔하얀 백미白米와 같이 빛나는/조국이여!"와 같은 솔직한 메시지가 내겐 건강하게 보였지 일부러 지지리 궁상을 떨거나 다방에서 이를 잡으며 '혁명충'이라고 떠벌리거나 레닌모에 탱크바지 차림으로 등퇴교하는 자칭 '마르크스 보이'들은 정말 취미 없었다. 대개 그런 친구들이 훗날 졸업한 뒤엔, 극소수이긴 하나, 극좌로 나가 장기적인 감옥살이와 감시 속에서 시들어버리거나 우파적으로 출세가도를 달려 재벌의 총아나 권력의 첨병이 되었다가 그 재벌 기업과 박정권의 쇠퇴 전변과 함께 몰락해버리곤 했다. 다아 갔다.

조형은 훗날 이렇게 말했다.

"그 숱한 좌우익의 정치경제 방면 홍길동 낭만주의자들은 다 몰락해버리고 문화 쪽에서 오직 김형하고 나만 남았어. 이것은 내 말이 아니고 저 유명한 과격파 김정강이가 정신문화연구원에서 만든, 구술에 의한 자서전에서 강조한 거야. 우습지?"

우리가 찾아 들어간 공민학교 건물 안에서 청소를 하던 그 마을의 중학생 소년 하나가 나더러 배우 같다고 하며 자꾸만 졸졸 따라다녔고, 역시 한 사람의 강력한 민중민족주의자라는 그 공민학교 교장이자 선생인 한 친구는 나의 복장을 두고 슬슬 비아냥거렸다.

출연할 청소년들이 모이려면 해가 져야 한다는 거였다. 황형과 나는 병소주를 몇 개 구해가지고 뒷산 언덕으로 올라갔다. 초가을 오후의 뜨거운 태양 아래 푸른 광주산맥이 멀리서 힘차게 굽이치고 그 골짜기와 벌판에는 띄엄띄엄 마을들이 보였다.

언덕에 앉아 술을 마시며 두 사람은 플롯과 대사를 짜나갔다. 농촌선전이나 계몽연극이라는 뻔한 얘기였고 두 사람은 그걸 연극적으로 환히 알고 있었기 때문에 일이 금방 끝나버렸다. 그 뒤에 우리가 무얼 했는지는 잘 기억나지 않는다. 다만 땅거미 내리는 시골 언덕에 서 있는 내 삶이 슬프고 나의 불확실한 미래가 슬펐다.

그런데 무슨 까닭인지 그때를 생각하면 꼭 떠오르는 한마디가 있으니 당시 번역되어 유행하던 일본의 한 대중소설 '푸른 꿈은 빛나리'라는 작품 제목이다. 그 내용도 그때의 정황과 직접적 연관은 없다.

저녁이 되자 우리를 찾아낸 조형을 따라 두 사람이 그 지역의 읍치_{邑治}가 있는 마을 식당으로 밥 먹으러 가던 길에서 본 작은 시내와 지금 막 익기 시작한 벼이삭의 누런 물결 너머로 해가 넘어가는 농촌풍경이 이상하게 내 마음을 불행과 그리움과 비극적인 삶의 울림으로 가득 채웠다.

"왜 그래? 굉장히 우울해 보여!"

황형의 말이었다.

우울? 그래, 난 우울할 때가 많았다. 연극을 하면서 전라도 사람 특유의 유머가 흘러나와 나를 재미있는 사람으로 착각하게 했지만 전반적으로는, 그리고 바탕은 우울 일색이었다. 광주산맥의 그 저물녘의 푸르름이 내게 무엇인가 멀리 떠나는 일이나 아주 로맨틱한 삶을 동경하게 만들고, 지금의 처지가 그것과는 정반대인 점이 내 마음을 우울하게 했을까? 그럴까? 그것뿐일까?

나는 그 뒤 광주에서 돌아왔을 때 그때의 미묘한 느낌을 〈푸른 비녀산의 꿈〉이라는 한 편의 서정시에 표현했고 그 시를 무척 아껴 늘 품속에 넣고 다니며 수시로 꺼내보곤 했으나 어느 날 만취해 어딘가에서 분실해버렸다.

그날 밤과 그 이튿날, 양일간에 한 편의 연극이 공민학교 마당에 가설한 무대 위에 올라갔다. 근처의 숲에서 생나무들을 쳐다가 무대 뒤편 아래쪽에 못으로 고정해놓고 마룻장이나 절구통, 세간붙이 등을 늘어놓은 위에 기둥과 이엉을 대강 만들어 집을 지어놓았으니 세트는 그나마 괜찮았다. 그러나 대사를 외울 틈이 없어서 황형이 뒤편에서 대사를 읽어주는데 배우들이 못 알아듣고 뒤뚱거리고 프롬프터는 소리소리 질러대니 객석은 박장대소요, 폭소부절이었다.

나는 언필칭 무대감독을 맡았는데 등·퇴장에 서투른 소위 배우들을 바라보면서 우리 민족·민중, 더욱이 농민들의 연극은 이게 아니라는 확신을 갖게 되었다. 당연히 그것은 탈춤이나 굿판이나 놀이 종류여야 했다. 아마도 그런 확신을 세우는 데에 그날 밤 무대가 유용했을까?

일본 소설 《푸른 꿈은 빛나리》가 그때의 정황에 의해 촉발되어 기억나는 이유는 아마도 소설 속에 태평양 전쟁 패전 후 '아메리카나이즈'를 겪은 일본 농촌의 민주주의 훈련이 코믹하게 묘사되어 있어서인 것 같다. 이런 점들이 이때의 일과 관련이 있는 것일까? 등·퇴장의 코미디는 말로는 표현할 수 없었다.

어떻든 이리저리 해서 엉터리 연극 흉내를 끝마치고 이틀 만에 서울로 돌아온 우리 두 사람에게 조형은 수고했다면서 술 한 판을 걸쩍하게 샀는데, 장소가 저 유명한 명동의 '학사주점'이었다.

아마 꼭지가 확 돌았던 것 같다. 너무 취해 집엔 못 가고 술집 뒷방에서 쓰러져 자고 나서 이튿날 아침에야 하숙에 돌아왔으니까. 그때 만난 친구가 지금은 민족전통무술학원을 열고 있는 윤동규 형이다. 그는 그때 학사주점의 운영 책임자였다.

돌아오는 버스 속에서 계속 생각나는 일이 있었다. 공민학교의 연극을 끝낸 그날 밤중에 잠자리에서 조형과 그 학교 교장 사이에서 벌어진 설전이었다. 조형은 교장이 입신출세주의에 빠져 시골에서 유지 행세를 한다고 공격했고, 교장은 조형이 농촌 실정을 잘 모른다고 반박했다.

이와 똑같은 논쟁이 훗날 '악어鰐魚'라는 별명으로 통했던 한기호韓基톳 선배와 기독교 신학대학을 중퇴하고 장일순 선생님을 따르던 '원주 캠프'의 농촌운동 거점인 김포의 '빈손농장'을 운영하던 김익수 선배 사이에서, 또 형태는 다르지만 한기호 선배와 고인이 된 이동규 형 사이에서도 벌어졌던 것 같다.

이런 일들이 나중에는 다반사가 되고 논쟁과 분파투쟁이 도리어 합법칙적인 변증법적 과정으로 통하고 있음을 후에야 알게 되었다. 섹트주의! 고약한 합법칙성이었다!

151_ 미국

미국은 한국에 대해서 무엇일까? 이 질문 이상 바보소리가 없고 이 질문에 대한 대답치고 바보소리 아닌 것이 없는 것, 그것이 바로 미국이라는 존재다.

그때 그 무렵 우리들 사이에서 미국은, 누구나 잘 알듯이, 신식민주의·패권주의·제국주의 종주국이었고, 6·25 전쟁의 경험을 일단 함구한다는 조건이라 하더라도 매우 고약한 상대로 인식되었다.

그러나 그 같은 고약함에도 불구하고 수많은 청년이 그리로 유학가고, 그보다 더 수많은 사람이 그리로 이민가고, 그보다 더욱더 많은 사람이 그리로 장사 등을 위해서 여행했으니, 미국은 마치 한국이라는 성곽이나 요새 저 안쪽의 '내지內地' 같은 곳이자 모든 정치군사의 지휘부요, 모든 좋은 일의 문화적 총본산 같은 지역이요, 고향 같은 존재였다.

언젠가 KAL기가 북한에 '하이재킹' 되었는데, 그 승객들을 취조 문답할 때 이런 말을 하는 여자가 있었다.

"통일되면 어떡하려고 그런 반동적인 생각을 고치지 않소?"

"미국 가서 살지 뭐!"

"미국이 고향이오?"

"고향은 아니지만 한국보다는 더 잘사는 나라니까요. 좋은 나라예요."

그리하여 미국은 경계하고 비판해야 할 존재였다. 가능한 한, 그리고 그 무렵의 제3세계적 인식에서는 필연적으로 몰락해야 할 또 하나의 '로마제국'이었다. 우리 청년학생들의 모든 지식과 담론이 미국을 그렇게 비판하고 있었다.

그런 아득하고 멀기만 한 미국에 나는 꼭 두 차례 잠깐씩 다녀온 적이 있다. 최근이다. 몸을 고쳐볼 요량으로 어느 수련단체에서 진행하는 여행 및 치유 프로그램에 참가하여 로스앤젤레스 공항에 내린 뒤 비행기를 바꿔 타고 애리조나의 피닉스에 가서 거기서 다시 버스로 몇 시간 달려 사막도시 '세도나'란 곳으로 갔다. 거기서 돌아올 때는 똑같은 코스나 샌프란시스코 공항을 거쳐 귀국하는 여정으로 사막을 두 차례 거치게 되었다. 그러니 대도시에는 들어가보지도 못하고 사막에만 머물다 로스앤젤레스와 샌프란시스코 두 공항을 겉만 슬쩍 보고 온 것이다.

그런데도 나는 두 번 다 적이 놀랐다. 두 가지가 나를 놀라게 했다. 하나는 비행기 창밖으로 내려다보니 애리조나 사막과 서부의 드넓은 무인지경의 큰 광야에 도로와 수로가 모두 촘촘히 정비되어 있고 곳곳에 싸이로와 저수 탱크 등이 구비되어 있고 구획정리가 철저해, 공황이 닥칠 경우 이 광야에 도시 인구를 대량으로 이주시켜 농사를 짓게 한다면 경기가 호전될 때까지 몇 년은 너끈히 우선 밥 문제, 집 문제 등은 해결할 수 있을 것 같았다. 미국 몰락의 계기를 도시의 공황으로만 생각해온 나로서는 소름 끼치도록 놀라운 광경을 목격한 것이다.

그리고 또 하나는 로스앤젤레스와 샌프란시스코를 출입하는 각종 피부색에 각종 언어를 쓰는, 수도 없이 많고 많은 그 여행객들이었다. 그것은 바로 전 세계 자체였고 전 지구의 유목 거점 자체였고 지구문명과 인류의 현대문화 그 자체였다. 그것은 미국이 세계를 지배하고 있고 세계 지배를 긴 기간 유지할 수 있다는 가시적 증좌였다.

태평양 위를 날며 나는 생각했다. 미국의 뇌수를 바꿔야 한다. 새로운 문화와 사상으로 미국의 뇌세포를 바꿔야 한다. 그래서 달라진 정신으로 그 광대한 포용력과 무적의 통제력을 새 지구문명과 새 인류문화 창조를 위해 좋은 방향으로 활용하도록 해야 한다.

분명한 것은, 미국은 쉽게 몰락하지 않을 것이되 그 뇌수가 비었거나 방향을 잘못 잡았거나 썩었다는 것이고, 그 뇌수에 새로운 컨텐츠를 수혈할 곳은 바로 동북 아시아요, 그 중에도 그 복판이며, 그 원형을 다분히 간직한 한반도, 한민족이란 것이었다.

김일부의 《정역》에, 정동正東·정서正西 사이의 새로운 협력, 즉 '간태합덕艮兌合德'이란 말이 비친다. 새 시대의 창조적 중심은 정동의 한반도와 정서의 미국이 서로 음악과 율려와 사회제도, 즉 예禮의 창조적 변혁을 향해 연합된 에너지에 있으니, 그 시적인 은유가 바로 "동쪽 산의 최고봉인 38선에 서쪽 성채 같은 산 앞의 백로가 푸드득 날아든다(東山第一 三八嶺 西塞山前 白鷺飛)"다.

그런데 1963년에 무슨 일이 있었던가? 동두천의 한 미군부대에서 한국 소년 쇼리를 미군이 머리를 강제로 박박 깎고 옷을 벗겨 엉덩이에 페인트를 칠한 뒤 궤짝에 넣고 못질해서 오산의 미군기지로 일종의 택배를 한 사건이 있었다. 민족적 분노가 반도 전체에 들끓었다. 그러나 그런 사건을 법적으로 취급할 수 있는 한미간의 협정이 없는 것이 현실이었다. 서울대 문리대는 제일 처음 앞장서서 '한미행정협정 체결 촉구 시위'를 시작했다.

나는 그날 시위대 속에 있었다. 동숭동 문리대 정문의 돌다리 위에서였다. 시위대 앞으로 중대 하나 정도의 군병력이 총에 착검을 하고 칼날을 수평으로 세워 들이대며 명령에 따라 일보 또 일보 다가들었다. 순간 화가 나서 총칼을 손으로 잡아 크게 다치는 학생도 있었다. 내 가슴 바로 앞에 들이댄 총칼을 보며 가슴 밑바닥에서 갑자기 들끓기 시작한 시뻘건 분노를 나는 어쩔 수가 없었다. 그 분노! 이것이 내 행동의 시작이었다.

잠깐 뒤로 물러선 진압부대 앞에 한 장교가 우뚝 나서며 떠들기 시작했다.

"학생들! 정신을 똑바로 차리시오. 미국은 우리의 우방이고 동맹국이오. 6·25 때는 혈맹으로서 우리를 구원했어요. 그 정도의 문제를 가지고 여러분처럼 적대행위를 한다면 좋아할 것은 북한의 김일성뿐일 것이오. 냉정하게 이성을 회복하시오."

그러나 '그럼에도 불구하고' 나의 행동은 시작되었다. 며칠 후 나는 서울대 의과대학 구내에 있는 함춘원 숲속에서 당시 정치학과 학생으로 시위를 조직했던 김중태金重泰를 만났다. 김중태는 웅변가였다.

"김형! 4·19는 5·16을 향해 반격을 시작해야 합니다. 4·19를 경험한 김형이 우리에게 필요합니다. 우리는 문화에서도 전선을 만들어야 합니다. 협조합시다. 우리는 전국 각 대학을 연합하고 야당이나 언론과 연대할 것입니다. 이번엔 상대가 미국이었지만 이제부터는 일본과 밀착해가고 있는

현 군부정권이 주적主敵입니다. 내년 봄부터 시작입니다. 투쟁은 필사적인 것이 될 것입니다. 각오를 단단히 하십시오. 참여해주시겠지요?"

당시 《새세대》를 편집하고 있던 정치학과의 김도현金道鉉과도 만났다.

그러나 나는 그때까지도 내 결단이나 행동의 약속을 일절 표현하지 않았다. 물론 내 마음은 들끓기 시작했고 내 삶은 이미 행동 속으로 빠져들고 있었으나, 내 뇌리엔 아버지의 얼굴, 어머니의 얼굴이 클로즈업되고 있었다. 나는 입을 굳게 다물었다.